Mathias Bös

Migration als Problem offener Gesellschaften

39,–
11/96

"Solange man nur nach Westen
wandert, ist die Welt nicht
in Ordnung. Erst wenn man
auch nach Osten geht,
kommt die Welt in
Ordnung."

Armin Müller-Stahl

(Boulevard Bio 19. 3. 97)

Mathias Bös

Migration als Problem
offener Geselleschaften

Globalisierung und sozialer Wandel
in Westeuropa und Nordamerika

Leske + Budrich, Opladen 1997

Gedruckt auf säurefreiem und altersbeständigem Papier.

Die Deutsche Bibliothek – CIP-Einheitsaufnahme
Bös, Mathias:
Migration als Problem offener Gesellschaften : Globalisierung und sozialer Wandel in
Westeuropa und in Nordamerika / Mathias Bös. – Opladen : Leske und Budrich, 1997

ISBN 3-8100-1697-7

© 1997 Leske + Budrich, Opladen

Druck: Druck Partner Rübelmann, Hemsbach
Printed in Germany

Inhalt

Verzeichnis der Graphiken und Übersicht

Zusammenfassungen der einzelnen Kapitel

Kapitel I:
Offene Gesellschaft, Migration und sozialer Wandel: Versuch einer theoretischen Grundlegung

1. Theorien sozialen Wandels und das Problem der Globalisierung und Diffusion

1.1 Globalisierung und Diffusion in der soziologischen Theoriebildung

1.1.1 Exogene Faktoren sozialen Wandels in der Geschichte soziologischer Theorien

In Theorien sozialen Wandels war seit Comte und Spencer die Idee dominierend, daß universelle Gesetze soziale Entwicklungen endogen vorantreiben und so zu gleichen Ergebnissen in unterschiedlichen Gesellschaften führen. Gerade in den Gebieten der Kultur (z.b. Diffusionismus) und der Wirtschaft (z.b. Marx) wurden exogene Faktoren sozialen Wandels thematisiert, die Gesellschaften als Einheiten sozialen Wandels in Bezug setzten. Die endogen und gleichgewichts-orientierte Sichtweise des Funktionalismus wird bald durch konflikt- und diffusionstheoretische Überlegungen ergänzt. Es wird auch immer wieder darauf hingewiesen, daß nicht Nationalstaaten sondern andere Einheiten, wie etwa Kulturkreise, die eigentliche Analyseeinheit für sozialen Wandel sein müßten.

1.1.2 Dependenztheorie, Weltsystemtheorie und Modernisierungstheorie

Beispielhaft kann an Modernisierungs-, Dependenz- und Weltsystemtheorie gezeigt werden, wie endogene und exogene Faktoren behandelt werden. Modernisierungstheorien untersuchen meist endogene Faktoren sozialen Wandels. In den Konzepten zur Nationalstaatenbildung, ebenso wie in Kommunikationstheorien und Innovationstheorien werden aber auch exogene Faktoren beschrieben. Dependenz- und Weltsystemtheorie haben ihren Ausgangspunkt in der Beobachtung der Abhängigkeit von Gesellschaftsentwicklungen untereinander. Die Dependenztheorie analysiert Machtunterschiede als einen zentralen Mechanismus in der Stabilisierung des internationalen Systems. Für die Weltsystemtheorie ist die ökonomische Integration der Welt die zentrale Triebfeder für Entwicklung und Unterentwicklung von Staaten.

1.1.3 Konzepte der Globalisierung

Weltweite oder zumindest gesellschaftsübergreifende Entwicklungen werden vermehrt mit dem Begriff der Globalisierung belegt, wieder stehen Kultur und Wirtschaft im Vordergrund. Globalisierung wird entweder als ökonomische Globalisierung oder als kulturelle Globalisierung mit ihren Rückwirkungen auf Identitätsdefinitionen analysiert. Immer wird jedoch das Wechselspiel zwischen lokalen und globalen bzw. partikularen und universalen Mustern thematisiert.

1.1.4 Zwei Typen soziologischer Theoriebildung

Vereinfachend kann gesagt werden, daß soziologische Theoriebildung dazu neigt: (1) entweder endogene oder exogene Faktoren sozialen Wandels zu betonen; (2) entweder die Regelmäßigkeiten und Einförmigkeiten oder die Unterschiedlichkeiten und Diskontinuitäten sozialen Wandels hervorzuheben; (3) entweder die Konvergenzen oder die Divergenzen in sozialen Entwicklungspfaden herauszuarbeiten; (4) entweder institutionelle und kulturelle Wandlungsprozesse oder ökonomische und politische Dominanzen zu thematisieren. Globalisierungstheorien versuchen, die Multiplexität der Innen-/Außenbeziehungen zu analysieren und beschreiben die Eigendynamik globaler Prozesse.

1.2 Reaktionsweisen von Gesellschaften: Öffnen und Schließen

1.2.1 Webers Konzept des Öffnens und Schließens sozialer Beziehungen

Öffnen und Schließen sind sehr grundlegende, sich ständig verändernde Charakteristika sozialer Beziehungen. Soziale Beziehungen öffnen und schließen sich über verschiedene Kriterien, in unterschiedlichen Formen und ungleichem Ausmaß der Regulierung. Öffnungen und Schließungen sind unterschiedlich motiviert. Eine soziale Beziehung ist geschlossen, wenn gegenüber Personen, die dazu geneigt und in der Lage sind teilzunehmen, die Teilnahme verwehrt, eingeschränkt oder an Bedingungen geknüpft wird. Jede Schließung fördert die Neigung der Ausgeschlossenen, sich gegen diese Schließung zu mobilisieren.

1.2.2 Weiterentwicklungen des Weberschen Konzepts

Moderne Schließungstheorien nehmen nur sehr selektiv Elemente des Weberschen Konzepts der Schließung auf. Meist wird Schließung als Phänomen sozialer Ungleichheit gesehen. Neben der Schließung zum Positionserhalt wird die Usurpation als Schließung der Ausgeschlossenen zum Ziel des Machtgewinns untersucht. Bei der Schließung kann zwischen individuellen und kollektiven Merkmalen unterschieden werden. Schließungen sind immer auch Prozesse der Identifikation und der Generierung von Zugehörigkeit.

1.2.3 Systemtheoretische Thematisierung von Öffnen und Schließen

Systemtheoretische Konzepte sehen Offenheit und Geschlossenheit als Leistung einer Grenze an. Die Erhaltung der Grenze ist dabei eine grundlegende Systemleistung. Offenheit und Geschlossenheit werden bei komplexen Systemen in einem gegenseitigen Steigerungsverhältnis gedacht. Der Begriff Selbstreferenz wie der der Autopoiesis können als Versuche gesehen werden, das Problem der Offenen-Geschlossenheit von Systemen zu fassen.

1.2.4 Die Offenheit und Geschlossenheit von Sinnstrukturen

Informationstheoretisch kann das Öffnen und Schließen von Gesellschaften als eine Reaktion auf Rauschen interpretiert werden. Rauschen entsteht entweder durch Informationsüberlastung, entropische Kommunikation oder den Verlust guter Redundanz. Schließung kann eine durchaus funktionale Reaktion sein, wenn sie gute Redundanz erhöht, die dann als Grundlage für eine Öffnung dienen kann. Gesellschaften schließen sich typischerweise nicht als Gesamtsystem, sondern in verschiedenen Sub-Systemen.

1.2.5 Vorteile und Probleme einer Theorie sozialer Schließung

Das Konzept der Schließung ist zwar sehr weit, es ermöglicht aber die Analyse von Grenzprozessen. Es impliziert weder einen spezifischen Schließungsmechanismus (z.B. Besitz von Produktionsmitteln, Bildung), noch einen spezifischen Trend in den Kriterien der Schließung (z.b. Rationalisierung). Indem der Legitimations- und Motivationszusammenhang mit analysiert wird, kann der Gefahr entgegengearbeitet werden, es affirmativ zu verwenden.

1.3 Exkurs: Über Grenzen

Eine Grenze definiert vier Eigenschaften von Elementen, die alle vorhanden sein müssen, um die Konstruktion einer Grenze zu ermöglichen. Die eine Eigenschaft bezieht sich auf das Gemeinsame aller Elemente (Kommunalität), eine andere Eigenschaft definiert das innerhalb der Grenze Befindliche, eine weitere das außerhalb der Grenze Befindliche, und eine vierte definiert die Separation.

1.4 Diffusion und Globalisierung: Verlaufsformen des Öffnens und Schließens

Öffnen und Schließen sind ständig ablaufende soziale Prozesse, die sich auf die Permeabilität von Grenzen gegenüber Sinn bzw. gegenüber Menschen beziehen (Separation). Diffusion und Globalisierung beziehen sich auf Prozesse der Grenzüberschreitung (Kommunalität). Globalisierung ist definiert als ein institutionalisierter Diffusionsprozeß und besitzt eine Eigendynamik. Diese vier Prozesse sollen am Beispiel des Nationalstaates untersucht werden.

2. Migrationstheorien und »reflexive Ethnisierung«

2.1 Theorien der Migration

2.1.1 Von der Chicagoer Schule zu »push und pull-Modellen«

Ein Prozeß des Grenzübergangs von Menschen, aber auch von Ideen, sind Wanderungen. Migrationssoziologische Theorien schwanken zwischen Modellen der kollektiven und individuellen Assimilation, sowie Modellen stabiler Differenzierung im Gastland. Theorien internationaler Migration arbeiten mit Differenzen im internationalen System als Erklärungsfaktoren von Wanderungen auf Mikro- oder Makroebene. Die Kritik an »push und pull-Modellen« wird mit historischen, ökonomischen und politologischen Argumentationen geführt.

2.1.2 Die Theorie von Migrationssystemen

Migrationssysteme bezeichnen nach Patterson die strukturierten Wanderungsbewegungen zwischen Nationalstaaten, deren soziale, ökonomische und kulturelle Effekte, sowie die strukturierten Interaktionen zwischen diesen Elementen. Die Analyse von Migrationssystemen geht aus von der historisch gewachsenen Eigendynamik weltweiter Wanderungsbewegungen. Das Konzept der Migrationssysteme ermöglicht es, Migration auf globaler, regionaler und nationalstaatlicher Ebene mit politischen, wirtschaftlichen und sozialen Prozessen zu parallelisieren. Damit können historische Singularitäten und Gemeinsamkeiten von Migrationsströmen, Staaten und Regionen herausgearbeitet werden.

2.1.3 Verpflanzte Netzwerke und transnationale Gemeinden

Private Netzwerkstrukturen sind zentrales Moment der Strukturierung von Informations-, Geld- und Menschenströmen innerhalb von Migrationssystemen. Sie stabilisieren diese Ströme und stellen Verbindungen auf mikrosozialer Ebene zwischen Herkunfts- und Zielland her. Andererseits sind sie auch wichtig für die Strukturierung sozialer Beziehungen von Einwanderergruppen.

2.1.4 Wichtige Aspekte einer Soziologie der Migration

Migration ist ein grenzüberschreitender und grenzgenerierender Prozeß. Die Prozesse der Grenzüberschreitung können mit verschiedenen Aspekten untersucht werden. Die Struktur internationaler Wanderungen, wie auch die Mehrheiten – Minderheiten-strukturen innerhalb nationalstaatlich verfaßter Gesellschaften sollte auch über die Macht- und Legitimationsstrukturen von Zielländern analysiert werden, wobei diese Muster teilweise auf allgemein geteilten Vorstellungen der Mehrheiten im Zielland zurückgeführt werden können.

2.2 Fremdheit und »reflexive Ethnisierung«

2.2.1 Die klassische Soziologie des Fremden und ihre Probleme

Das Konzept des Fremden ist aus der Analyse spezifischer Situationen in Deutschland und den USA entstanden. Das Ineinander von Nähe und Ferne und die klare Positionierung des Fremden in der Gesellschaft hat sich in der Moderne verschoben. Einwanderung und Armenhilfe werden staatlich organisiert.

2.2.2 Ethnizität und »reflexive Ethnisierung«

Mit dem Begriff der »reflexiven Ethnisierung« kann die Re-Definition des Eigenen und Fremden in der Moderne beschrieben werden. Reflexive Ethnisierung geht dabei über die einfache Behauptung der kulturellen Gebundenheit sozialer Beziehungen hinaus und bezieht sich auf die spezifische Definition von sozialen Beziehungen über Herkunftsmerkmale. »Reflexiv« betont dabei, daß Ethnisierungen vermehrt auch bewußt ablaufende Prozesse in modernen politischen Kontexten sind.

2.2.3 Zur Entstehung »reflexiver Ethnizität« in der Gastgesellschaft

Ethnizität wird in der Migrationssoziologie als spezifisches kulturelles Phänomen eingewanderter Minderheiten in Industriestaaten beschrieben. Individuell erlebte krisenhafte Entfremdung wird durch die Zuordnung zu einer sich symbolisch konstituierenden Gruppe gelöst. Sie trifft zusammen mit strukturellen Eigenschaften der Gastgesellschaft, die diese Ethnisierung befördern. In dieser Arbeit wird dieser Prozeß unter dem Begriff reflexiver Ethnisierung gefaßt.

2.3 Staatsbürgerschaft, Nation und Weltgesellschaft

Die kulturelle Füllung des Staatsbürgerschaftsrechtes auch über Herkunftsmerkmale ist nicht Überbleibsel aus vormoderner Zeit, sondern Neuschöpfung in der Moderne. Der Nationalstaat kann als Ebene segmentärer Differenzierung der Weltgesellschaft begriffen werden. Nation wird über zahlreiche subjektive und objektive Merkmale definiert, die auf einem eher politischen Zusammengehörigkeitsgefühl bzw. auf dem politischen Willen zur kollektiven Selbstbestimmung rekurrieren.

2.4 Migrationssysteme und soziale Grenzen

2.4.1 Migrationstheorien, reflexive Ethnisierung und Nationalstaat

Das Konzept der Migrationssysteme verbindet die Entwicklung nationalstaatlich verfaßter Gesellschaften mit der Dynamik von grenzüberschreitenden Wanderungsbewegungen. Der grenzgenerierende Prozeß reflexiver Ethnisierung kann dabei auf zwei Ebenen erwartet werden: einerseits – relativ gut erforscht – bei meist durch Migration entstandenen Minderheiten und andererseits bei der Mehrheit innerhalb einer modernen Gesellschaft selbst. Rechtlicher Spiegel der Zugehörigkeitsvorstellungen zum Nationalstaat ist die Staatsbürgerschaft.

2.4.2   Die Dynamik von Migration und Globalisierung:
        Fragen für die empirische Untersuchung

Im folgenden soll zuerst Migration als ein globales Phänomen beschrieben werden mit ihren spezifischen Folgen für die Binnenstruktur einer Gesellschaft. Dann soll Migrationspolitik als externe Grenzsteuerungsleistung von Nationalstaaten untersucht werden (Kap. II.1). Interne Prozesse der Grenzstrukturierung sollen am Beispiel von Staatsbürgerschaft im Kontext kultureller und politischer Inklusion nachgegangen werden (Kap. II.2). Der Bezug zwischen gesellschaftlicher Binnenstruktur und Migration bzw. zwischen Nationalstaat und Weltgesellschaft soll konzeptionalisiert werden und einige wichtig Trends dieser Interaktionsprozesse herausgearbeitet werden (Kap. III).

Kapitel II:
Migration und offene Gesellschaft:
Die Dynamik politischer Schließung

1.   Die Entwicklung von Migrationssystemen

1.1   Aspekte der Dynamik von Migrationssystemen

1.1.1   Einwanderung und demographische Entwicklung in den Zentren

Wanderungen als grenzüberschreitende Prozesse sind eine Ausnahme; lediglich weniger als 2% der Weltbevölkerung leben nicht in ihrem Herkunftsland. Die Migrationsdynamiken in den einzelnen Weltregionen unterscheiden sich stark voneinander, in den meisten Regionen nimmt das Wanderungsvolumen eher zu. Migrationsströme sind beschleunigt, zunehmend diversifiziert und weiten sich aus. Europa und Nordamerika sind Zentren von Migrationssystemen mit vergleichsweise geringer Dynamik. Die Bedeutung der Immigration für die Bevölkerungsentwicklung nimmt zu, wobei sie im Einwanderungsland USA am geringsten ist.

1.1.2   Die Entwicklungen ethnischer Gruppen

Für die ethnische Binnenstruktur der USA waren wichtige Homogenisierungsfaktoren Kriege und die Abgrenzung gegenüber den Schwarzen. Die Dichotomie Schwarz/Weiß löst sich auf in eine multiple ethnische Binnendifferenzierung mit WASPs, Schwarzen, Hispanics, Asiaten und Native Americans. Frankreich macht nach der Französischen Revolution starke Homogenisierungsprozesse durch. Danach ist es vor allem seine Rolle als Kolonialmacht, die ethnische Außengrenzen definiert, die jedoch durch die Entkolonialisierung nach dem Zweiten Weltkrieg nach innen verlagert werden. In den deutschen Ländern kommt es vor der Reichsbildung, gerade in der Abgrenzung zu Frankreich, zu einer homogeneren kulturellen Selbstdefinition, die sich nach der Reichsgründung immer stärker in der Ausgrenzung von Polen zeigt. Danach ist es die Heterogenisierung durch kleinere ethnische Minderheiten, die die ethnische Binnenstruktur Deutschlands bestimmt.

1.1.3   Immigration und geographische Verteilung

Besonders in den USA nimmt der jeweilige »Anwerbemechanimus« starken Einfluß auf die Ortswahl der Immigranten. In Deutschland und Frankreich sind die Konzentrationen von ethnischen Gruppen viel kleinräumiger als in den USA. Ökonomische Faktoren beeinflussen zwar die Wohnortswahl, die sozialen Ressourcen, die ethnische und verwandtschaftliche Netzwerke bilden, sind aber auch relevant. In den USA ist die ethnische Zusammensetzung vieler Staaten relativ konstant. Dies heißt nicht, daß ethnische Gruppen nicht einer Binnenwanderung unterworfen wären, aber sie geschieht nach spezifischen Regeln: Angehörige einer ethnischen Mehrheit in einem Gebiet haben eine niedrigere Wanderungsneigung als Angehörige einer ethnischen Minderheit. Umziehende ziehen meist in Gebiete, wo schon Angehörige der eigenen ethnischen Gruppe wohnen.

1.1.4 Ökonomie und Immigration

Die Komplexität internationaler Arbeitsteilung führt zu vielschichtigen Mustern der Arbeitskräftewanderung. Insgesamt ist der Effekt von Migration auf die Gesamtökonomie wohl positiv, die Kosten fallen jedoch ungleich auf verschiedenen administrativen Ebenen an. Sowohl in den USA als auch in Europa kommt es zu einer Polarisierung. Die segmentären Arbeitsmärkte sind sehr stabil, traditionell arbeiten marginalisierte Migranten in arbeitsintensiven Branchen. Frauen gehören zu den nochmals Benachteiligten unter den Marginalisierten. Oft versuchen Einwanderer als ethnische Unternehmer ökonomische Nischen zu finden.

1.2 Immigration und politische Regelungsversuche nach dem Zweiten Weltkrieg

1.2.1 Immigrationspolitik in den USA

Mit dem Ende des Zweiten Weltkrieges wurde in den USA aufgrund von Kriegsfolgen und des Kalten Krieges die Immigrationsgesetzgebung neu geregelt. Außerdem wurden Gastarbeiterprogramme implementiert. 1965 änderte sich die amerikanische Immigrationspolitik grundlegend. Familienzusammenführung wurde zu einem der wichtigsten Immigrationsmechanismen, und Asien, Lateinamerika und die Karibik wurden zu den Hauptherkunftsgebieten. Seit etwa 1980 kommt es verstärkt zu Maßnahmen gegen illegale Einwanderer, öffentlich gerät die Immigrationspolitik unter Druck. Getrennt werden in den USA Flüchtlingsströme gehandhabt, im Gesetz werden Höchstgrenzen festgelegt; der amerikanische Präsident hat aber die Möglichkeit, selbst Flüchtlingsgruppen zu definieren.

1.2.2 Immigrationspolitik in Frankreich

Frankreich versucht nach dem Zweiten Weltkrieg mit der ONI eine explizite Immigrationsteuerung zu implementieren. Das weitgehende Scheitern dieser Maßnahmen führte zu einem dualen System der Zuwanderung aus südeuropäischen Ländern und der Immigration aus den Kolonien. Dieser Verschiebung wurde durch bilaterale Verträge Rechnung getragen. Ende der sechziger Jahre rückten Einwanderungsfragen immer stärker in das öffentliche Bewußtsein, es wurde versucht, neue Steuerungsmechanismen zu implementieren. Die Versuche, Arbeitswanderungen zu stoppen, führten in den siebziger Jahren zu einer Erhöhung illegaler Einwanderung. Auch die vielen Neuregelungen Anfang der achtziger Jahre änderten an der Situation nichts. Gerade mit der Schleieraffäre wurde das »Problem« der Integration von Menschen aus dem Maghreb zu einem der Symbole einer allgemeinen Krise Frankreichs.

1.2.3 Immigrationspolitik in Deutschland

Unmittelbar nach dem Zweiten Weltkrieg wurden etwa 10 Millionen Flüchtlinge und Vertriebene integriert. Trotzdem kam es Ende der fünfziger Jahre zu Arbeitskräftemangel, dem durch die Rekrutierung von Gastarbeitern entgegengesteuert wurde.

Zu Beginn der siebziger Jahre wurde versucht, diese Ströme wieder zu stoppen. Danach wurden nur wenige migrationspolitische Maßnahmen ergriffen. Zu Beginn der neunziger Jahre kommt es zu restriktiven Maßnahmen gegenüber Asylsuchenden und einer zunehmenden politischen Diskussion um Migrationspolitik.

1.3 Migration und Steuerungsmöglichkeiten offener Gesellschaften

1.3.1 Die Definition von Selektionskorridoren: legale und illegale Immigration

Kategorisierungen von Migranten dienen dem Zweck, politische Selektionskorridore zu definieren, und sind nur wenig durch Merkmale des Migranten bestimmt. In der Steuerung legaler Einwanderung besteht eine der Hauptaufgaben der Einwanderungspolitik, dabei kommt es hinsichtlich der Gesamtmenge sicher eher zu Erhöhungen der Steuerungskapazität. Die Struktur ist dabei weniger beeinflußbar, sei es aufgrund des Mechanismus der Familienzusammenführung oder historischer Strukturkomponenten, wie kolonialer oder ethnischer Einwanderung. Per Definition ist illegale Einwanderung schwer zu steuern, darüber hinaus sind die meisten Steuerungsmaßnahmen sehr kostspielig.

1.3.2 Asylsuchende und Flüchtlinge

Internationale Regelungen für Flüchtlinge und Asylsuchende sind relativ dicht, aber wenig effektiv. Flüchtlingsströme treten zwar in krisenhaften Situationen auf, sind aber durchaus zu steuern. Asylsuchende sind administrativ nur schwer zu behandeln, da die Entscheidungsprozeduren von Fallagen ausgehen, die in der Realität nur selten vorkommen. Diese Strukturprobleme führen zur Ausdifferenzierung der Institutionengefüge.

1.4 Die Dynamik von Migrationssystemen und Migrationspolitik

1.4.1 Migrationsströme und die Grenzsteuerung von Nationalstaaten

Eine Ausweitung der Migrationssysteme und eine Diversifizierung der Migrationsströme gehen einher mit einer Verschiebung und Diversifizierung ethnischer Binnenstrukturen. Eine relativ stabile geographische Verteilung wird begleitet durch dauerhafte Netzwerkstrukturen im Zielland sowie zwischen Herkunfts- und Zielland. Die Einstellung der Mehrheit gegenüber Minderheiten ist ambivalent, meist werden die zuletzt Gekommenen besonders negativ beurteilt.

1.4.2 Globale Migration und die Binnenstruktur von Nationalstaaten

Nationalstaaten nehmen auf unterschiedliche Weise Einfluß auf das Migrationsgeschehen, wobei die Implementation von Migrationsströmen meist erfolgreicher ist als deren Unterbindung. Historische Strukturkomponenten in den Migrationsregelungen ebenso wie die Familienzusammenführung haben stabilisierenden Einfluß auf Migrationsströme.

1.4.3 Migrationssysteme als Globalisierungsprozeß

Migrationssysteme entwickeln, basierend auf den Prozeßstrukturen ihrer Komponenten: Herkunftsländer, Wanderungsströme und Zielländer, eine eigene globale Dynamik. Migrationsströme sind selektiv, weiten sich aus, diversifizieren sich und nehmen zu. Die begrenzten Steuerungskapazitäten haben ihre Gründe in den Zielländern selbst. Die ökonomisch wünschenswerten Migrationsströme führen zu einer strukturellen Kopplung zwischen Ziel- und Herkunftsländern und zu einer Stabilisierung ethnischer Formationen.

2. Die Dynamik politischer Schließung

2.1 Staatsbürgerschaft als Menschenrecht

Eine interne Grenzleistung des Nationalstaates ist die Staatsbürgerschaft. Sie wird meist über das ius soli oder das ius sanguinis den Individuen zugeordnet. Einbürgerungen geschehen ursprünglich über ein ius domicilii, dem aber später immer stärker kulturelle Kriterien hinzugefügt werden. Laut internationalem Recht muß eine spezifische Verbindung zwischen Staatsbürger und Staat bestehen.

2.2 Staatsbürgerschaftsnormen im Wandel

2.2.1 Das französische Staatsbürgerrecht

Obwohl Frankreich mit den Verfassungen der Französischen Revolution Staatsbürgerschaft über politische Zugehörigkeit regelt, wird mit dem Code Napoléon die für Kontinentaleuropa typische Mischung zwischen ius soli- und ius sanguinis-Elementen eingeführt. Einbürgerung geschieht über modifizierte ius domicilii-Elemente.

2.2.2 Das deutsche Staatsbürgerrecht

Auch wenn viele süddeutsche Staaten den Code Napoléon übernommen hatten, wird doch spätestens mit der Reichsgründung das preußische Recht dominierend, das hauptsächlich auf einem ius sanguinis-Prinzip beruht, aber viele Ausnahmeregelungen hinsichtlich des Erwerbs der Staatsbürgerschaft und der Einbürgerung mit ius soli- und ius domicilii-Elementen kennt. Die meisten der Regelungen werden während des Dritten Reiches abgeschafft. Nach dem Zweiten Weltkrieg kommt es praktisch nur aufgrund der Durchsetzung von Gleichberechtigung zu einigen Gesetzesänderungen.

2.2.3 Das britische Staatsbürgerrecht

Am britischen Staatsbürgerrecht läßt sich gut die Herkunft des ius sanguinis aus Thronfolgeregelungen erkennen. Auch wenn die Rechtstradition hier stark von Kontinentaleuropa abweicht, kann wohl bis 1962 von einem ius soli und ius domicilii gesprochen werden. Ab 1962 werden ius sanguinis-Elemente verstärkt, und mit der Reform von 1982 hat England wohl die für die meisten kontinental-europäischen Staaten übliche ius soli und ius sanguinis Regelung übernommen.

2.2.4 Das amerikanische Staatsbürgerrecht

1790 wird ein Einbürgerungsrecht auf reinem ius domicilii begründet. Im Laufe des letzten Jahrhunderts werden dann viele Einschränkungen gemacht, die aber meist im Einwanderungsrecht kodifiziert werden. 1952 kommt es zu einem System aus überwiegenden ius soli-/ ius domicilii-Elementen, angereichert mit einigen Aspekten des ius sanguinis.

2.3 Die wichtigsten Entwicklungslinien

2.3.1 Zunehmende Gleichberechtigung und Abnahme der Bedeutung der Familienzugehörigkeit

Die Ungleichbehandlung von Männern und Frauen bei den Versuchen, staatsbürgerschaftlich homogene Familien zu bilden (système unitaire) wurde im Zuge verschiedener Reformen vor und nach dem Zweiten Weltkrieg abgeschafft. Die geschlechtsspezifischen Ungleichheiten der Eltern bei der Vergabe der Staatsbürgerschaft an uneheliche Kinder wurden weitgehend aufgehoben. So scheint heute Familienform und Geschlecht nur noch schwachen Einfluß auf die Staatsbürgerschaft zu haben.

2.3.2 Entwicklung zum ius sanguinis?

Startpunkt jedes Staatsbürgerrechtes ist das ius domicilii. Im letzten Jahrhundert kam es zu einer Spezifikation mittels des ius soli und des ius sanguinis. Die Einführung und Verfestigung des ius sanguinis fand jedoch in den untersuchten Ländern in verschiedener Weise statt. Die USA haben nur schwache ius sanguinis-Regelungen eingeführt. Frankreich arbeitet seit dem Code Napoléon mit einer ausgewogenen Mischung aus ius soli und ius sanguinis. Großbritannien hat vor allem nach dem Zweiten Weltkrieg ius soli-Elemente abgeschwächt und ius sanguinis-Elemente verstärkt. In Deutschland wurde das grundsätzliche ius soli-Recht durch viele Sonderregulungen abgeschwächt, die jedoch während des Dritten Reiches weitgehend abgeschafft wurden.

2.3.3 Staatenlosigkeit und Mehrfachstaatsangehörigkeit

Ausbürgerungen waren im letzten Jahrhundert einer der wichtigsten Gründe für Staatenlosigkeit. Vor allem aufgrund internationaler Regelungen kommt es seit Anfang dieses Jahrhunderts zum Rückgang von Staatenlosigkeit. Inwieweit Mehrfachstaatsangehörigkeit akzeptiert wird, ist sehr unterschiedlich.

2.3.4 Die Ethnisierung des Rechts

In allen Ländern kommt es mit der Ausdifferenzierung des Staatsbürgerrechtes zu einer kulturell geprägten Definition von Mitgliedschaft. Die verwendeten Kriterien sind insofern ethnisch, als sie bewußt auf Herkunftsmerkmalen beruhen, die mit der Intention eingeführt wurden, explizit das Solidaritätsbewußtsein zu fördern. Dies schlägt sich vor allem in den diversen Einbürgerungsrichtlinien im Laufe dieses Jahrhunderts nieder.

2.4 Zur Entstehung nationalstaatlich verfaßter Gesellschaften

2.4.1 Politische Inklusion: Herrschaft, Territorium und Bevölkerung

Die politische Inklusion beruht auf drei Prozessen: der Stabilisierung territorialer Grenzen, der Verknüpfung von »gemeinsamer« Kultur und Herrschaft und der Implementierung universaler Rechte im nationalstaatlichen Binnenraum.

2.4.2 Kulturelle Inklusion: Menschen, Gemeinschaften und Gesellschaften

Die kulturelle Inklusion im Nationalstaat läuft über die Traditionsbildung ab. Die Implementierung partikularistischer Solidaritätskriterien stützt staatliche Solidaritätszumutungen. Beide Prozesse werden zunehmend reflexiv.

2.5 Einige Überlegungen zur Dynamik des Nationalstaates

2.5.1 Dilemmata der Nationalstaatenbildung

Die nationalstaatliche Revolution erhebt universellen Anspruch, wird sich aber im Prozeß ihrer weltweiten Verwirklichung der eigenen kulturell-partikularen Wurzeln bewußt. Teilweise spiegelt sich dieses Spannungsverhältnis auch intern in den Ideen über den Nationalstaat wider: Freiheit, Gleichheit und Brüderlichkeit sind einerseits tragende Elemente der Selbstbeschreibung von Nationalstaaten, werden aber auch immer wieder von seinen Kritikern als Folie verwendet. Auch ein weiteres Spannungsverhältnis kann im Wechselspiel zur Kritik verwendet werden: Nationalstaaten beschreiben sich paradoxerweise als »societal communities«, so daß parallel immer das Fehlen von gemeinschaftlichen und gesellschaftlichen Elementen eingeklagt werden kann.

2.5.2 Staatsbürgerrecht, Nationalstaat und Weltgesellschaft

Als Spiegel der sich im Nationalstaat definierenden »societal community« ist Staatsbürgerschaft auch immer stärker über partikularistisch erworbene Kriterien bestimmt. Andererseits kommt es im nationalstaatlichen Binnenraum zu einer Universalisierung staatsbürgerschaftlicher Mitgliedschaft, genauso wie Staatsbürgerschaft als Menschenrecht sich auch über nationalstaatliche Grenzen hinaus universalisiert. Diese paradox anmutende Bewegung stellt eine Stabilisierung des Nationalstaates ebenso wie seine Einbindung in die Weltgesellschaft sicher. In der Selbstbeschreibung von Nationalstaaten wird parallel der Verweis auf die eigene Besonderheit, wie auf Gleichheit mit anderen Nationalstaaten in der Weltgesellschaft prozessiert.

Kapitel III:
Offene Gesellschaft und sozialer Wandel:
Implikationen und Trends

1. Weltweite Migration und Schließungstendenzen nationalstaatlich verfaßter Gesellschaften

1.1 Sphären der Schließung

1.1.1 Ökonomische Schließung

Die Situation von Migranten im Gastland ist sehr heterogen. Auf den Arbeitsmärkten kommt es zu starker Segmentierung bzw. Polarisierung. Ethnische Selbstbeschreibungen treten als sekundäre Schließungen infolge von ökonomischen Interessen auf, darüber hinaus gibt es ethnische Selbstbeschreibungen erodierende Effekte wirtschaftlichen Handelns. Oft perpetuieren sich aber schon vorhandene ethnische Selbstbeschreibungen als Schließung im wirtschaftlichen Handeln. Globalisierung erhöht die strukturellen Chancen für alle drei Prozesse, wobei sie jedoch gerade polarisierende Effekte perpetuiert und sekundäre Schließungen befördert.

1.1.2 Soziale Schließung

Auch außerhalb von Politik und Wirtschaft gibt es vielfältige Formen ethnischer Schließung. Die räumliche Segregation Eingewanderter stabilisiert sich über dynamische Wanderungsgleichgewichte. Ethnische Netzwerke stabilisieren ethnische Selbstbeschreibungen. Die Einstellung der Mehrheit zur Minderheit ist vor allem durch deren soziales Alter bestimmt. Ethnische Selbstbeschreibungen werden perpetuiert, indem sie im Zielland neu kreiert werden, sie sind dabei ein Element der kollektiven Anpassungsleistung von Migranten, die zur Inklusion im Zielland führt. Hier zeigt sich die integrative Funktion der Generierung von Binnengrenzen.

1.2 Politische Schließung

1.2.1 Migrationspolitiken

Die Spannung zwischen Staatsbürgerschaft und Menschheitsidee verursacht gegenläufige Tendenzen des Öffnens und Schließens in Migrationspolitiken. Familienzusammenführung, ethnische Einwanderung, Flüchtlingsströme und ökonomische Einwanderung bilden die Hauptselektionskorridore moderner Migrationspolitik. Die

Konvergenz der Reaktionsweisen vieler westlicher Industriegesellschaften gegenüber Migration ist nicht nur Produkt ähnlicher Problemlagen, sondern auch Folge sich standardisierender normativer Erwartungen an den Nationalstaat. Nationalstaaten sind nicht»Opfer«, sondern Mitproduzenten von Globalisierungsprozessen.

1.2.2 Staatsbürgerschaft

Staatsbürgerschaft ist ein Beispiel der Traditionsproduktion in modernen Gesellschaften, die zur Schließung nach außen über eher askribierte Merkmale führt, und eine Öffnung nach innen über universale Merkmale ermöglicht. Die Konstruktion der Staatsbürgerschaft als Menschenrecht stützt dieses konsequent partikular/universal konstruierte Konzept auch auf internationaler Ebene. Globalisierungsprozesse haben für nationalstaatliche Grenzen sowohl erodierenden wie stabilisierenden Charakter.

1.2.3 Migration und die interne Produktion von Ambivalenz

In der Anwesenheit von Migranten werden Ambivalenzen interner Grenzziehungen von Nationalstaaten aufgedeckt. Ein Beispiel hierfür ist das problematische Verhältnis zwischen kollektiven und individuellen Rechten, wobei gerade die Durchsetzung individueller Rechte zur Stabilisierung von Kollektiven führt, die dann wieder Rückwirkungen auf das Rechtssystem haben. Die Unterscheidung dessen, was als privat und was als öffentlich zu gelten hat, ist selbst kulturell ausgehandelt und kann nicht nur über einfache Verfahrensregeln stabilisiert werden. Wenn die Reziprozitätsvorstellung, die nationalstaatlicher Solidaritätszumutungen zugrunde liegt, über Sozialisationprozesse plausibilisiert wird, ist jeder nicht im Land Aufgewachsene per se weniger vertrauenswürdig.

1.3 Interne und externe Schließungen

1.3.1 Interne und externe Schließungen von Nationalstaaten

Interne Grenzprozesse sind eher durch endogene Faktoren bestimmt als externe Grenzleistungen. Während das Staatsbürgerrecht zwar immer »konsistenter« aber kaum ausdifferenziert wurde, sind Immigrationspolitiken und verschiedene bleibe- und arbeitsrechtliche Bestimmungen für Migranten ganz erheblich ausdifferenziert worden. Sie bilden vor allem in Kontinentaleuropa ein komplexes internes und externes Begrenzungssystem. Allgemein kann gesagt werden, daß endogen induzierte Öffnungen auch interne Schließungen zur Folge haben können, und verschiedene endogene Traditionen teilweise die Reaktion auf externe Öffnungen bestimmen.

1.3.2 Die Interaktion zwischen globalen und nationalen Dynamiken

Im Spannungsverhältnis zwischen Menschenrechten und Staatsbürgerrechten werden spezifische Grenzziehungen zum Problem. In der Behandlung von Einwanderern, die das eigene Territorium erreicht haben, wird es zunehmend schwieriger, zwischen illegalen und legalen Einwanderern zu unterscheiden. Innerhalb von Nationalstaaten steht die notwendige rechtliche Gleichbehandlung von Einwanderern und Staatsbürgern im Widerspruch zu einigen Solidaritätsdiskursen.

1.3.3 Soziale Schließung und Globalisierung: Die zentralen Aussagen des Buches

In der historischen Formierung ihrer Grenzen werden offene Gesellschaften sich selbst im Zuge internationaler Migrationsbewegungen zum Problem. Migrationssysteme sind Globalisierungsprozesse, die relevante Strukturbedingungen für globale und nationale Grenzdefinitionen in der Moderne bilden. Besonders relevant sind die Trends der Ausweitung, Dynamisierung und Diversifizierung von Migrationsströmen, gepaart mit stabiler werdenden transnationalen Netzwerken, ebenso wie die

Verschiebung von Arbeitswanderungen zu Flüchtlingswanderungen. In der Relation zwischen nationalen Gesellschaften und dem Weltsystem der Gesellschaften kommt es zur Relativierung und Stabilisierung nationalstaatlicher Formationen. Im Verhältnis zwischen nationalen Gesellschaften und Menschheit kommt es zu einer Relativierung von staatsbürgerschaftlichen Mitgliedschaftsdefinitionen und spezifischen immigrationspolitischen Grenzleistungen. Betrachtet man nationale Gesellschaften und einzelne Personen, so ist vor allem aus der Sicht des Migranten von einer Multiplizierung externer und interner Grenzen zu sprechen. In bezug auf das Weltsystem der Gesellschaften und Personen kommt es zu Bezügen zu mehreren Gesellschaften. Zwischen dem Weltsystem der Gesellschaften und der Menschheit kommt es zu kollektiven Selbstbindungen, die Normverstöße gegen normative Setzungen in der Weltgesellschaft immer schwieriger machen. Allgemein läßt sich die Arbeit auf vier Kernaussagen verdichten: (1) Grenzen ethnisieren sich, (2) Grenzen multiplizieren sich, (3) Grenzüberschreitungen stabilisieren sich und (4) Grenzen teilen und verbinden zugleich.

1.4 Schlußbemerkung

1.4.1 Endogene und exogene Faktoren sozialen Wandels und das Konzept der Globalisierung

Der kategoriale Ursachenhinweis »endogen/exogen« muß durch eine Analyse der Grenzleistungen sozialer Gebilde ergänzt werden. Die Leitdifferenzen der Globalisierungsdiskussion – global/lokal, heterogen/homogen, partikular/ universal – beziehen sich auf Formen bzw. Art und Weisen der Grenzproduktion, die in der strukturellen Kopplung von Weltgesellschaft und Nationalstaat über Migrationssysteme zu einem komplexen Syndrom verknüpft sind.

1.4.2 Über den Fremden

Die soziale Figur des Fremden wird durch die Verknüpfung von Arbeits- und Flüchtlingsmigration mit Ethnisierungsprozessen neu definiert. Der herkunftsauflösende Aspekt der Moderne tritt hinter dem herkunftsproduzierenden zurück. Die Umstellung der Beschreibung der Weltgesellschaft von Entwicklung auf Differenz führt zu einer Suspendierung von einfachen Zentrums-Peripherie-Modellen.

1.5.2 Ethnisierung, soziale Grenzziehungen und politischer Diskurs

Politische Diskurse reagieren auf Migration durch die Skandalierung von Migrationsereignissen. Diese Skandalierungen zielen jedoch sowohl auf Schließung als auch auf Öffnung moderner Industriegesellschaften, die beide zentrale Entwicklungsmomente von Nationalstaaten in der Moderne sind. Die Reduktion des Problems auf Staatsbürgerschaft führt zu Frontstellungen, die die komplexe Grenzleistung von offenen Gesellschaften zu stark reduzieren, um sie der Steuerung zugänglich zu machen.

Einleitung

„Grenzen bestimmen das menschliche Leben in vielfältiger Hinsicht.
Wir alle versuchen mehr oder weniger gewitzt,
mit den uns gegebenen und von uns errichteten Grenzen fertigzuwerden. ...
Überschreiten Personen, die als weniger würdig angesehen werden,
diese Grenzen, so kann es zu Problemen kommen. "
(R. Girtler, Über die Grenzen –
Ein Kulturwissenschaftler auf dem Fahrrad, 1991)

Offene Gesellschaften ziehen Grenzen. Sie ziehen Grenzen als nationalstaatlich verfaßte Gesellschaften in ihrem politischen Institutionensystem, in ihren
wirtschaftlichen und sozialen Strukturen. Diese Grenzleistungen werden
durch viele Prozesse gestützt oder in Frage gestellt. Weltweite Migration und
die Formierung westlicher Nationalstaaten sind grenzüberschreitende und
grenzproduzierende Prozesse in der Moderne. Beide Prozesse gewinnen neue
Qualitäten durch die zunehmende Eigendynamik internationaler Strukturen.

Internationale Migration wird nationalstaatlich verfaßten Gesellschaften
immer stärker zum Problem. Mit der Einwanderung von immer mehr Menschen aus immer weiter entfernteren Gegenden der Welt, verändert sich die
Position des Nationalstaates innerhalb der Weltgesellschaft. Nationalstaaten
reagieren darauf mit der Restrukturierung ihrer Grenzen, die Öffnung aber
auch Schließung bedeuten kann.

Staatsbürgerschaft, als Verleihung politischer Partizipationsrechte, ist eine interne Grenzstruktur des Nationalstaates. Im Prozeß der Öffnung gegenüber immer mehr Gruppen innerhalb des »Staatsvolkes« kam es zu einer
Schließung über ethnische Kriterien gegenüber Einwanderung. Gleichzeitig
kommt es zu einer Ausdifferenzierung der externen Grenzleistungen: Migrationspolitiken werden implementiert und Selektionskorridore für Migranten
ausgebildet. Diese Selektionskorridore etablieren stabile transnationale Ströme, die Nationalstaaten immer stärker in weltweite Migrationssysteme integrieren.

Theorien sozialen Wandels reagieren auf diese Prozesse mit neuen Konzepten der Grenzbeschreibung. Globalisierung und Diffusion werden be-

schrieben im Spannungsverhältnis zwischen »lokal - global«, »heterogen - homogen« und »partikular - universal«. Die altbackene Unterscheidung von Faktoren sozialen Wandels in exogen und endogen scheint nutzlos zu werden. Gleichzeitig wird die Figur des Fremden[1] hinterfragt. Prozesse der »reflexiven Ethnisierung« verorten den Fremden neu innerhalb der offenen Gesellschaft.

So vielschichtig die Prozesse der Grenzziehung in offenen Gesellschaften auch sein mögen, immer hat die Grenze zwei Gesichter: sie trennt und vereint zugleich. Grenzen definieren das was trennt immer nur, indem sie auf das, was vereint, aufbauen. Einwanderungspolitiken grenzen Menschen aus, indem sie auch definieren, wer die Grenze passieren darf. Staatsbürgerschaft zieht Grenzen zwischen Staatsvölkern, ist aber zugleich auch ein Menschenrecht.

Notwendig ist der Fokus dieser Arbeit in Relation zu der Komplexität der Prozesse sozialen Wandels in nationalstaatlich verfaßten Gesellschaften und der Weltgesellschaft extrem eingeschränkt. Hier soll einzig die Interaktion zwischen globalen Wanderungsbewegungen und einigen Institutionen des Nationalstaates soziologisch interpretiert werden. Dies kann natürlich nur geschehen, wenn, soweit wirklich notwendig, die Einbettung dieser Prozesse in den weiteren sozialen, kulturellen und ökonomischen Wandel in der Beschreibung mit prozessiert werden. Diese Arbeit ist also weder ein Versuch, Nationalstaaten oder gar Nationalismus zu erklären, noch kann sie zureichend explizieren, was die strukturellen Gründe für Rassismus in einzelnen Nationalstaaten sind. Auch in bezug auf die Wandernden kann hier nicht eine neue Soziologie der Wanderungsbewegungen entwickelt werden.

Das Problem offener Gesellschaften ist es, nach innen und außen Grenzen zu ziehen, zu überschreiten und neu zu definieren. Diffusion und Globalisierung sind dabei spezifische Prozesse des Definierens, Öffnens und Schließens von sozialen Grenzen. Diese Vorgänge können am Beispiel internationaler Migration in der vergleichenden Analyse der historischen Veränderungsprozesse von Zentren des nordamerikanischen und des kontinentaleuropäischen Migrationssystems aufgezeigt werden.[2]

---

1   In dieser Arbeit werden aus Gründen der Lesbarkeit meist nur die männlichen Formen, etwa »der Fremde«, »der Migrant«, verwendet. Darüber hinaus ist es gerade in der Literatur zu »dem Fremden« auffällig, daß fast nur die männliche Form verwendet wird. Dies läßt vermuten, daß es interessant wäre, eine Ideengeschichte über »die Fremde« zu schreiben (vgl. hierzu Harman 1989).

2   Kleinere Teile dieser Arbeit sind, meist in stark veränderter Form, veröffentlicht worden. Die empirischen Ergebnisse zu den Rechtsnormen der Staatsbürgerschaft wurden in der »Kölner Zeitschrift für Soziologie und Sozialpsychologie« veröffentlicht (4/1993). Die zentralen Ideen zur Nationalstaatenentwicklung als historischer Inklusionsprozeß sind in einem Aufsatz in »Protosoziologie« (August 1995) erschienen. Einige Überlegungen des Schlußkapitels finden sich auch in Tagungsband des 27. Kongresses der Deutschen Gesellschaft für Soziologie (Campus, 1996). Die Kopplung zwischen Globalisierungstendenzen und Nationalstaat wurden mit den Teilnehmern des Young Scholars Summer Institute

Gerade in der international vergleichenden Forschung über sozialen Wandel ebenso wie in vielen Theorien sozialen Wandels sind die Probleme der Diffusion und der Globalisierung notorisch unterbelichtet (vgl. Scheuch 1989, Tilly 1984). Zwar hat die sozialwissenschaftliche Forschung der Nachkriegszeit eine Reihe von Untersuchungen des sozialen Wandels im Weltmaßstab hervorgebracht; am Beispiel von Modernisierungstheorien, Dependenztheorien und Weltsystemtheorien zeigt sich jedoch, daß alle spezifische Lücken und Mängel aufweisen. Diese können jedoch abgefangen werden, betrachtet man die Konzepte des Öffnens und Schließens, wie sie als Grenzleistung sozialer Gebilde in der Soziologie beschrieben werden (Kapitel I.1). Prozesse der Globalisierung stellen neue Anforderungen an Migrationskonzepte in der Soziologie. Hier sollen die Konzepte der »reflexiven Ethnisierung« und der »Migrationssysteme« entfaltet werden, um auf diese Problemlagen theoretisch reagieren zu können (Kapitel I.2).

Teil 1 in Kapitel II der Arbeit ist den wichtigsten Verschiebungen und Tendenzen innerhalb globaler Migrationssysteme gewidmet. Am Beispiel des nordamerikanischen und des kontinental-europäischen Migrationssystems wird belegt, wie sich Trends der »Ausweitung«, »Diversifizierung« und »Dynamisierung« dieser Systeme seit dem Ende des Zweiten Weltkriegs abzeichnen und seit Mitte der achtziger Jahre verschärfen. Diese Prozesse sind gekoppelt mit typischen Mustern räumlicher Segregation und Bewegungen auf dem Arbeitsmarkt. Darüber hinaus steht die Migrationspolitik industrialisierter Zentren nach dem Zweiten Weltkrieg im Zusammenhang mit den Dynamiken von Migrationsflüssen. Hier versuchen Nationalstaaten, als externe Grenzleistung, Selektionskorridore zu implementieren und damit steuernd in das Migrationsgeschehen einzugreifen.

Nachdem die Eigendynamik eines globalen Phänomens, und zwar die von Migrationsbewegungen, herausgearbeitet wurde, wendet sich Kapitel II.2[3] den Dynamiken des Nationalstaates selbst zu. Die Entwicklung der rechtlich-fixierten Staatsbürgerschaftsnormen in den letzten 200 Jahren ist einer der zentralen internen Grenzziehungsprozesse in der Formierung offener Gesellschaften. Deren inhärente Entwicklungslogik ist eingebettet in das

---

»Globalisation, Social Policy and the Semi-Souvereign Welfare State in Europe and North America« am CES, Harvard University und am ZeS, Universität Bremen 1994/95 diskutiert. Die zahlreichen Daten und Länderbeschreibungen, die in diese Arbeit eingegangen sind, basieren teilweise auf dem Material, das das internationale Forschungsprojekt »Comparative Charting of Social Change in Advanced Industrialised Societies« erarbeitet hat, dem der Autor angehört.

3   Da die wichtigsten institutionellen Gefüge des Nationalstaates ihren Ursprung in weiten Teilen im letzten Jahrhundert haben, muß in diesem Teil auf die zeitliche Beschränkung auf nach dem Zweiten Weltkrieg verzichtet werden. Bezüglich der Staatsbürgerschaft war auch Großbritannien in die Analyse mit einzubeziehen, um bestimmte Trends besser belegen zu können. Da aber, wie in II.1 ausführlich begründet, Großbritannien nicht zum Zentrum des westeuropäischen Migrationssystems gezählt werden kann, wird in den anderen Teilen der Arbeit nicht systematisch auf dieses Land Bezug genommen.

Entwicklungsmodell des Nationalstaates als Inklusions- und Exklusionsprozeß. In diesen Inklusions- und Exklusionsprozessen zeigen sich einige Dilemmata nationalstaatlich verfaßter offener Gesellschaften.

In Kapitel III zeigt sich dann, wie verschieden Sphären der Schließung innerhalb offener Gesellschaften mit Migrationsprozessen strukturell verzahnt sind. Dies kann vor allem in einer Betrachtung interner und externer politischer Grenzziehungsprozesse aufgezeigt werden. Die Ergebnisse dieser Arbeit können zum einen Grundlage sein für eine Rekonzeptionalisierung endogener und exogener Faktoren sozialen Wandels in der soziologischen Theoriebildung. Zum anderen geben sie einen Anstoß zur Reformulierung des Konzepts des Fremden in der Soziologie. Und last not least wird klar, daß das Entwicklungsmodell des Nationalstaates selbst, als auch seine Interaktion mit Migrationsprozessen zu Problemen in der Selbstbeschreibung des politischen Systems führt und damit Handlungsblockaden offener Gesellschaften heraufbeschwört, die gerade in dem Versuch der Problemverschiebung auf Einwanderungsgruppen hin nicht gelöst werden können.

Diese Arbeit entstand als Dissertation im Rahmen meiner Arbeit am Fachbereich Gesellschaftswissenschaften der Johann Wolfgang Goethe-Universität in Frankfurt am Main. All denen, die in unzähligen Gesprächen und Diskussion meine Gedanken ertragen haben, sei hiermit gedankt. Besonderer Dank gilt Karl Otto Hondrich und Wolfgang Glatzer, die mir immer mit Rat und Tat zur Seite standen. Darüber hinaus gilt mein Dank Susanne Huth und Marion Möhle, die mit vielen Hinweisen die Arbeit am Manuskript begleiteten. Nicht zuletzt möchte ich mich bei Nicole Piroth und meinen Eltern für die Hilfe in allen Phasen der Arbeit bedanken.

Kapitel I:
Offene Gesellschaft, Migration und sozialer Wandel: Versuch einer theoretischen Grundlegung

1. Theorien sozialen Wandels und das Problem der Globalisierung und Diffusion

> *„But my intent all along has been to argue that overall processes of globalization (and sometimes deglobalization) are at least as old as the rise of the so-called world religions.... . They have been deeply intertwined with in-group/out-group relations and this is one of the reasons for the growing debate about the relationships between modernity, globalization and the idea of postmodernity. "*
> (Robertson, Globalization – Social Theory and Global Culture, 1992b)

Das Ausbilden von Grenzen und deren Überschreitung sind Grundprozesse sozialen Wandels, auch wenn wir uns heute daran gewöhnt haben, in stabilen sozialen Einheiten – etwa Nationalstaaten – und vermeintlich internen Entwicklungslogiken moderner Gesellschaften zu denken. Daß gerade langfristiger sozialer Wandel ganz anders interpretiert werden kann, zeigt Toynbee (1979):

„Im Altpaläolithikum (der älteren Altsteinzeit, die etwa fünfzehn Sechzehntel der gesamten menschlichen Geschichte umfaßt) war das Leben eintönig, denn die Veränderung ging langsam vonstatten, und die Verbindung der Menschen untereinander war schwierig. In den letzten fünf Jahrhunderten wurde der Lebensraum der Menschheit zu einer Einheit auf technologischer und wirtschaftlicher, wenn auch noch nicht auf politischer Ebene, weil sich die Verkehrsmittel schneller entwickelten als der historische Ablauf im ganzen. In der dazwischenliegenden Phase und besonders während der viereinhalb Jahrtausende von etwa 3000 v. Chr. bis 1500 n.Chr. schritt die Veränderung in einem schnelleren Tempo voran als die Entwicklung der Verkehrsmittel; infolgedessen waren in dieser Periode die Unterschiede zwischen den Lebensweisen in den verschiedenen Regionen erheblich." (S. 12)[4]

Einige Beispiele aus der Geschichte sozialwissenschaftlicher Theoriebildung zeigen, daß Grenzen und ihre Überschreitungen oft, zumindest implizit, thematisiert wurden. Zum einen zeigt sich dies in den Konzepten des Durch-

---

4   Selbstverständlich beschreibt Toynbee auch periodisch starke Einigungsbewegungen innerhalb bestimmter Regionen der Ökumene, z.B. die Achsenzeit im sechsten vorchristlichen Jahrhundert, die Ausbreitung der hellenischen Kultur durch Alexander oder die Einigung fast der gesamten alten Welt durch mongolische Eroberungen im 3. Jahrhundert nach Christus.

dringens und Überschreitens wie Diffusionsprozessen und Prozessen, die gerade in letzter Zeit als Globalisierungsprozesse beschrieben werden. Zum anderen schlägt es sich in den komplementären Konzepten des Öffnens und Schließens nieder. Die dargestellten Theoriekonzepte sind notwendig aus der sinnhaften Konstruktion einer Grenze abzuleiten, so daß sich eine allgemeine Begrifflichkeit für die Beschreibung von Grenzprozessen bestimmen läßt.

1.1 Globalisierung und Diffusion in der soziologischen Theoriebildung

Einige zentrale Argumente zu exogenen und endogenen Faktoren[5] sozialen Wandels werden in der soziologischen Theoriebildung unter dem Begriff Diffusion und in neuerer Zeit unter dem Begriff Globalisierung diskutiert. Der hier unternommene kleine Streifzug durch die Theoriegeschichte beansprucht nur insofern Vollständigkeit, als die wichtigsten Ideen zu Diffusion und Globalisierung angerissen werden. Alle Theorieformationen haben spezifische Probleme, die sich aus den beschriebenen Formen der Thematisierung endogener und exogener Faktoren ergeben. Diese Probleme werden teilweise in neueren Konzepten der Globalisierungsforschung aufgenommen und bearbeitet.

1.1.1 Exogene Faktoren sozialen Wandels in der Geschichte soziologischer Theorien

Es war vor allem die Entdeckung der neuen Welt, die zwischen dem sechzehnten und achtzehnten Jahrhundert umfangreiche diffusionistische Spekulationen über die Frage hervorrief, ob sich die Kulturen Amerikas unabhängig von Europa entwickelt hätten oder nicht; aber im achtzehnten und neunzehnten Jahrhundert änderte sich das Bild.

„The prevailing trend in European science favored a theory of natural laws, which were thought to govern human progress and to produce similar results in the various regions of the earth." (Heine-Geldern, 1968, S. 169)

Die ersten systematisch ausgearbeiteten soziologischen Theorien, für die das Thema »sozialer Wandel« Bestandteil einer allgemeinen Gesellschaftstheorie war, kann man unter der Bezeichnung »klassische Evolutionstheorien« (etwa Comte und Spencer) zusammenfassen. Diese waren kaum an einer vergleichenden Analyse von Gesellschaften interessiert, sondern an der Frage, nach welchen Gesetzmäßigkeiten eine Gesellschaft allgemein funktioniert. In die-

---

5 Das Begriffspaar »exogen/endogen« wurde gewählt, um zu betonen, daß diese Faktoren sozialen Wandels »innen oder außen entstehen« (gr.). Die Differenz »intern/extern« wird später für Schließungen verwendet und bezieht sich einfach auf die Verortung »innerhalb/außerhalb« (lat.).

sen Theorieentwürfen werden Wandlungsprozesse als meist durch interne Mechanismen induziert beschrieben (z.B. technische Entwicklung). In jedem Stadium des Wandels greifen alle Bestandteile einer Gesellschaft konsistent ineinander. Vergleichende Analyse wird nur implizit betrieben, insofern, als alle Gesellschaften in einem Stadienraster auf der Entwicklungslinie aller menschlichen Gesellschaften eingeordnet werden (vgl. Smelser 1992). Die Ideen der klassischen Evolutionstheorien sind theoretisch nicht sehr ausgereift, und ihre Annahme einer geradlinigen Entwicklung sozialen Wandels konnte empirisch nicht aufrechterhalten werden. Sie waren jedoch das theoretische Konzept, das in der gesamten zweiten Hälfte des 19. Jahrhunderts die Sozialwissenschaften dominierte. Bruchstücke dieser Ideen sind auch heute noch in praktisch jeder sozialwissenschaftlichen Theorie zu finden (Moore 1968, S. 365f.).

Ansätze zu einer Theorie sozialen Wandels, die externe Faktoren berücksichtigt, lassen sich beispielsweise bei Marx finden. Zwar folgen seine Ausführungen der Logik evolutionistischer Stadientheorien: die Entwicklungslinie von Gesellschaften verläuft von asiatischen über feudale zu kapitalistischen Gesellschaften[6] bedingt durch einen Mechanismus der Entfaltung von gesellschaftlichen und ökonomischen Widersprüchen. Doch darüber hinaus wendet sich Marx, und vor allem seine Nachfolger, explizit der Analyse des internationalen Charakters des Kapitalismus zu. Neben der Innovation als Strategie im kapitalistischen Wettbewerb untersuchte er die kapitalistische Expansion auf der Suche nach Rohstoffen und größeren Märkten, die zu einer Internationalisierung des Kapitalismus und einer neuen internationalen Arbeitsteilung führt. Gerade in seiner leninistischen Weiterentwicklung zur Imperialismustheorie entwickelte der Marxismus eine spezifische Theorie extern bedingten sozialen Wandels durch ökonomische und unterstützende politische Mechanismen (Giddens 1989, 530f.).

Eine weitere Argumentationsfigur, die die Ursache sozialen Wandels in einer spezifischen Form der Diffusion sieht, ist die Überlagerungstheorie (vgl. Gumplowicz 1967, Oppenheimer 1982). Als Grund sozialen Wandels wird hier die Durchdringung mehrerer Gruppen und deren Amalgamierung in den verschiedenen Formen der Unter-, Über- und Nebenordnung gesehen (vgl. Gumplowicz 1967). Auch wenn in der gelegentlichen Zuspitzung dieser Theorie zur »Ein-Faktor-Theorie« eine Schwäche liegt (Hohmeier 1970), so kann doch in der Erweiterung des Überlagerungskonzepts (z.B. ethnische, bürokratische oder technische Überlagerung, vgl. Giordano 1982) eine sinnvolle Beschreibung sozialen Wandels liegen.

Als eine der ersten Reaktionen auf den klassischen Evolutionismus kann zu Beginn dieses Jahrhunderts der Diffusionismus gesehen werden (Mali-

---

6   Marx verwendet hier auch die Begriffe: urwüchsige Gemeinschaft, Sklavenhaltergesellschaft, Feudalismus, Kapitalismus, Sozialismus und Kommunismus (vgl. Kiss 1977, 160 ff.).

nowski 1944, S. 213). In den USA waren es vor allem Franz Boas, in Frankreich Gabriel Tarde und in Deutschland Friedrich Rätzel, die die Bedeutung der Diffusion hervorhoben. Innerhalb der Ethnologie[7] war es dann Fritz Gräbner[8] (1911), der eine systematische Bearbeitung einer Theorie der Diffusion vorlegte. Die zentrale Idee dieser Theorierichtung beinhaltet, daß sich Gesellschaften nicht unabhängig voneinander entwickeln, sondern daß in einem permanenten Austauschprozeß auch über weite Distanzen hinweg kulturelle Neuerungen von anderen geborgt werden. Kroeber (1923, S. 197-98; nach Smelser 1992, S. 372) faßt diese Idee wie folgt zusammen:

„The vast majority of culture elements have been learned by each nation from other peoples, ... There is thus every *a priori* reason why diffusion could be expected to have had a very large part in the formation of primitive and barbarous as well as advanced culture."

Diffusionisten betonen nicht nur interkulturellen Kontakt als Mechanismus sozialen Wandels. Indem sie Brüche und Anpassungen im Diffusionsprozeß hervorheben, geben sie darüber hinaus die Vorstellung des klassischen Evolutionismus auf, sozialer Wandel sei kontinuierlich, konsistent, kumulativ und irreversibel. Der Diffusionismus – als Gegenbewegung zu den spekulativen Höhen des klassischen Evolutionismus – belegt seine Thesen anhand genauer empirischer Untersuchungen. Die Probleme dieses Ansatzes liegen jedoch in der Einschränkung auf kulturelle Austauschprozesse sowie in der Vernachlässigung der Frage nach den Folgen und Gründen von Diffusion (vgl. Rupp-Eisenreich 1989).

Der Funktionalismus teilt mit dem Diffusionismus die Herkunft aus der Kulturanthropologie und die Vorliebe für konkrete gesellschaftliche Analysen. Seine Schwerpunktlegung auf die Funktion der strukturbildenden gesellschaftlichen Elemente verbindet sich beim klassischen Funktionalismus jedoch mit einer Überbetonung von Stabilität, Integration und Gleichgewicht in Gesellschaften und einer fast völligen Ausblendung exogener Strukturen sozialen Wandels. Diese Ausrichtung wird durch die Weiterentwicklung des Funktionalismus relativiert. Als Beispiele hierfür seien Ogburn und Malinowski genannt. Ogburn geht nicht mehr von der Annahme eines Gleichgewichtes aus, sondern betont die Gleichzeitigkeit und Ungleichzeitigkeit sozialen Wandels (»cultural lag«, vgl. Ogburn 1969, S. 134-45). Die späteren Arbeiten von Malinowski wenden sich ebenfalls dem Kulturkontakt zu; für Malinowski war nicht nur der klassische Evolutionismus irrelevant geworden, er ersetzte auch das Gleichgewichtspostulat des Funktionalismus durch die Annahme von ständigen Konflikten und Widersprüchen in Gesellschaf-

---

7 Auch im neunzehnten Jahrhundert waren es vor allem Ethnologen, die die Bedeutung von Diffusion betonten, erwähnt seien hier etwa die zahlreichen Arbeiten Tylors über die Diffusion bestimmter kultureller Merkmale.

8 Vgl. hierzu die auch heute noch lesenswerten Abhandlungen über Entwicklungstheorien, Kulturverwandschaft und Kriterien der Kulturbeziehungen (Gräbner 1911, S. 77-104).

ten. Nicht zuletzt betonte er die Wichtigkeit von Diffusion für sozialen Wandel:

„But at the present historical moment the phase and development through which we are now going is dominated by diffusion." (Malinowski 1944, S. 218).

In Abgrenzung zu bis dahin existierenden diffusionistisch ausgerichteten Untersuchungen von Detailaspekten sozialen Wandels zielte er auf die Diffusion ganzer kultureller Muster.

In der Kritik an Darwinismus, Marxismus und anderen sozialwissenschaftlichen Strömungen seiner Zeit entwickelte Weber mit der Formulierung bestimmter ideal-typischer Prozesse eine eigene Konzeption sozialen Wandels. Unter diesen Prozessen sind etwa zu nennen: die Veralltäglichung charismatischer Führerschaft, die Durchsetzung bestimmter Weltanschauungen, sowie eine zunehmende Bürokratisierung und Rationalisierung von Gesellschaften. Auch wenn diese Prozesse als gesellschaftsintern bezeichnet werden können, zeigt ein genaueres Hinsehen, daß Weber[9] sich voll des Einflusses von externen Faktoren bewußt war, seien dies nun Kriege, Wanderungsbewegungen, internationale ökonomische Bedingungen oder die Diffusion von religiösen Vorstellungen (vgl. Smelser 1992).

Gegen ahistorische Verallgemeinerungen in Evolutionismus, Funktionalismus und Marxismus verwahrt sich auch die integralistische Theorie sozialen Wandels von Sorokin (vgl. Tiryakian 1989). Hier sind die »Untersuchungseinheiten« Zivilisationen, d.h. Gruppen von Staaten, die kulturelle, wirtschaftliche und soziale Muster teilen. Diese zivilisatorischen Grundmuster glaubt Sorokin durch die vergleichende Analyse von Zivilisationen in der sensuellen und der ideationalen Orientierung gefunden zu haben. Sozialer Wandel verläuft nicht geradlinig, sondern eher in Pendelbewegungen und meist sprunghaft. In Anlehnung an kulturanthropologische Überlegungen polemisiert Sorokin gegen die Sichtweise, wonach soziale Einheiten mit nationalen Grenzen zusammenfallen. Sozialer Wandel ist nach ihm nicht im Rahmen von nationalen Grenzen bestimmter Gesellschaften anzusiedeln, sondern in bezug auf die innere Logik der Zivilisation, die Gesellschaften gemeinsam entwickeln. Insofern geht Sorokin über ein Konzept hinaus, das sozialen Wandel nur durch endogene Faktoren bestimmt sieht.

In den letzten 200 Jahren war die Idee vorherrschend, daß universelle Gesetze soziale Entwicklungen vorantreiben und so zu gleichen Ergebnissen in unterschiedlichen Regionen führen. In einigen Fällen wurde diese Idee universaler Gesetze aber auch auf exogene Faktoren sozialen Wandels angewendet. So übernahm Marx zwar viele Ideen klassischer Evolutionstheorien; in der Analyse des internationalen Charakters des Kapitalismus nahm er jedoch auch exogene Faktoren in seine Überlegungen auf. Auch die Überlagerungstheorie versucht, exogen induzierten Wandel zu konzeptionalisieren,

---

9　Ähnliches gilt auch für Georg Simmel.

hier werden vor allem Wanderungen, Kriege oder andere konflikthafte Auseinandersetzungen als Ursache gesehen. Mit dem Diffusionismus entsteht um die Jahrhundertwende ein ethnologisches Theoriegebäude, das kulturellen Wandel vollständig durch exogene Faktoren erklären will. Die endogen und gleichgewichts-orientierte Sichtweise des Funktionalismus wird bald durch konflikt- und diffusionstheoretische Überlegungen ergänzt. Es wird auch immer wieder darauf hingewiesen, daß nicht Nationalstaaten sondern andere Einheiten, wie etwa Kulturkreise, die eigentliche Analyseeinheit für sozialen Wandel sein müßten. Kultur und Ökonomie sind die vorherrschenden Gebiete, in denen exogene Faktoren sozialen Wandels thematisiert werden. Mechanismen der Diffusion sind dabei Wanderungen, Handel und Kriege.

Mit dem Zweiten Weltkrieg sind viele Grundideen über Diffusion und Globalisierung formuliert worden, und die Geschichte der Theorien sozialen Wandels danach kann als Reformulierung und neue Schwerpunktsetzung beschrieben werden. In der Nachkriegszeit ist die sozialwissenschaftliche Untersuchung des sozialen Wandels im Weltmaßstab vor allem durch Modernisierungstheorien, Dependenztheorien und Weltsystemtheorien geprägt.

1.1.2 Dependenztheorie, Weltsystemtheorie und Modernisierungstheorie

Die frühen *Modernisierungstheorien*[10], die in den fünfziger Jahren oft mit Bezug auf Parsons entstanden, können als Wiederauflage evolutionistischer und funktionalistischer Vorstellungen beschrieben werden. Sie zeichnen sich, grob gefaßt, durch drei Annahmen aus: (1) Gesellschaften sind entweder traditionell oder modern; (2) sie unterliegen permanenter interner Differenzierung; (3) sie entwickeln sich unvermeidlich. Die Faktoren sozialen Wandels werden überwiegend in den jeweiligen Gesellschaften selbst angesiedelt. Viele Modernisierungstheorien gehen von der Superiorität der industrialisierten Länder aus, die daher Vorbildcharakter für die Entwicklung von nichtindustrialisierten Ländern haben (Levy 1967; Smelser 1964; Lipset 1963; Rostow 1964). Ihr gemeinsamer Kern besteht in der Prognose, daß alle modernen Gesellschaften sich – gewissermaßen aus »Sachzwängen« wie dem der Industrialisierung heraus – in ähnlicher Weise entwickeln und ähnliche Eigenschaften zeigen werden (Eisenstadt 1973). In dieser Hinsicht enthalten Modernisierungstheorien bereits den Gedanken der Beeinflussung von Gesellschaften durch andere, jedoch wird dieser Gedanke in den meisten Theorien noch nicht explizit (vgl. hierzu Kommunikations- und Innovationstheorien weiter unten). Während z.B. die klassischen Studien von Smelser über die strukturelle Differenzierung von Gesellschaften (1967) und Lipsets Untersuchung über den Zusammenhang von ökonomischer Entwicklung und Demokratie (1963) auf externe Entwicklungsfaktoren noch gar nicht rekur-

---

10　Zur Eingrenzung des diffusen und oft unterschiedlich verwendeten Begriffes »Modernisierungstheorie« vgl. So 1990.

rieren, thematisiert Levys Untersuchung über moderne und unmoderne Gesellschaften (1967) dieses Moment insofern, als sich nach Levy unmoderne Gesellschaften nur dann entwickeln, wenn Kontakt mit modernen Gesellschaften besteht. In Rostows Konzept der Entwicklungsstadien der ökonomischen Entwicklung (1964) ist der Gedanke der externen Entwicklungsfaktoren ebenfalls enthalten. Rostow geht davon aus, daß sich unterentwickelte Gesellschaften nur dann in moderne Gesellschaften wandeln können, wenn sie in ihrer entscheidenden Entwicklungsphase Hilfe von industrialisierten Staaten bekommen.

Die Modernisierungsforschung hat eine unübersehbare Zahl empirischer Studien hervorgebracht. In den fünfziger Jahren war es vor allem der große Aufbruch der Staatenentwicklung in Afrika und Asien, der zu einer Unzahl von Länderanalysen führte (vgl. z.B. Lerner 1965). Seit Mitte der sechziger Jahre hat sich die Modernisierungsforschung in größerem Maße der Analyse der europäischen Entwicklung zugewandt. Ein Beispiel hierfür stellt das Werk von Stein Rokkan (1970) dar, das vor allem die Rekonstruktion der Entwicklungsverläufe europäischer Nationalstaaten betrachtet (als neuere Arbeit hierzu vgl. Tilly 1990a). Zu nennen sind auch Deutschs Untersuchungen von mehrsprachigen Ländern, die der Frage der Veränderung von territorialer und kultureller Integration nachgehen (vgl. hierzu weiter unten Deutsch 1966, zur empirisch ausgerichteten Modernisierungsforschung vgl. Flora 1974).

Die Grundannahme von Modernisierungstheorien, wonach die industrialisierten Länder Vorbildcharakter für jedwede Entwicklung haben, sowie ihre zu geringe Betonung von externen Faktoren sozialen Wandels, waren in der Folgezeit einer starken Kritik ausgesetzt. Konsequenz daraus war, daß neuere modernisierungstheoretische Studien die Superiorität moderner Gesellschaften relativierten und externen Entwicklungsfaktoren eine stärkere Beachtung schenkten (vgl. z.B. Huntingtons Untersuchung des Zusammenhangs von ökonomischer und demokratischer Entwicklung 1984).

Doch auch innerhalb der Modernisierungstheorie gibt es Ansätze, die stark an Diffusionsprozessen interessiert sind. Einerseits sind die Kommunikationsanalysen von Deutsch, Pye u.a. zu nennen, aber auch die schon erwähnten Studien von Lerner. Lerner und Deutsch sind beide an transnationalen Phänomenen der Modernisierung und des Nationalismus interessiert. Ein weiterer wichtiger Theoriezweig innerhalb der Modernisierungstheorie, der sich direkt mit Diffusionsprozessen beschäftigt, sind Innovationstheorien.

Zu Beginn der fünfziger Jahre begann Deutsch (1966) soziale Mobilisierung mit einer Mischung aus kommunikations- und modernisierungstheoretischen Überlegungen zu untersuchen. Für Deutsch bestehen Gesellschaften aus gruppierten Netzwerken von Individuen, die durch intensive Arbeitsteilung und Infrastruktur miteinander verbunden sind. Kultur wird definiert über Informationsnetzwerke.

„[A] »people« or ethnic group may be described as »a larger group of persons linked by such complementary habits and facilities of communication« or more simply »wide complementary of social communication«." (Smith 1976, S. 74)

Die Erweiterung und Neubildung kultureller Muster, ebenso wie die kulturelle Homogenisierung in nationalstaatlich verfaßten Gesellschaften, wird dabei erheblich durch die Land-Stadt Migration beschleunigt, weil sie zu einer Intensivierung und Extensivierung von Kommunikationsnetzwerken führt. Selbstverständlich kommt es auch ohne diese Mobilisierung zu kulturellen und sozialen Anpassungs- und Wandlungsprozessen, dies erfordert dann aber oft mehrere Generationen. Sein Konzept des modernisierenden Effekts von Wanderungsbewegungen ähnelt dabei stark Sombartschen Ideen (vgl. Kap. I.2). Deutsch bemüht sich, mit strukturellen und sozio-demographischen Faktoren Veränderungen in der Wahrnehmung und des Bewußtseins des Einzelnen zu analysieren.[11] Lerners Arbeiten über den Mittleren Osten sind etwas stärker auf den Einzelnen im Modernisierungsprozeß bezogen. Seine Hauptvariablen sind psychische Mobilität und die Massenmedien. Modernisierung entsteht durch Innovation und wird befördert durch den emphatischen modernen Menschen. Seine Typisierung der »transitional personality« und »transitional society« zwischen restriktiver traditionaler Gesellschaft und offenen partizipierenden modernen Gesellschaftstypen ist allerdings erheblich deterministischer und ethnozentrischer als Deutschs Konzepte. Ähnliche Analysekonzepte verwenden Pye, Verba und Almond in ihren Untersuchungen zur Diffusion moderner politischer Institutionen und der Reaktion von Eliten darauf.

Das zweite große Gebiet innerhalb der Modernisierungsforschung, das sich mit Diffusionsprozessen beschäftigt, ist das der Innovationsforschung. Ein wichtiges Werk zu diesem Thema ist sicherlich Everett Rogers (1962) »The diffusion of innovations«. Auch er versucht die Verknüpfung zwischen modernisierungstheoretischen und diffusionstheoretischen Annahmen. Rogers untersucht die Diffusion von technischen, landwirtschaftlichen und medizinischen Innovationen innerhalb sozialer Systeme. Das Ziel aller Handelnden in einem System ist dabei Sicherheit, die als subjektive Situation des »well-being« beschrieben wird, und durch die Minimierung von Spannungen durch gemeinsame Normen interpretiert wird. Neben der üblichen Unterscheidung von Innovatoren und Erfindern beschreibt er vier Phasen: (1) die Innovation; (2) die Kommunikation von einem Individuum zu einem anderen; (3) die Ausbreitung im sozialen System und (4) die Ausbreitung in der Zeit. Wie schon Tarde weist er darauf hin, daß es die weltoffenen Abweichler innerhalb einer Gesellschaft sind, die für Innovationen sorgen. Seine Fakto-

---

11 Für Finnland, Böhmen, Indien, Pakistan und Schottland verwendet er Indikatoren wie Urbanisierung, Beschäftigungsanteile in verschiedenen Wirtschaftssektoren, Wehrpflicht, Besteuerung, Schulsystem, Alphabetisierung, Durchdringung mit Massenmedien, Handelsströme und Wahlen.

ren für die Geschwindigkeit der Diffusion (Kommunizierbarkeit, Einfachheit, Kompatibilität) werden streng aus einem Parsonschen Kontext heraus entwickelt.

Für viele Innovationstheoretiker ist der Innovator eine Art »marginal man« (Park, siehe Kapitel I.2.2.1). Außenseiter eines gegebenen Gesellschaftssystems (einschließlich ethnischer und sozialer Minderheiten) neigen dazu, ihren ambivalenten Status durch Kreativität zu kompensieren. Eine weitere von Park übernommene Argumentationsfigur ist das Zurückführen von Innovation auf durch Wandlungsprozesse desozialisierte Gruppen.

Smith (1976) weist zurecht daraufhin, daß kommunikationsanalytisch orientierte Studien wie auch Innovationstheorien sich kaum von modernisierungstheoretischen und neo-evolutionistischen Modellen unterscheiden. Auch sie tendieren zu der Annahme, daß Fortschritt Modernisierung nach westlichem Modell bedeutet; zwar gibt es Abweichungen und Störungen (besonders Deutsch betont hier Phänomene nationalistischer bzw. fundamentalistischer Schließung), doch überall wirken die gleichen Gesetze hin zu höherer Komplexität und Flexibilität, gepaart mit erhöhter sozialer Partizipation. In der eher eingeschränkten Rezeption kommunikationstheoretischer Konzepte ist Kommunikation nur eine Metapher für soziales Lernen (für eine abweichende Verwendung siehe I.1.2.4): einer weiteren Grundidee, auf der alle modernisierungstheoretischen und neo-evolutionistischen Theorien auch fußen. Oder wie Smith es prägnant ausdrückt: Innovationstheorie und „»communications theory« turns out to be a species of »diffusion without diffusionism«, or »neo-evolutionism with diffusion«." (1976, S. 78).

Die *Globalisierungsdiskussion* der Nachkriegszeit im engeren Sinne, die ebenfalls im modernisierungstheoretischen Rahmen stattfindet, beginnt mit Werken wie Marshall McLuhans »Explorations in Communication« (1960) und Begriffen wie »the global village«. Gerade die Globalisierung von Medien ist hier zentraler Diskussionspunkt, wobei immer schon die Zweideutigkeit dieses Prozesses betont wird: einerseits eine immer stärkere internationale Vernetzung, andererseits aber erfolgt über dieses Netz auch der Transport von höchst lokalen, bzw. nationalen Ereignissen (Robertson 1992a, siehe auch Kap. I.1.1.3).

Als Folge der Auseinandersetzung mit Modernisierungstheorien entstanden zahlreiche Ansätze, die nun stärker den Einfluß externer Faktoren für den sozialen Wandel in einem Land ins Auge faßten. Am prominentesten ist hier sicherlich die *Dependenztheorie*. Ihr Ziel ist, eine allgemeine Theorie der Unterentwicklung zu formulieren. Im Unterschied zur Modernisierungstheorie ist in Dependenztheorien Unterentwicklung nicht Produkt interner, sondern externer Faktoren, nämlich der ökonomischen Abhängigkeit unterentwickelter von entwickelten Gesellschaften. Insofern enthält sie mehr oder minder unreflektiert diffusionstheoretische Überlegungen (Chilcote 1981, S. 299). Als weitere Differenz zwischen beiden Theoriesträngen kommt hinzu, daß Dependenztheorien den Kontakt zwischen unterentwickelten und entwickelten Gesellschaften nicht, wie die Modernisierungstheorien, für entwicklungsfördernd, sondern für entwicklungshemmend halten. Beispielhaft für diese Auffassung ist Franks Theorie der Entwicklung und Unterentwicklung (1967, 1969). Nach Frank sind Staaten der Dritten Welt nicht per se traditional und feudal, sondern erst durch den Kolonialismus systematisch in ihrer Entwicklung zurückgeworfen worden (vgl. auch Cardoso 1973; Baran 1957, Senghaas 1981).

Viele dependenztheoretische Studien bleiben aufgrund ihres Anspruchs, eine Theorie der Unterentwicklung zu entwerfen, relativ allgemein und lassen die besonderen nationalen Ausprägungen gesellschaftlicher Entwicklungsverläufe unberücksichtigt. Die Beziehung zwischen einzelnen Gesellschaften wird auf ökonomische und machtpolitische Phänomene reduziert (vgl. hierzu z.B. die Kritik von Almond 1987; Koo 1984; O'Brian 1975 etc.). Jüngere dependenztheoretische Studien haben daraus die Konsequenz gezogen, nicht mehr abstrakte Modelle der Unterentwicklung zu entwerfen, sondern dependenztheoretische Aussagen als eine Methode zur Analyse konkreter Gesellschaftszustände zu handhaben. Die Polarität zwischen Entwicklungsländern und entwickelten Ländern wird in neueren Ansätzen abgeschwächt, Entwicklung nicht mehr nur auf externe und ökonomische Faktoren beschränkt. In die Betrachtung werden wieder interne historisch-strukturelle Faktoren einbezogen (vgl. hierzu z.B. Cardosos Studien über Brasilien (1973) oder O'Donnells Analyse des bürokratisch-autoritären Staates in Lateinamerika (1978)). Im Kontext der entwicklungspolitischen Diskussion ist bis heute eine große Zahl dependenztheoretischer Einzelanalysen über die Länder Afrikas und Lateinamerikas entstanden (vgl. z.B. verschiedene Studien im Sammelband von Senghaas 1981). Wenn auch nicht auf harte Daten gestützt, so wird hier materialreich die Entwicklung in den entsprechenden Ländern als Produkt externer und interner Faktoren beschrieben.

Während Modernisierungstheorien und Dependenztheorien Entwicklungslage und -richtung von unterentwickelten Gesellschaften im Verhältnis zu industrialisierten Gesellschaften zum Thema haben, rückt für die *Weltsystemtheorie* im Prinzip die ganze Welt ins Blickfeld. Ähnlich wie die Dependenztheorie wurde sie ursprünglich aus einem neo-marxistischen Kontext heraus entworfen, so daß Anfang der siebziger Jahre von einem Übergewicht an marxistischer Forschung auf diesem Gebiet gesprochen werden kann (Makler, Sales, Smelser 1982). Die Weltsystemtheorie richtet ihr Interesse auf interne und externe Entwicklungsfaktoren, die über eine längere historische Periode hinweg in ihrer Wirkung auf das Weltsystem und seine Teile betrachtet werden. Sie ist bemüht, national gesammelte Daten durch andere, auf Weltniveau angelegte Daten zu ergänzen, um auf diese Weise die Dynamik der kapitalistischen Weltökonomie zu studieren. Im weltsystemtheoretischen Konzept ist sozialer Wandel eine zyklische Entwicklung zwischen Peripherie und Zentrum. Nationalstaaten sind eine Folge der sich durchkapitalisierenden Weltökonomie. Für die Entwicklung der Weltsystemtheorie dürften Wallerstein und Braudel die maßgeblichen Anstöße gegeben haben. Wallerstein polemisiert gegen die Unterstellung, Staaten definierten soziale Einheiten (seine Alternative: »historisches System«) sowie gegen die Konzeptualisierung von linearen Entwicklungspfaden. Er plädiert für eine Verbindung von historischer Analyse und generalisierender soziologischer Erklärung. Beispiele sind Wallersteins Analyse der Abschwungphase der kapitalistischen Weltökonomie während der Krise im 17. Jahrhundert (1979), Bergensens und Schönbergs Untersuchung der langen Wellen des Kolonialismus (1980).

Gegen die Weltsystemtheorie wurde der Vorwurf laut, ihre Untersuchungen mit der Analyseeinheit »Weltsystem«, seien ökonomistische und teleologische Konstrukte, die gegenüber der Realität ein Eigenleben führen (vgl. z.B. Worsley 1984 und Zeitlin 1984). Konkrete historische Analysen einzelner Gesellschaften würden dadurch verhindert. Die neuere Forschung hat diese Einwände dadurch zu entkräften versucht, daß sie sich immer mehr auf Fallstudien nationaler Gesellschaften konzentriert hat, anstatt generelle Muster der Weltentwicklung zu entwerfen. Solche Untersuchungen beinhalten eine multi-institutionelle Analyse von Gesellschaften und gehen von einer komplexen Wechselwirkung aller möglicher Faktoren aus. Beispiele hierfür sind stark empirisch orientierte Arbeiten von Bluestone (1984) und Harris (1984) über Deindustrialisierung und Reindustrialisierung Amerikas sowie die Untersuchung von Kraus (1979) über Chinas Reintegration ins kapitalistische Weltsystem. Studien ähnlichen Charakters beschäftigen sich speziell mit den Ländern Lateinamerikas oder Afrikas (vgl. z.B. Studien in Wallerstein und Hopkins 1980).

Diesen eher qualitativen Analysen stehen nur einige wenige rein quantitative, die gesamte Welt in den Blick nehmende, Untersuchungen gegenüber. Zu nennen sind hier die Datenkompendien von Bornschier und Heintz (1979) und von Müller und Bornschier (1988). Sie suchen, die globale Interaktion von 128 Nationen auf politischem und ökonomischem Gebiet mittels 51 Variablen über ein bis drei Zeitpunkte zu erfassen. Als hochformalisierte Datensammlungen, die zwar eine Vielzahl statistischer Informationen verarbeiten, aber keine Interpretation der Daten liefern, ist die Aussagekraft der Sammlungen stark eingeschränkt.[12]

---

12 Betrachtet man Diffusion und Globalisierung in soziologischen Theorien nach dem Zweiten Weltkrieg, so kann wohl gesagt werden, daß diese Konzepte – mit nur wenigen Ausnahmen – immer in den Rahmen einer allgemeineren Theorie sozialen Wandels eingebaut worden sind. Trotzdem gibt es einige Literatur, die historische Abläufe über Diffusionsmodelle zu erklären versucht, ohne auf die Implikationen der klassischen Theorien sozialen Wandels zurückzugreifen. Diese Autoren legen dann meist auch mehr Gewicht auf

Einzelne Aspekte von Diffusion und Globalisierung werden auch in verschiedenen Bindestrich-Soziologien thematisiert: etwa in der Techniksoziologie (z.b. das Telefon als größte Maschine der Welt) oder bei der Beschreibung der Ausbreitung von Waren und Erfindungen in der Ökonomie. Wenn auch keine sozialwissenschaftliche Analyse im eigentlichen Sinne, sondern aus ökonomischer und ökologischer Sicht verfaßt, waren die Veröffentlichungen des Club of Rome (vgl. Meadows 1972) ein weiterer wichtiger Schritt zur Betrachtung gesellschaftlicher Entwicklungen über Staatsgrenzen hinweg. Dies vor allem dadurch, daß sie die Abhängigkeiten von Gesellschaften von ihren existentiellen Lebensbedingungen ins Bewußtsein hoben.

Der par force-Ritt durch die vielen Studien zu sozialem Wandel und exogenen Faktoren in der Soziologie nach dem Zweiten Weltkrieg hat verschiedenes deutlich werden lassen. Obwohl Modernisierungstheorien einen bias hinsichtlich endogener Faktoren aufweisen, werden exogene Faktoren trotzdem in verschiedenen Kontexten behandelt. Beginnend mit den Unterschieden zwischen Industriestaaten und anderen Ländern wurde die Diffusion von Ideen gerade über neue Kommunikationsmedien unter Einbeziehung kommunikationstheoretischer Überlegungen analysiert. Der zweite wichtige Zweig war die Innovationsforschung, die gerade auch die Rolle exogen generierter Neuerungen thematisierte. Im Rahmen kommunikationstheoretischer Überlegungen wurden in den sechziger Jahren auch zum ersten Mal explizit Globalisierungsphänomene beschrieben. Die Depedenztheorie analysiert Machtunterschiede im internationalen System als einen zentralen Mechanismus sozialen Wandels, oder besser gesagt sozialer Stabilisierung auf unterentwickeltem Niveau. Als ausgesprochene »Globalisierungstheorie« kann die Weltsystemtheorie gesehen werden, die in der ökonomischen Integration der Welt die zentrale Triebfeder von Entwicklung und Unterentwicklung sieht. Einer der wichtigsten Impulse aus dem naturwissenschaftlichen Bereich war sicher die Thematisierung von Umweltproblemen und ihren Folgen für sozialen Wandel.

1.1.3   Konzepte der Globalisierung

Die Anzahl neuerer Artikel und Bücher zum Thema Globalisierung sind kaum zu überschauen. Nach Ferguson (1992) sind hier die zentralen Themen oder, wie sie sagt, Mythen: »the disappearance of time and space«, »global

---

Brüche und Diskontinuitäten sozialen Wandels, den Einfluß von Ereignissen, und den Einfluß spezifischer Entscheidungen von Akteuren in kritischen Momenten. Eindringen und selektives Aufnehmen oder Verschmelzen, besonders im Hinblick auf Ideologien, Massenbewegungen oder Eroberungen, die durch die Entwicklung jeglicher Art des Verkehrs gefördert werden, sind hier die meist verwendeten Modelle. Diese histographischen Betrachtungen führen jedoch fort von soziologischen Modellen im engeren Sinne. Hierzu siehe auch das Zitat von Tyonbee zu Beginn des Kapitels. Für eine kurze Zusammenfassung dieser Art der Literatur vgl. Smith 1976, S. 83-93.

cultural homogeneity«, »big is better«, »the new world order«, »economic determinism« und »saving planet earth« (kritisch hierzu Robertson 1992b). Darüber hinaus ist eine Zweiteilung des Diskurses zu beobachten. Einerseits werden immer stärker kultursoziologische Themen in den Vordergrund gerückt (Featherstone 1990), meist in Beiträgen, denen eine gewisse Vorliebe für die theoretischen Implikationen des Themas eigen ist. Andererseits werden im Kontext einer internationalen politischen Ökonomie globale Finanz- und Kapitalflüsse beschrieben, bzw. aus dem Gebiet der Stadtforschung heraus besonders die Einflüsse ökonomischer Globalisierung auf die urbanen Zentren thematisiert.

Als Beispiel für eine eher modernisierungstheoretisch-kultursoziologische Herangehensweise kann das Buch »Globalisation« von *Robertson* (1992b) gesehen werden. Robertson versucht, über das – oft formulierte – Problembewußtsein hinauszugehen, wie es in den jüngeren Arbeiten so unterschiedlicher Autoren wie Giddens und Smelser formuliert wird. Dies geschieht auf dem Weg, wie es in den Aufsatzsammlungen von Featherstone bzw. von Albrow und King (1990) schon angedeutet wurde, wobei Robertson besonders durch die Arbeiten von B.S. Turner beeinflußt ist. Als ein Versuch im deutschen Sprachraum, sich diesem Thema zu nähern, kann die Aufsatzsammlung von Reiman (1992) gesehen werden.

„Globalization as a concept refers both to the compression of the world and the intensification of consciousness of the world as a whole." (Robertson 1992b, S. 8)

Mit leichter Betonung der reflexiven Komponente des Globalisierungsprozesses schlägt Robertson vier begriffliche Angelpunkte zur Analyse vor, über die die Welt als Ganzes wahrgenommen und strukturiert wird: das Selbst (selves), die Menschheit (humankind), national verfaßte Gesellschaften (national societies), das Weltsystem der Gesellschaften (world system of societies). Im Spannungsfeld dieses »Quadrates« rekonstruiert er dann die Relativierungen und Überhöhungen von kulturellen, sozialen, ethnischen, regionalen und individuellen Identitätsmustern.

Wichtig ist auch der Versuch, das Problem der Identitätsbildung in einer sich globalisierenden Welt über die Auflösung der Leitdifferenz Universalismus – Partikularismus zu beschreiben. Diese Unterscheidung ist für Robertson eher als ein Versuch von sozialen Akteuren zu sehen, sich selbst im Globalisierungsprozeß zu verorten, als eine an sich schon besonders sinnvolle soziologisch-analytische Kategorie. Aufgrund der These, daß Globalisierung „the interpenetration of the universalization of particularism and the particularization of universalism" (Robertson 1992b, S. 100) bedeutet, kann Robertson in weiten Teilen als Versuch gelesen werden, mit dieser nach klassischen soziologischen Gesichtspunkten paradoxen Entwicklung zu Rande zu kommen. Beispiel für die Partikularisierung des Universalen ist in diesem Sinne die Suche nach globalen Fundamentalien – nach »the real meaning« – der Welt und andererseits für die Universalisierung des Partikularen die Suche nach immer feinkörnigeren Arten partikularer Identitätspräsentation.

Graphik 1: Das Problem der Globalisierung nach Robertson

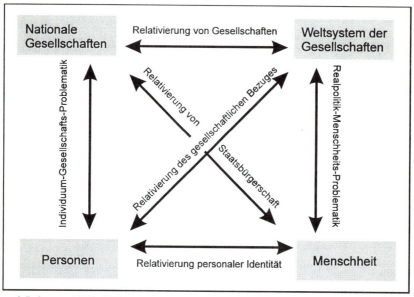

nach Robertson 1992b, S27

Diverse Spielarten des Fundamentalismus sind damit nicht die Gegenseite von Globalisierung, sondern der Prozeß der Globalisierung selbst. Robertson spürt den Modalitäten der Reflexivität und der Strukturierung sozialer Wahlprozesse im Kontext der Globalisierung nach und betont die Kontingenz von Identitätsdefinitionen. Eigenschaften, die sicherlich durch die Akteure selbst – ebenso wie bei der Liebeswahl – nicht direkt thematisiert werden können. Diese Erkenntnis muß jedoch dem sozialwissenschaftlichen »main stream«, der sein Heil im »going native« sucht, verschlossen bleiben, da in dieser Art der Herangehensweise, um mit einem Begriff von Abaza und Stauth zu sprechen, »an 'essentialization' of 'the Other'« quasi vorprogrammiert ist (Robertson 1992b, S. 167). Denn bei all den Ursprünglichkeiten, die nun wahrlich intensive Studien bei »anderen Kulturen« hervorgebracht haben, darf doch nicht übersehen werden, daß diese eben nicht nur Teil globaler Strukturen sind, sondern daß gerade die reflexive »Essentialisierung lokaler Wahrheiten« eine der zentralen Spielregeln im globalen Spiel kultureller Identitätsdefinitionen ist.

„To put it as sharply as possible, I propose that »fundamentalism« is a mode of thought and practice which has become almost globally institutionalized..." (Robertson 1992b, S. 178)

Robertson plädiert dafür, die relative Unterbelichtung kultureller Phänomene in der soziologischen Analyse der Moderne aufzuarbeiten. Wenn dies aber über die falsche Polarisierung zwischen »partikular, lokal, fundamentalisch« einerseits und »universal, global, modern« andererseits geschieht, wird die Soziologie selbst Opfer des Prozesses, den sie auszog zu beschreiben.

Als eine der theorie-architektonischen Schwächen des Buches kann die fast völlige Ausblendung des Begriffs der Diffusion gesehen werden. Obwohl gerade das einzige, einem Fallbeispiel (Japan) gewidmete Kapitel vieles – und einleuchtend – über selektive Diffusionsprozesse und spezifische Reaktionen darauf erklärt, wird der Begriff selbst theoretisch nicht fruchtbar gemacht.

Neben den Autoren um die Zeitschrift »Theory, Culture and Society« gibt es einen eher aus Geographie und Stadtsoziologie herauswachsenden Forschungsstrang, der versucht, das Phänomen »Globalisierung« zu fassen und es auch mit Migrationsbewegungen zu verknüpfen. Meist zitierte Autoren sind hier etwa *Soja* (1990) oder *Sassen* (1991).

Edward Soja beschreibt am Beispiel von Los Angeles ein Bild von sozialen Restrukturierungsprozessen in einer Stadt im Weltmarktzusammenhang. Saskia Sassen zeichnet am Beispiel von New York, Tokyo und London innerstädtische Prozesse nach, die durch die arbeitsteilige »globale« Vernetzung dieser Städte entstehen.

Beide beschreiben seit Beginn der achtziger Jahre folgende Haupttendenzen für die globalen Metropolen in westlichen Industriestaaten: (1) verfallende industrielle Kerne und ein sich stark ausprägender Dienstleistungssektor; (2) eine qualitativ neue Verdichtung von innovativen technologischen und organisatorischen Potentialen, die traditionelle Industriesektoren verdrängen (ausgedrückt in der Ansiedlung von transnationalen Unternehmen, Konzernhauptquatieren und Finanzzentralen, sowie in der Verdichtung von weltweiten Kommunikationsnetzwerken); (3) eine zunehmende Einkommenspolarisierung zwischen den globalen Eliten einerseits und marginalisierten Gruppen (oft Migranten), denen es unmöglich ist, selbst an den Profitsteigerungen der globalen Ökonomie zu partizipieren.

Darüber hinaus werden noch weiter Strukturveränderungen beobachtet. Diese Städte funktionieren nicht wie z.B. Hansestädte, die ihr Hauptsubsistenzpotential aus sich selbst und dem Umland ziehen und weltweiten Handel nur zum zusätzliche Wachstum verwenden, sie sind in ein starkes arbeitsteiliges Netz von Städten eingebunden, deren Wohlstand sich grundsätzlich wechselseitig bedingt.

„...New York, London and Tokyo function as one transterritorial marketplace. These three cities do not simply compete with each other for the same business. They also fulfill distinct roles and function as a triad. Briefly, in the 1980s Tokyo emerged as the main center for the export of capital; London as the main center for the processing of capital, largely through its vast international banking network linking London to most countries in the world and through the Euromarkets; and New York City as the main receiver of capital, the center for investment decisions and for the production of innovations that can maximize profitability." (Sassen 1991, S. 327).

Wachstum in den globalen Städten des späten 20. Jahrhunderts basiert nicht auf der Expansion der Kaufkraft einer ständig wachsenden Mittelschicht, sondern auf dem Konsum von großen Firmen und Regierungen, also auf der organisatorischen Nachfrage auf dem globalen Markt. Dies führt zu einer sich ständig aufsplitternden Einkommensstruktur.

„There is social and economic polarization, particularly strong in major cities which concentrate a large proportion of the new growth industries and create a vast direct and indirect demand for low-profit services and low-wage jobs." (Sassen 1991, S. 333)

Das Interesse dieser Städte entkoppelt sich von Nationalstaaten und ist nur noch an den Opportunitäten globaler Märkte ausgerichtet. New York profitiert beispielsweise kontinuierlich an der Staatsverschuldung der USA durch die Kanalisierung des amerikanischen Kapitalbedarfs. Diese ungefilterte Kopplung von Städten an globale Märkte führt dazu, daß die soziale und politische Kontrolle über Entwicklung, Arbeit und Verteilung, wie sie der Nationalstaat anstrebt, immer unvollständiger wird. Diese stark interdependenten Prozesse führen dazu, daß sich die Weltungleichheit gleichsam in den Großstädten wiederholt.

Als ein leicht anderer Weg der Konzeptionalisierung von Globalisierung können die Ausführungen von *Friedman* (1994) gesehen werden. Während der Begriff Globalisierung normalerweise sowohl für kulturelle wie auch strukturelle Prozesse verwendet wird, versucht Friedman, Globalisierung als rein kulturelles Phänomen zu erfassen, das aufgrund von Strukturveränderungen der »global arena« entsteht (vgl. Friedman 1995, S. 73). Diese Strukturbedingungen werden mit dem Begriff »global systems« beschrieben. Sie sind keineswegs neu, wie er mit dem Konzept der »prestige good systems« – schon vor Jahrtausenden Weltregionen umspannende Austauschsysteme von Schmuck, Feuerstein oder anderen begehrten Güter – nachzuweisen sucht. Für ihn ist es der globale Weg in die Moderne, der die Strukturbedingungen für den »Identitätsraum« der Moderne schafft und Globalisierunsprozesse wie z.B. der Ethnisierung auslöst.

Alle die hier beispielhaft ausgewählten Autoren verwenden Globalisierung als kategorialen Ursachenhinweis für sozialen und kulturellen Wandel[13] und versuchen, bisherige Konzepte sozialen Wandels um dieses Konzept zu

---

13 Zur extensiven Literatur zur ökonomischen Globalisierung, die hier nicht diskutiert werden kann, vgl. zusammenfassend Hirst/Thompson 1992, zu multi-nationalen Unternehmen Borner 1990, zu Finanzmärkten Kapstein 1994.

erweitern. Gemeinsam ist ihnen allen, daß Globalisierung immer in der Wechselwirkung von sozialen, ökonomischen, politischen und kulturellen Prozessen beschrieben wird. Globale Vernetzungen werden dabei nicht als das eigentlich Neue interpretiert. Neu sind die spezifischen Qualitäten, die Globalisierungsprozesse heute annehmen. Inwieweit Globalisierungskonzepte und Theorien sozialen Wandels wirklich fruchtbar miteinander verbunden werden können, wird die empirische Analyse zeigen (zur Diskussion dieses Problems vgl. Kapitel III.1.4.1).

1.1.4   Zwei Typen soziologischer Theoriebildung

Für die Entwicklung nach dem Zweiten Weltkrieg im Bereich der Forschung über sozialen Wandel lassen sich idealtypisch zwei Ansätze soziologischer Theorien gegenüberstellen. Die erste Gruppe, zu der etwa klassische Evolutionstheorien und Modernisierungstheorien gehören, zeichnet sich durch folgende Merkmale aus (vgl. hierzu Smelser 1992):

1. Endogene Faktoren sozialen Wandels werden betont.
2. Die Regelmäßigkeiten und Einförmigkeiten sozialen Wandels werden besonders hervorgehoben.
3. Konvergenzen in der Entwicklung von Gesellschaften hin zu einem eher westlichen Modell werden eingehender beschrieben.
4. Die Analyse von Institutionen und von kulturellen Wandlungsprozessen wird besonders vorangetrieben.

Diese Theorien sind vor allem aus den folgenden Gründen mangelhaft: Mittlerweile haben zahlreiche empirische Studien über den sozialen Wandel in einzelnen Ländern widerlegt, daß sich sozialer Wandel geradlinig, konsistent und auf ein Ziel hin ausgerichtet vollzieht. Des weiteren ist auf dem Hintergrund mannigfacher krisenhafter Erscheinungen in industrialisierten Ländern die angebliche Vorbildhaftigkeit der industrialisierten Länder für die Entwicklung in anderen Gesellschaften zunehmend hinterfragt worden. Darüber hinaus hat eine immer stärker werdende internationale Arbeitsteilung zwischen Gesellschaften und Vernetzung von Gesellschaften das Bewußtsein geschärft, daß eine Theorie sozialen Wandels ohne die Betrachtung von externen Wandelfaktoren nicht mehr auskommt.

Diese Mängel überwindet zum Teil die zweite Gruppe von Theorien, in deren Kontext z.B. Dependenztheorie und Weltsystemtheorien angesiedelt sind. Sie unterscheiden sich von der ersten Theoriegruppe durch folgende Merkmale:

1. Exogene Determinanten des sozialen Wandels in Gesellschaften werden betont.
2. Die Unterschiedlichkeit und Diskontinuität der Trends sozialen Wandels in unterschiedlichen Gesellschaften werden besonders herausgearbeitet.

41

3. Divergenzen und unterschiedliche Pfade der Entwicklung von Gesellschaften werden untersucht.
4. Die Bedeutung ökonomischer und politischer Dominanz im internationalen System findet besondere Beachtung.

Ihre Schwächen liegen jedoch darin, daß sie – aus dem Bedürfnis der Entwicklung von allgemeinen Theorien von Unterentwicklung heraus – oft zu abstrakt und zu wenig empirisch fundiert sind. Aus dem marxistischen Kontext heraus konzeptualisiert sind sie oft nur ökonomisch ausgerichtet und vernachlässigen andere Faktoren des sozialen Wandels. Darüber hinaus werden, da auf exogene Entwicklungsfaktoren konzentriert, endogene Faktoren für Wandel und Entwicklung oft ausgeblendet – eine Schwäche, die nicht auf die Weltsystemtheorie, aber auf ältere Dependenztheorien zutrifft. Zusammenfassend fordert deshalb Smelser (1992):

„[I]t appears that the international dimension is here to stay and that the proper strategy is to work toward the development of interactive models that (1) pinpoint the precise kinds of international influences that are most salient: production, markets, finance, migration, the media, the threat of war; (2) identify the precise mechanisms by which international influences impact on nations' economies, institutional structures, political processes, and cultures; and (3) examine how these internal changes shape the strategies of leaders in these countries and how these strategies themselves spill over as influences on other nations of the world." (S. 388-89)

Es ist genau dieses Problembewußtsein und teilweise auch dieses Forschungsprogramm, das in modernen Theorien zur Globalisierung versucht wird umzusetzen. Zusätzlich versuchen jedoch Globalisierungskonzepte jeder Art, einerseits die Vielschichtigkeit und Multiplexität von innen und außen zu thematisieren, und andererseits die Eigendynamik globaler Prozesse in den Blick zu nehmen. Die Arbeiten betonen, daß sich Globalisierung auf die Wahrnehmung der Welt wie auch die zunehmende reale Vernetzung der Erde bezieht, und daß Fragmentierungsprozesse – seien es nun Nationalsstaatenbildung, Fundamentalismen, Regionalisierung usw. – eine direkte Folge von Globalisierung sind. Nicht zuletzt gehen viele Ethnisierungen auf durch Globalisierung induzierte Identitätsbildungsprozesse zurück. Die Analyse der Einbindung urbaner Zentren in Globalisierungsprozesse weist daraufhin, daß verstärkt Prozesse sozialer Polarisierung und Marginalisierung ablaufen — gerade im Hinblick auf Migration!

1.2 Reaktionsweisen von Gesellschaften: Öffnen und Schließen

Die Metapher der »offenen Gesellschaft« in Verbindung mit Migration bezieht sich überwiegend auf die Außengrenzen einer nationalstaatlich verfaßten Gesellschaft. Das Bild findet jedoch auch in vielen anderen Zusammenhängen Verwendung. Meist wird dann auf Sir Karl Popper und sein Werk

»Die offene Gesellschaft und ihre Feinde«[14] verwiesen. Poppers Ideen beziehen sich überwiegend auf die innere Struktur eine Gesellschaft. Obwohl Popper selbst kaum Überlegungen zu der Verwirklichung seiner grundsätzlichen Ideen anstellte, gilt sein Konzept doch als Grundlage für viele Arbeiten eher liberaler Ökonomen und Soziologen (Albert, Dahrendorf, Hayek). Es ist wichtig anzumerken, daß es sich hier meist um starke Weiterentwicklungen Poppers handelt, die zwar durchaus im Geist des kritischen Rationalismus erarbeitet sind, sich aber nur sehr partiell auf das eigentlich Werk Poppers berufen können. Interessant ist jedoch, daß die grundlegende Argumentationsfigur, die – wie später ausgeführt – alle Konzepte des Öffnens und Schließens beinhalten, auch bei Popper zu finden ist. Für ihn muß jede Gesellschaft Institutionen entwickeln, die die Lernfähigkeit des Systems sicherstellen. Um Offenheit zu gewährleisten, muß eine Gesellschaft ein spezifisches Institutionengefüge, d.h. eben auch spezifische Schließungen, entwickeln.[15]

Im folgenden geht es um Aspekte dieser »Grenzkonstitution«, während sich der vorige Abschnitt am Beispiel von Diffusion und Globalisierung mit den Aspekten des »Grenzübergangs« beschäftigt hat. Dabei werden zwei mögliche Wege aufgezeigt: Zum einen das Webersche Konzept des Öffnens und Schließens und dessen moderne Weiterentwicklungen und zum anderen system- und informationstheoretische Überlegungen zu diesem Thema. Von einer Theorie bzw. einer Theorietradition »sozialer Schließung« kann kaum gesprochen werden. Murphy (1988) bemerkt hierzu:

„On the surface Weberian closure theory hardly appears to constitute a unified approach. Contemporary closure theorists have worked independently, to the extreme of even ignoring each other's publications to this point in time." (Murphy 1988, S. 8)

Dies gilt auch für andere Theoriekonzeptionen, die Öffnen und Schließen zu einem zentralen Moment ihrer Architektur gemacht haben und sich mit sprichwörtlich blinder Entschlossenheit gegenseitig ignorieren.

1.2.1 Webers Konzept des Öffnens und Schließens sozialer Beziehungen

Weber weist in »Wirtschaft und Gesellschaft« den Begriffen »offene und geschlossene soziale Beziehung« einen grundlegenden systematischen Platz zu (§10, nach der Vergemeinschaftung).

---

14 Popper entwickelte sein Konzept der offenen Gesellschaft während des Exils in Neuseeland. Es ist vor allem der Versuch einer sozialphilosophischen Grundlegung einer demokratischen Gesellschaftsform, die Tyrannei verhindern soll. In seiner Analyse von Plato, Hegel und Marx arbeitet er in seiner Kritik des Historizismus die prinzipielle Fehlerhaftigkeit jeder Utopie heraus und die daraus folgende Notwendigkeit, für ein Gesellschaftssystem Fehler korrigieren zu können.

15 Zu einer grundlegenden Kritik an Popper vergleiche z.B. Becker 1989. Hauptargument ist hier meist, daß die erkenntnistheoretischen Grundlagen Poppers eine Diskursform nahelegen, die zwar für die Wissenschaft u.U. einhaltbar ist, an der Natur politischer Diskurse aber völlig vorbei geht.

„Eine soziale Beziehung (gleichviel ob Vergemeinschaftung oder Vergesellschaftung) soll nach außen »offen« heißen, wenn und insoweit die Teilnahme an dem an ihrem Sinngehalt orientierten gegenseitigen sozialen Handeln, welches sie konstituiert, nach ihren geltenden Ordnungen niemand verwehrt wird, der dazu tatsächlich in der Lage und geneigt ist. Dagegen nach außen »geschlossen« dann, insoweit und in dem Grade, als ihr Sinngehalt oder ihre geltenden Ordnungen die Teilnahme ausschließen oder beschränken oder an Bedingungen knüpfen." (Weber 1985, S. 23)

Öffnung und Schließung kann über verschiedenen Kriterien (traditional, rational, interessengeleitet usw.) reguliert werden. Prototyp einer offenen Beziehung ist die Marktbeziehung.

In einem zweiten Schritt führt Weber die Begriffe innen und außen ein, d.h. Schließung nach außen kann durch eine Schließung nach innen begleitet werden, indem »monopolisierte Chancen« reguliert oder unentziehbar von Einzelnen oder Binnengruppen appropriiert werden. Appropriierte Chancen sind dabei für Weber Rechte.

Offen und geschlossen sind für soziale Beziehungen keine stabilen Eigenschaften. Für Weber ist geradezu kennzeichnend, daß Gruppen von propagierter Offenheit aus den verschiedensten Gründen zu einer Schließung übergehen. Typisch sind etwa Begrenzungen der Mitgliedschaft in Zeiten wirtschaftlicher Not. Oder die monopolistische Begrenzung von Märkten, die gerade nach einer Verbreiterung von Märkten im Interesse der Umsatzsteigerung stattfindet.

Weiteres wichtiges Merkmal ist Art und Ausmaß der Regulierung. Diese besitzt jedoch eine ungeheure Vielfalt.

„Zwischen einem vornehmen Klub, einer gegen Billet zugänglichen Theatervorstellung und einer auf Werbung ausgehenden Parteiversammlung, einem frei zugänglichen Gottesdienst, demjenigen einer Sekte und den Mysterien eines Geheimbundes bestehen alle denkbaren Übergänge." (Weber 1985, S. 24)

Diese vielen Formen der Schließung können sich als weiteres wichtiges Merkmal innerhalb der sozialen Gruppe wiederholen. Ein Höchstmaß dauernder Aneignung kann dabei über individuelle, als auch über Gruppenmerkmale gehen. Typisch für Gruppen sind hier etwa Erb- oder Geburtsrechte. Wichtiger Typus individueller Appropriation sind Chancen (wie etwa Eigentum), die beliebig an Dritte übertragen werden können. Die Verfügungsgewalt über diese Chancen ist also ganz gegeben (völlige innere Schließung), kann aber zur Öffnung durch den Transfer an Dritte verwendet werden.

Letztes zentrales Moment der Öffnung und Schließung ist das Motiv. Hauptgruppen sind hier die Motive des »Hochhaltens der Qualität« und des Prestiges (Mönchsgruppen, Beamtenwesen, politische Bürgerverbände) bzw. die Motive, die aus der Verknappung von Konsum- oder Erwerbschancen resultieren (Marktgemeinschaften oder Zünfte).

Interessant ist nun, daß der systematisch für grundlegend eingestufte Begriff der Schließung schon von Weber selbst nur noch an wenigen anderen

Stellen Verwendung findet. Vergleichsweise ausführlich sind hier noch seine kurzen Bemerkungen zu »offenen« und »geschlossenen« Wirtschaftsbeziehungen.

„Mit wachsender Zahl der Konkurrenten im Verhältnis zum Erwerbsspielraum wächst hier das Interesse der an der Konkurrenz Beteiligten, diese irgendwie einzuschränken. Die Form, in der dies zu geschehen pflegt, ist die: daß irgendein äußerlich feststellbares Merkmal eines Teils der (aktuell oder potentiell) Mitkonkurrierenden: Rasse, Sprache, Konfession, örtliche oder soziale Herkunft, Abstammung, Wohnsitz usw. von den anderen zum Anlaß genommen wird, ihren Ausschluß vom Mitbewerb zu erstreben. Welches im Einzelfall dies Merkmal ist, bleibt gleichgültig: es wird jeweils an das nächste sich darbietende angeknüpft. Das so entstandene Gemeinschaftshandeln der einen kann dann ein entsprechendes der anderen, gegen es sich wendet, hervorrufen." (Weber 1985, S. 201)

So entstandene Interessengemeinschaften, die nichts an der internen Konkurrenz mindern, neigen dazu, vergesellschaftet zu werden, wenn begonnen wird, eine rationale Ordnung entstehen zu lassen.

Kurze Erwähnung finden Öffnen und Schließen bei Weber noch in bezug auf die Herausbildung von Bodengemeinschaften, aber auch im Entstehen von Rechtsgenossenschaften, unter die auch Bürgerschaften fallen. Alle Überlegungen bleiben jedoch sehr definitorisch und werden kaum der für Weber typischen reichhaltigen materialen Analyse unterzogen.

Für Weber sind also Öffnen und Schließen sehr grundlegende Charakteristika sozialer Beziehungen. Er betont jedoch den ständigen Wandel dieses Phänomens. Es kann analysiert werden mit den Kriterien (traditional, individuell, gruppenbezogen) die zur Schließung verwendet werden; mit den Formen und dem Ausmaß der Regulierung (z.B. rechtlich, über die Sitte...); und vor allem über das Motiv, das zur Schließung führt (ökonomische Chancen, Heiratschancen etc.). Auch für Weber gibt es sowohl eine Schließung nach innen als auch nach außen, und jede Schließung erhöht die Neigung der Ausgeschlossenen, sich gegen diese Schließung zu mobilisieren.

1.2.2 Weiterentwicklungen des Weberschen Konzepts

Wie schon oben angedeutet, wurden die von Weber definierten Konzepte nur sporadisch zur soziologischen Theoriebildung verwendet. Eine der wenigen Arbeiten, die systematisch Konzepte des Öffnens und Schließens zusammenträgt und im Lichte der Weberschen Konzepte untersucht, ist Murphys »Social Closure« (1988). Murphy versucht das Konzept sozialer Schließung von Weber zu einer vollständigen Theorie sozialer Ungleichheit auszubauen. Murphy selbst sieht sich in der Tradition von Parkin (1979) bzw. Collins (1975). Auch Weber verwendet das Konzept der sozialen Schließung zur Beschreibung von sozialer Ungleichheit. Für Weber sind soziale Schließungen z. B. verbunden mit Statusgruppen, die sich über ererbte Merkmale soziale Ehre sichern wollen. Ebenso sieht Weber soziale Beziehungen, die auf Eigentum und sozialer Klasse beruhen als Schließung an, weil sie die Nichtvermögenden vom Wettbewerb um viele begehrte Güter ausschließen. Im Anschluß an Weber verwendet Murphy den Begriff der Schließung sozialer Beziehungen in bezug auf den Prozeß der Unterordnung einer anderen Gruppe. Wobei eine Gruppe Vorteile durch das Schließen von Möglichkeiten für Außenstehende, welche als niedriger angesehen werden, monopolisiert.

Für Murphy bietet dieses Analyseschema die Möglichkeit, alle Formen der Herrschaft – auch nicht legitimierte – zu untersuchen. Dies tut er basierend auf Parkin (1979), wobei er der Exklusion noch die Usurpation als Konzept zur Seite stellt. Während Exklusion Macht eher »nach Unten« verwendet, ist Ursupation in diesem Falle das Bestreben, von höheren Statusgruppen Vorteile zu erringen.

Eine weitere wichtige Unterscheidung, die Parkin betont, ist die zwischen »kollektiven« und »individualistischen« Kriterien, die der Exklusion zugrunde liegen. Kollektive Kriterien wie Herkunft, Kaste, Rasse, Religion oder Ethnizität übertragen Vorteile direkt auf alle Mitglieder einer Gruppe. Individuelle Kriterien, wie Eigentum, Diplome usw. sind nur auf das Individuum bezogen. Diese Formen der Schließung werden deshalb auch erheblich uneffektiver von einer Generation zur nächsten weitergegeben.

Im Gegensatz zu Weber geht Murphy stärker auf Ethnizität und Staatsbürgerschaft als Mechanismen sozialer Schließung ein. Soziale Schließung ist auch ein Konzept für Identifikation und Zugehörigkeit, da der Prozeß der Schließung beides beinhaltet: sowohl die Ausschließung bestimmter, als auch die Einschließung anderer. Schließung ist also ein Grenzziehungsprozeß, der »Insider« und »Outsider« trennt, Mitglieder von Nichtmitgliedern. Für Murphy sind dabei mit der Zugehörigkeit auch immer Rechte und Privilegien verbunden.

Macht ist Kontrolle über die soziale und physikalische Umwelt, die über Institutionen jeder Größenordnung, von der Familie bis zum Nationalstaat oder einer internationalen Organisation, zur Maximierung der eigenen Chancen ausgeübt wird. Wenn das getan wird, wird Schließung praktiziert, Schließung ist notwendig für das »Überleben« jeder Institution.

Für Murphy ist gerade der Nationalstaat einer der primären Agenten sozialer Schließung in der heutigen Welt. Idealtypisch repräsentiert er ethnische Gruppen (oder nur eine Gruppe) und eine politische Organisation. Markant ist dabei, daß hier besonders oft askriptive Merkmale im Gegensatz zu erworbenen Merkmalen zur Regulierung der Schließung verwendet werden. Industriestaaten praktizieren Formen exklusiver Schließung (»exclusionary closure«), um die eigenen Gewinne und Chancen für ihre Bürger zu sichern. Sie sehen sich aber immer unter der Gefahr usurpatorischer Schließungen, also Schließungsprozesse die das Aufbrechen eines Monopols zum Zweck haben, betrieben von untergeordneten Gruppen innerhalb und außerhalb des Landes. Obwohl Murphy Schließungen durchaus als universale Prozesse ansieht, ist seine Analyse doch klar gegen bestimmte Formen des Ausschlusses gerichtet:

„Citizenship laws in industrialized capitalist countries, ..., operate to prevent the dilution of the benefits of industrialization (...) through the exclusion of people born elsewhere. ... The poor of the Third World have been excluded from incorporation into the operation of the capitalist sector (yet suffer its effects) and are excluded from migrating to capitalist countries or are placed in an inferior situation in the labour market by citizenship requirements when they are allowed to become migrant workers. Citizenship requirements exclude the poor of the Third World from even the social and welfare benefits accruing upon the development of industrial technology, recognized as the right of all citizens in industrial capitalist states, including the most disadvantaged fraction of the working class. Citizenship laws operate as collectivist criteria of exclusion differentiating two types of human being according to geographical location of birth, one with rights and the other excluded from such rights. The poor of the Third World constitute a citizenship underclass: a class which is below the property classes because it is excluded from the processes that have created the property classes, yet included within the system where material situation is determined by the accumulation of property." (Murphy 1988, S. 74-75)

Murphy knüpft mit seiner Theorie sozialer Schließung nur sehr selektiv an einen Aspekt des Weberschen Konzepts der Schließung an: Die Schließung als Phänomen sozialer Ungleichheit. Trotzdem sind einige Konzepte weiterentwickelt worden. Z.B. die Usurpation als Schließung der Ausgeschlossenen zum Ziel des Machtgewinns, ebenso wie die genauere Definition individueller und kollektiver Merkmale der Schließung. Schließung wird auch immer als Prozeß der Identifikation und der Generierung von Zugehörigkeit gesehen. Wobei Murphy beobachtet, daß gerade im bezug auf nationalstaatliche Schließung askriptive Merkmale verstärkt Verwendung finden.

1.2.3 Systemtheoretische Thematisierung von Öffnen und Schließen

In der Systemtheorie wird das Begriffspaar offen/ geschlossen u.a. unter dem Aspekt der System/Umwelt-Differenz thematisiert. Luhmann (1985, S. 23) weist darauf hin, daß die Soziologie gerade unter dem Aspekt der Differenzierung durch eine starke »intra-unit orientation« gekennzeichnet ist. Dies wird vor allem innerhalb der Organisationssoziologie überwunden, die Organisationen als offene Systeme in ihrem Umweltbezug sieht.

Erst die Grenze macht eine Struktur zum System. Diese Grenze trennt die Struktur von anderen ab, stellt aber auch gleichzeitig ihre Verbindung zur Umwelt dar.

„Dieser an sich alte und unumstrittene Begriff der Grenze ist Voraussetzung für neuere Entwicklungen in der Systemtheorie, die die Unterscheidung von geschlossenen und offenen Systemen nicht mehr als Typengegensatz auffassen, sondern als Steigerungsverhältnis. Mit Hilfe von Grenzen können Systeme sich zugleich schließen und öffnen, indem sie interne Interdependenzen von System/Umwelt-Interdependenzen trennen und beide aufeinander beziehen. Grenzen sind insofern eine evolutionäre Errungenschaft par excellence; alle höhere Systementwicklung und vor allem die Entwicklung von Systemen mit intern-geschlossener Selbstreferenz setzt Grenzen voraus." (Luhmann 1985, S. 52-53)

Diese doppelte Leistung wird durch Sinn zur Verfügung gestellt, der sowohl Grenzen zieht aber auch immer über die Grenze verweist (vgl. Luhmann 1985, S. 93).

Das Problem, daß Offenheit und Geschlossenheit immer beide als Eigenschaften von Systemen zu beobachten sind, wird über den Begriff der Selbstreferenz gelöst. Selbstreferentiell bedeutet, daß ein System bei der Prozessierung zuerst immer auf sich selbst Bezug nehmen muß. Dies geschieht durch die Erzeugung einer Selbstbeschreibung. Systeme sind notwendig geschlossen, weil sie mit einer internen Selbstbeschreibung operieren, notwendig aber auch immer offen, weil sie einer Umwelt ausgesetzt sind, die auch in der Selbstbeschreibung eingebaut sein muß. Luhmann behauptet zwar damit, daß die Differenz »Offen/Geschlossen« obsolet sei. Stellt aber dann selbst die entscheidende Frage, „wie selbstreferentielle Geschlossenheit Offenheit erzeugen kann." (1985, S. 25). Luhmann sieht hier die Lösung in der Analyse von Sinnstrukturen, in denen Systeme sowohl Selbstreferenz als auch die System/Umwelt-Differenz relationieren.

„Durch Selbstreferenz wird rekursive, zirkelhafte Geschlossenheit hergestellt. Aber Geschlossenheit dient nicht als Selbstzweck, auch nicht als alleiniger Erhaltungsmechanismus oder als Sicherheitsprinzip. Sie ist vielmehr Bedingung der Möglichkeit für Offenheit. Alle Offenheit stützt sich auf Geschlossenheit, und dies ist nur möglich, weil selbstreferentielle Operationen nicht den Gesamtsinn absorbieren, nicht totalisierend wirken, sondern nur mitlaufen; weil sie nicht abschließen, nicht zum Ende führen, nicht das telos erfüllen, sondern gerade öffnen." (Luhmann 1985, S. 606)

Als dritter grundlegender Begriff der Luhmannschen Systemtheorie, der sich auch auf Offen und Geschlossen beziehen muß, kann die Autopoiesis gelten. „Sowohl für Leben als auch für Bewußtsein ist die Selbstreproduktion nur im geschlossenen System möglich." (1985, S. 297) Diese Bedingung wird jedoch wiederum durch die ökologische Bedingtheit jeder Autopoiesis abgeschwächt. Sie ist also immer so strukturiert, daß ihre Geschlossenheit als Voraussetzung für Offenheit verwendet wird, so daß auch hier wieder ein Steigerungsverhältnis zwischen Offenheit und Geschlossenheit besteht (vgl. auch S. 602 ff.).

Offenheit und Geschlossenheit sind notwendige Systemeigenschaften, die allein schon aus dem Faktum der systemkonstituierenden Begrenztheit herzuleiten ist. Geschlossenheit bekommt insofern ein logisches Primat, als sie die Voraussetzung für Selbstreferenz und Autopoiesis ist, diese jedoch aufgrund der ökologischen Einbettung jedes Systems Offenheit fordern.

Systemtheoretisch werden Grenzen mit ihren sehr grundlegenden und abstrakten Eigenschaften abgehandelt. Die Erhaltung der Grenze ist eine grundlegende Systemleistung. Diese offene Geschlossenheit von Systemen wird versucht, mit zwei Begriffen zu fassen: Selbstreferenz und Autopoiesis.

Selbstreferenz bedeutet zwar die Prozessierung einer Selbstbeschreibung, die geschlossenen Charakter hat, aber immer notwendig defizitär der eigenen Systemkomplexität gegenüber, also nicht abgeschlossen ist. Selbstreferenz stellt also nicht nur die Erhaltung des Systems, sondern auch dessen Offenheit sicher. Notwendig völlig geschlossen ist der autopoietische Prozeß eines Systems, also der Prozeß, der die Reproduktion der Elemente eines Systems sicherstellt. Aber selbst der Kernprozeß der Systemexistenz, der notwendig geschlossen gedacht werden muß, ist ökologisch eingebettet, damit umweltabhängig, und jede Veränderung der Umwelt kann Resonanz im System erzeugen.

1.2.4 Die Offenheit und Geschlossenheit von Sinnstrukturen

Die oben erwähnte Eigenschaft der offenen Geschlossenheit von Sinnstrukturen werden von O. Klapp (1978) einer weiteren Analyse zugänglich gemacht durch die explizitere Einarbeitung informationstheoretischer Überlegungen. Demnach beherrscht jedes komplexe System – z.b. eine Gesellschaft – Öffnen und Schließen als Strategien gegen ein zunehmendes Rauschen (Entropie). Nach Klapp besteht jede Gesellschaft aus der Übertragung von Information. Rauschen ist dabei ein ständiges Problem. Rauschen ist jede Störung von Informationsübertragung, also jedem Prozessieren von Gesellschaft überhaupt. Beispielhaft seien drei Arten von Rauschen genannt:

1. Semantisches Rauschen entsteht durch Doppeldeutigkeit, Verwirrung und sorglose oder falsche Benutzung von Zeichen (z.B. Werbung).
2. Stilistisches Rauschen wird erzeugt durch das gleichzeitige Verwenden logisch-sinnhafter eigentlich unvereinbarer Werte, Moden und Identitäten (z.B. »modeling noise« der Medien).
3. Informationsrauschen bezieht sich auf redundante, irrelevante oder überzählige Information. Das Kriterium für Rauschen ist hier die Relevanz von Information für die jeweiligen Bedürfnisse.

Klapp beschreibt drei Ursachenkomplexe sozialen Rauschens: Informationsüberlastung, entropische Kommunikation und den Verlust von »guter Redundanz«.

Einer der wichtigsten Gründe für soziales Rauschen ist *Informationsüberlastung*. Zwei Faktoren können zur Informationsüberlastung führen. Zum einen systeminterne Strukturen, die steuern, inwieweit geschlossen, also im Bezug des Systems auf sich selbst, oder mit Umweltkontakt prozessiert wird; zum anderen die Kanalkapazität, also die Menge der über einen Kanal im System zu transportierende Information. Für Gesellschaften führt Informationsüberlastung zu Entscheidungsproblemen (decision lag), mangelnder

Konsensbildung (consensus lag) und Sinndefiziten (meaning gap).[16] Rauschen entsteht durch das Zusammenleben von Menschen und nimmt mit der Komplexität von Gesellschaft zu.

Wenn Rauschen immer stärker zunimmt, beginnen Signalsysteme zu versagen, es kommt zu *entropischer Kommunikation*. Dies nicht etwa, weil sie zusammengebrochen wären, sondern weil sie zu viele Signale produzieren, so daß die Balance zwischen interpretierbaren und nicht interpretierbaren Zeichen umkippt in ein Zeichenchaos, das zu anomischen und panischen Reaktionen führt. Entropische Kommunikation ist nicht etwa gescheiterte Kommunikation, sondern Kommunikation, die die Gefühle der Unordnung verstärkt, statt zu beheben.

Die Nützlichkeit von *Redundanz* besteht in der Produktion von Identität durch Wiederholung und Vertrautheit.

„So redundancy is a conserving mechanism, what William James called the great flywheel of habit that keeps society going. Our everyday interaction is virtually a bath of redundancy." (Klapp 1978, S. 113)

Dies gilt auch für die kollektive Identität, um »wir« zu sein, muß man über »uns« reden. Eine funktionierende Gesellschaft ist darauf angewiesen, genügend Redundanz zu produzieren, um ein gemeinsames Fühlen und Handeln zu garantieren. Identität – persönlich und gesellschaftlich – ist nichts anderes als persönliche Redundanz in einer nicht-banalen redundanten Welt.

Das Öffnen und Schließen gegenüber Informationen im weitesten Sinne ist eine typische Reaktion von Gesellschaften. Jede offene Gesellschaft ist nicht immer nur offen oder geschlossen, sondern besteht aus vielen Ebenen und Schnitten des »ingroupings«. Ebenso befindet sich jede Gesellschaft in Schwankungen zwischen Öffnen und Schließen, diese sind jedoch weder homogen in der ganzen Gesellschaft, noch einfach durch die Informationsmenge bestimmt.

Gerade der »american melting-pot« zeigt, wie leicht in »offenen«, leicht entropisch wirkenden Gesellschaften, Ethnizität zur identitätsstiftenden Redundanz stilisiert wird. Unter Schließen fallen Tendenzen zu kleineren Gemeinschaften, der Stärkung kleiner Netzwerke und das »Wiederauflebenlassen« von Geschichte (z.B. »oral history«). Hierbei muß bedacht werden, daß die Stärkung endogener Symbolstrukturen kein Zurückgehen ist, sondern ein Nach-vorne-gehen. Diese Bewegung zu guter Redundanz kann nur durch »einheimische Signale« produziert werden.

Aufgrund des Gefühls der Langeweile versuchen Menschen ihr Leben zu debanalisieren, indem sie es dramatisieren durch Moden, neue Identitäten und Stile. So werden immer mehr Menschen in das Wettrennen der Moden hineingezogen, das sich zusammen mit der Statusunsicherheit verschnellert.

---

16   Die Anschlüsse an die Modernisierungstheorie, besonders die Studien von Deutsch, sind hier besonders deutlich.

So versagen Modeneuheiten darin, Identität zu definieren, und die Statusbelohnung durch Distinktion und Gleichheit bleibt aus.

Das Öffnen und Schließen von Gesellschaften ist eine Reaktion auf Rauschen, das entweder durch Informationsüberlastung, entropische Kommunikation oder den Verlust guter Redundanz entsteht. Informationsüberlastung wird erzeugt durch die Struktur der Selbst- oder Umweltreferenz. Entropische Kommunikation ist Kommunikation in Gesellschaften, in denen zu viele Zeichen nicht mehr oder nicht eindeutig zu interpretieren sind. Schlechte Redundanz bezieht sich auf die immer stupide Wiederholung von Mustern, die für das Individuum immer unwichtiger werden.

Graphik 2: Sektoren des Öffnens und Schließens

nach O. Klapp 1978, S. 20

Mit dieser Begrifflichkeit kann Klapp die Struktur – vor allem selbstreferenzieller – Kommunikation in modernen Gesellschaften genauer bestimmen. Schließung kann eine durchaus funktionale Reaktion sein, wenn sie gute Redundanz erhöht, also kollektive Identitäten stabilisiert, die dann als Grundlage für eine Öffnung dienen können. D.h. dieser Mechanismus kann dazu dienen, exogene Signalstrukturen zu endogenisieren. Gesellschaften schließen sich typischerweise nicht als Gesamtsystem, sondern auch in verschiedenen Sub-Systemen.

1.2.5   Vorteile und Probleme einer Theorie sozialer Schließung

In der soziologischen Theoriebildung gibt es zwei Wege der Konzeptionalisierung des Öffnens und Schließens. Einerseits das Öffnen und Schließen sozialer Beziehungen gegenüber Menschen, um deren Partizipation zu verhindern oder zu ermöglichen, und andererseits das Öffnen und Schließen von Sinnstrukturen als Mechanismen der Stabilisierung von sozialen Systemen. Obwohl immer wieder die grundlegende Bedeutung dieser Konzepte in der Soziologie betont wird, ist es doch erstaunlich, wie vergleichsweise gering ausgearbeitet diese Begrifflichkeit ist.

Ein oft geäußerter Einwand gegen eine Theorie sozialer Schließung ist, daß Schließung ein zu breites Konzept sei. Gerade in der Systemtheorie sei das Konzept so breit, daß es nicht mehr sinnvoll zu verwenden ist. Daß soziale Schließung ein sehr weitläufiges Konzept ist, ist sicher richtig. Und gerade Werke wie Murphys aber auch Klapps leiden an der Weite des Feldes, das erklärt werden soll. Mir scheint jedoch die Einführung dieser Begriffe trotzdem gerechtfertigt, da sie die Möglichkeit bieten, theoretische Anknüpfungspunkte für eine Soziologie der Grenze zu bieten, die noch immer unterentwickelt ist.[17]

Ein weiterer Einwand ist, daß die Aussage: „Schließungen gibt es überall und sind notwendig", oft dazu verwendet werde, spezifische Formen der Schließung als notwendig zu beschreiben (z.B. geschlechtliche, ethnische). Die Feststellung sozialer Schließung bezieht sich aber erst einmal nur darauf, daß eine Gruppe es geschafft hat, eine Form der Schließung zu etablieren und u.U. als legitim zu definieren. Ob eine Schließung funktional notwendig ist, ist ein nächster Analyseschritt. Zunächst weist die Analyse von Schließungsprozessen nur auf die soziale Bedingtheit von Ausschlüssen hin und ihre Folgen für die Identitätsbildungen, die Stabilisierung von Kommunikation, aber auch auf die Exklusion von Belohnungen, Ressourcen, Macht und weitere Lebenschancen. Von hervorragendem Interesse für jede soziologische Untersuchung muß deshalb sein, welche Formen der Schließung als legitim gelten und welche nicht, bzw. in welchem Begründungskontext sie angesiedelt sind.

Gerade weil Schließung so allgegenwärtig ist, ist die permanente Infragestellung und Überwindung von Schließungen, sowie das Aufbauen von neuen Schließungen einer der zentralen Prozesse innerhalb moderner Gesellschaften. Der Vorteil des Konzepts der Schließung ist, daß es nicht an eine bestimmte Ressource, wie z.B. Produktionsmittel, noch an einen spezifischen Exklusionsmechanismus, wie etwa der basierend auf Eigentum, gebunden ist.

---

17 Auf dasselbe Defizit verweist auch Girtler 1991, auch wenn seine Lösungsvorschläge in einem anderen Feld liegen.

Macht und ihre Regulierung in der Definition von Grenzen kann also in allen Bereichen des gesellschaftlichen Lebens der Analyse zugänglich gemacht werden.

Ein weiterer Vorwurf ist, das Konzept sei zu eng, weil es nur einfache Prozesse der Abgrenzung beschreibe, aber die eigentlichen Positionsstrukturen in Gesellschaften außer acht ließe. Diese sehr einseitige Interpretation übersieht, daß es bei Schließung immer auch um Positionen geht, die selbst wiederum die Chance beinhalten, weitere Macht zu appropriieren: also genau der Mechanismus, der z.B. aus marxistischer Sicht extensiv analysiert wird – die Aneignung von Mehrwert – ist leicht in dieses Konzept einzubinden.

Ein wirklicher Schwachpunkt des Konzepts ist die mangelnde Thematisierung von Regeln der Schließung und ihrer Struktur. Es ist kaum klar herauszuarbeiten, wie und in welcher Relation Schließungsbewegungen existieren. Zur Lösung des Problems schlägt Murphy vor, zwischen prinzipiellen, abgeleiteten und kontingenten Formen der Schließung in Gesellschaften zu unterscheiden. Prinzipielle Exklusionformen sind staatlich gestützt, wie etwa das Eigentum. Abgeleitete bzw. kontingente Formen der Schließung – etwa Rasse, Ethnie, Religion oder Geschlecht – basieren hiernach auf dem spillover-Effekt von Vermögen. Wichtig ist hier, daß es einerseits in der ganzen Gesellschaft besonders relevante Formen der Exklusion gibt, als auch bestimmte bereichsspezifische Exklusionen, die nur in einem bestimmten Bereich des gesellschaftlichen Lebens als legitim gelten.

1.3 Exkurs: Über Grenzen

Viele der oben genannten Aspekte einer Grenze lassen sich auch aus einfachen geometrischen Überlegungen ableiten. Sinnbild der Grenze ist die Linie, die Linie in einer Ebene, die diese Ebene teilt. Jeder Punkt der Ebene ist eindeutig der einen Seite oder der anderen Seite oder der Grenzlinie selbst zuzuordnen. Soll diese Grenze auch tatsächlich begrenzen, so ist die Linie in der Ebene endlos, d.h. wohl im Normalfall eine geschlossene Form, im einfachsten Falle ein Kreis. Alle Punkte der Ebene gehören entweder in diesen Kreis oder liegen außerhalb dieses Kreises, bzw. sie sind Bestandteil der Kreislinie.

Dieses Modell findet Anwendung bei der geographischen Grenze, die zuerst auch nur in der Ebene – einer Karte – existiert und erst im zweiten Schritt in den Raum tritt, den die Karte repräsentiert. Auch hier wird die Grundstruktur wiederholt: jeder Punkt des Geländes ist entweder zum Territorium innerhalb der Grenze oder zum Territorium außerhalb der Grenze gehörend oder gehört zur Grenze selbst, die in Form des Niemandslandes selbst auch ein großes Gebiet abdecken kann.

Die Metapher der Grenze scheint nun auch auf viele soziale Sachverhalte anwendbar. So kann behauptet werden, eine Gruppe habe eine Grenze. Jeder

Einzelne ist wie der Punkt einer Ebene, entweder er gehört in die Gruppe oder befindet sich außerhalb der Gruppe. Auch wenn diese Operation zumindest prinzipiell immer möglich scheint, so werden damit zwei Eigenschaften ausgeblendet: eine Grenze muß verkörpert werden oder ins Werk gesetzt werden, und eine Grenze kann nur etwas trennen was grundsätzlich auch verbunden ist. Schon im Bild der geteilten Ebene ist es allen Punkten gemeinsam, auf dieser Ebene zu liegen, die erst im zweiten Schritt durch eine Linie geteilt wird. Die ursprüngliche Gemeinsamkeit aller Punkte wird nun unterteilt in Grenzpunkte, Punkte der einen und Punkte der anderen Seite. D.h. eine Grenze definiert eigentlich vier Eigenschaften von Elementen, die alle vorhanden sein müssen, um die Konstruktion einer Grenze zu ermöglichen. Eine Eigenschaft bezieht sich auf das Gemeinsame aller Elemente, eine Eigenschaft definiert das innerhalb der Grenze befindliche, eine andere das außerhalb der Grenze befindliche, und eine vierte definiert die Separation. Will man also die Metapher der Grenze ernst nehmen, so gilt es immer vier Eigenschaften nachzuspüren, den Kriterien der Eingrenzung, der Ausgrenzung, der Separation und der Kommunalität.

Beide, hier unter den Begriffen Globalisierung – Diffusion bzw. Offen – Geschlossen abgehandelten Theorietraditionen, beziehen sich auf Inklusionen und Exklusionen. Globalisierung und Diffusion legt jedoch mehr Gewicht auf die Kommunalität, während Offenheit und Geschlossenheit eher auf die Separation Bezug nimmt.

1.4 Diffusion und Globalisierung: Verlaufsformen des Öffnens und Schließens

Insgesamt wurden vier Zugänge gewählt, um relevante Aspekte soziologischer Theoriebildung zur Grenzkonstitution und zur Grenzüberschreitung zu sammeln. Zur Grenzüberschreitung wurden Theorien exogener Faktoren sozialen Wandels untersucht: Theorien der Diffusion in der Geschichte der Soziologie und moderne Konzepte der Globalisierung. Zur Grenzkonstitution wurden die Prozesse des Öffnens und Schließens untersucht: zum einen bei Weber und daran anschließenden Konzepten und zum anderen systemtheoretische bzw. informationstheoretische Konzepte.

Zusammenfassend läßt sich wohl sagen, daß soziologische Theoriebildung neigt dazu: (1) entweder interne Faktoren oder die externen Determinanten sozialen Wandels zu betonen; (2) entweder die Regelmäßigkeiten und Einförmigkeiten oder die Unterschiedlichkeiten und Diskontinuitäten sozialen Wandels hervorzuheben; (3) entweder die Konvergenzen oder die Divergenzen in Entwicklungspfaden von Gesellschaften herauszuarbeiten; (4) entweder institutionelle und kulturelle Wandlungsprozesse oder ökonomische und politische Dominanz zu thematisieren.

Globalisierungstheorien untersuchen die Multiplexität der Innen/ Außenbeziehungen und beschreiben die Eigendynamik globaler Prozesse. Prozesse der Globalisierung werden entweder als ökonomische Globalisierung mit ihrem Einfluß besonders auf Städte oder als kulturelle Globalisierung mit ihren Rückwirkungen auf Identitätsdefinitionen analysiert. Globalisierung wird meist verstanden als die zunehmende reale Vernetzung der Erde, wie auch die Wahrnehmung dieser Vernetzung. Fragmentierungsprozesse, etwa Ethnisierungsprozesse, sind eine direkte Folge von Globalisierung. Die Analyse der Einbindung urbaner Zentren in Globalisierungsprozesse weist daraufhin, daß verstärkt Prozesse sozialer Polarisierung und Marginalisierung, gerade im Hinblick auf Migration, ablaufen.

Öffnen und Schließen sind – im Anschluß an Weber – sehr grundlegende, sich aber ständig verändernde Charakteristika sozialer Beziehungen. Sie laufen ab über verschiedene Kriterien, in unterschiedlichen Formen und in unterschiedlichem Ausmaß der Regulierung, und sie sind unterschiedlich motiviert. Schließung gibt es nach Innen als auch nach Außen, und jede Schließung erhöht die Neigung der Ausgeschlossenen, sich gegen diese Schließung zu mobilisieren. In stark vereinfachter Aufnahme des Weberschen Konzepts beschreibt Murphy soziale Schließung als zentrales Moment sozialer Ungleichheit. Neben den Hauptmechanismen der Monopolisierung von Lebenschancen über Eigentum und Bildung sind es die Mechanismen der Usurpation und der Schließung zur Identitätsbildung über askriptive Merkmale, die für soziale Ungleichheit bestimmend sind. Darüber hinaus werden die Implikationen kollektiver und individueller Merkmale der Schließung behandelt.

Die Erhaltung der Grenze ist eine grundlegende Systemleistung, wobei Offenheit und Geschlossenheit in einem gegenseitigen Steigerungsverhältnis stehen. Diese Offene-Geschlossenheit von Systemen kann theoretisch mit zwei Begriffen, Selbstreferenz und Autopoiesis, gefaßt werden. Informationstheoretisch ist das Öffnen und Schließen von Gesellschaften eine Reaktion auf Rauschen. Schließung kann eine durchaus funktionale Reaktion sein, wenn sie gute Redundanz erhöht, also kollektive Identitäten stabilisiert, die dann als Grundlage für eine Öffnung dienen können.

Was läßt sich nun aus diesen Ergebnissen für unserer Fragestellung lernen? Wie bereits mehrfach festgestellt, sind »offen« und »geschlossen« Eigenschaften, die sich auf die Permeabilität sozialer Grenzen beziehen. Der informationstheoretisch/systemtheoretische Begriff der Schließung bezieht sich auf die Schließung gegenüber Kommunikation oder Sinn, während sich der Webersche Begriff der Schließung vor allem auf Individuen bezieht. Beide Konzepte spiegeln sich in den Ideen der Diffusion und Globalisierung, die den Grenzübergang von Informationen (Ideen), Dingen oder Menschen analysieren. Ideen und Dinge sind beide im weiteren Sinne als Kommunikation aufzufassen. Obwohl der Mensch nur als Kommunizierender in eine Gesellschaft aufgenommen wird, ist es wohl sinnvoll, Menschen als eigene Kategorie (gegenüber Information) zu behandeln.

Soziale Schließung konstituiert sich immer über Sinn, der Art und Ausmaß sowie die Regulierung der Schließung bestimmt. In komplexen Gesellschaften kommt es auch zu inneren Schließungen, es kommt zur Bildung verschiedener Sphären der Schließung, die nach Sinngehalt sowie nach Art und Ausmaß als auch nach der Regulierungsform unterschiedlich sind. Allgemein kann die Art, das Ausmaß und die Regulierungsform legitim oder nicht legitim sein. Die Art der Schließung verläuft z.b. über kollektive oder individuelle Merkmale, kann primär oder sekundär[18] sein, bzw. bereichsspezifisch. Sie kann auch »bereichsfremd sein«. Jede Schließung monopolisiert Chancen sowohl für das gesamte (Sub-)System als auch für teilnehmende Personen. Meist von Personen appropriierte Chancen werden Rechte genannt. Falls die Schließung eine Folge (bewußter) Selbstreferenz ist, hat sie ein Motiv. Sie kann dazu dienen, andere auszuschließen, aber auch Ausschlüsse zu skandalieren und aufzuheben (Usurpation).

Diffusion und Globalisierung beschreiben das Öffnen und Schließen einer Grenze näher. Während Diffusion auch auf innergesellschaftliche Prozesse angewendet wird, bezieht sich Globalisierung eher auf transnationale Vorgänge. Beide Begriffe beziehen sich auf Grenzprozesse, die zu sozialem Wandel, aber auch zu Stabilisierung führen. Es sind exogene Prozesse in dem Sinne, als sie ihren Ursprung nicht in der Einheit selbst haben (also im Gegensatz zu endogenen Prozessen wie: Rationalisierung, Bürokratisierung oder Differenzierung). Diffusion bezieht sich dabei auf den Übergang einer Idee, Sache oder eines Menschen von einer Seite der Grenze auf die andere, ist also die komplementäre Beschreibung eines Inklusionsprozesses. Die Auswirkungen des Diffusionsprozesses sind überwiegend endogen bestimmt.

Dies unterscheidet den Diffusionsprozeß von der Globalisierung. Auch bei der Globalisierung diffundieren Ideen, Sachen oder Menschen in eine soziale Einheit. Dieser Diffusionsprozeß ist aber nicht nur relativ andauernd, sondern er wird auch durch dem System exogene Strukturen gesteuert. Zwar ist der Übergang zwischen Diffusion und Globalisierung fließend. Globalisierung kann aber als institutionalisierte Diffusion bezeichnet werden. Globalisierungsprozesse sind nicht nur durch die Eigenschaften der beteiligten Systeme zu erklären, und sind insofern emergente Erscheinungen. Beide Prozesse sind zu unterscheiden von einfacher Koinzidenz, also Erscheinungen die einfach gleichzeitig in verschiedenen Einheiten auftauchen.

Diffusion und Globalisierung führen nicht notwendigerweise zu einer Homogenisierung, da jede soziale Einheit immer die Möglichkeit hat, auf jeweils spezifische Weise hierauf zu reagieren. Globalisierungsprozesse sind

---

18 »Sekundär« meint hier abgeleitet von ursprünglich anderen Schließungen, vgl. etwa das Webersche Beispiel über die Stände, die sich ursprünglich über Kapital oder Fähigkeiten schließend, später auch spezifische »Lebensweisen« ausbilden.

nie in dem Sinne gleichmäßig, als sie alle Punkte des Globus gleich vernetzen, immer gibt es Schwerpunkte und Ungleichzeitigkeiten. Bei den meisten »Globalisierungsprozessen« handelt es sich eigentlich um Regionalisierung in dem Sinne, als bestimmte Weltregionen bestimmte Dynamiken entwikkeln, die über den einzelnen Nationalstaat hinausgehen.

2. Migrationstheorien und »reflexive Ethnisierung«

> *„Es gibt zwei Sorten Ratten:*
> *Die hungrigen und satten.*
> *Die satten bleiben vergnügt zu Haus,*
> *Die hungrigen aber wandern aus. "*
> (Heinrich Heine, Die Wanderratten, ca. 1850)

> *„Wie wird das Bild der alten Tage*
> *Durch eure Träume glänzend wehn!*
> *Gleich einer stillen, frommen Sage*
> *Wird es euch vor der Seele stehn. "*
> (Ferdinand Freiligrath, Die Auswanderer, 1833)

Wandern ist eine Grundform menschlichen Handelns und ist immer mit der Erfahrung von Differenz verbunden. Strukturen von Wanderungen und Differenzerfahrungen sind Gegenstand sozialwissenschaftlicher Theoriebildung.

Die Probleme allgemeiner soziologischer Theoriebildung wiederholen sich auch in dem Teilgebiet der Migrationsforschung (vgl. Leveau/Ruf 1991). Nationalstaaten werden als konstante Rahmenbedingungen gesetzt und kaum als dynamische Systeme begriffen, die – eingebunden in internationale Prozesse – Institutionen ausbilden und verändern, die wiederum auf Migrationsströme Einfluß nehmen. Die Minderheits-Mehrheitssituation in offenen Gesellschaften wird als stabile Struktur beschrieben und in den falschen Alternativen von Ethnizität als interessengeleitete Ideologie oder als unveränderliches Kulturmuster erklärt (vgl. Smith 1993, siehe hierzu I.2.2). Gerade die Prozesse der Globalisierung, die Ausgangspunkt des vorigen Kapitels waren, lassen diese Erklärungsdefizite immer klarer zutage treten.

Migrationstheorien als stärker gegenstandsbezogene Theorien thematisieren Grenzüberschreitungen bzw. Grenzkonstitutionen. Migrationstheorien gehen hauptsächlich von einem grenzüberschreitenden Prozeß, der Wanderung, aus, Theorien des Fremden und der Ethnizität beziehen sich eher auf grenzgenerierende Prozesse. Für die Relation zwischen globaler Wanderung und Nationalstaaten sind besonders makrosoziologisch orientierte Migrationstheorien relevant. Diese fußen oft auf einer spezifischen Definition des Fremden, die in der heutigen Situation nicht mehr stimmig ist (vgl. I.2.2.1).

Migration als Problem offener Gesellschaften

Die Forschung zur Ethnisierung von Minderheiten kann in einem relativ einfachen Modell der »reflexiven Ethnisierung« zusammengefaßt werden.

2.1 Theorien der Migration

Die Zugänge zum Migrationsgeschehen sind sehr vielfältig, dies ist nicht zuletzt deshalb der Fall, weil sich sehr unterschiedliche Disziplinen mit Migration beschäftigen, sei es nun Demographie, Geographie, Ökonomie, Politologie, Psychologie oder Soziologie. Sie alle haben unterschiedliche Ausgangspunkte. Die unterschiedlichen Analysefoki migrationssoziologischer Überlegungen reichen dabei von individuellen Entscheidungskalkülen über die Analyse institutioneller Opportunitätsstrukturen, die Beschreibung diverser Netzwerkstrukturen bis zur systemischen Analyse internationaler Migrationsströme.

Die theoretischen Implikationen migrationssoziologischer Arbeiten sind eher implizit als explizit, und Konzepte werden oft in sehr eklektischer Weise aus den Nachbarwissenschaften übernommen (Richmond 1988). Aber auch umgekehrt ist Migration in den »großen soziologischen Theorierichtungen« nicht gerade ein zentrales Thema und wurde mehr am Rande unter den Aspekten der Industrialisierung und Urbanisierung behandelt.

2.1.1   Von der Chicagoer Schule zu »push und pull-Modellen«

Seit den achtziger Jahren des letzten Jahrhunderts, initiiert durch Ravenstein, versucht Migrationsforschung Wanderungsbewegungen durch die Erklärung »individueller Ortsveränderungen« zu erfassen (Zollberg 1989a). Es kann jedoch erst mit der Entstehung der *Chicagoer Schule* Anfang dieses Jahrhunderts von einer Etablierung der Migrationssoziologie gesprochen werden. Motiviert durch die Probleme der USA als Einwanderungsland, vor allem in den urbanen Metropolen, entstanden migrationssoziologische Arbeiten (Thomas/ Znaniecki 1984, Park 1964 bzw. 1967).

Es wurden evolutionstheoretische Überlegungen mit stadt-ökologischen Konzepten verbunden. Etwa in Parks berühmten »race relations cycle«: Die in Wellen einwandernden Gruppen geraten in offenen Konflikt zu schon etablierten Gruppen. In sich institutionalisierenden Konflikten um Land, Wohnungen und Arbeit passen sich die Neuankömmlinge der neuen Umwelt an bis hin zur strukturellen, ja kulturellen Integration. Hier entwickelte sich die Idee, daß Einwanderer zuerst in die unteren Schichten eintreten, sich langsam anpassen und sozial aufsteigen, bis sie vollständig integriert sind.

Weniger zwangsläufig ist dieser Integrationsprozeß nach dem Zweiten Weltkrieg etwa für Glazer und Moynihan, die in ethnischen Organisationen die Formierung von Interessengruppen in pluralistischen Gesellschaften sehen, oder für Gordon, der in sog. »eth-classes« stabile Subkulturen sieht, die auch bei schwindenden kulturellen Differenzen erhalten bleiben (vgl. auch Taft 1966). Auch Eisenstadts frühe Arbeiten über Einwanderung (1955) sind durchaus als Kritik an der Chicagoer Schule zu lesen, weil er betont, daß strukturelle und kulturelle Ungleichheit entlang ethnischer Verwerfungen durchaus dauerhaft bestehen können, solange die Legitimation der Verteilung von Macht und ökonomischen Vorteilen nicht in Frage gestellt wird. Lieberson (1961) weist daraufhin, daß Migration in anderen Ländern nicht ohne die Bezugnahme auf Imperialismus und koloniale Dominanz interpretiert werden kann.

Unter Rückgriff auf die schon von Marx formulierte Idee der industriellen Reservearmee, wurde die zunehmende Implementation von *Gastarbeitersystemen* in Europa und den USA interpretiert (Castles 1986). Da die einheimischen Arbeiter – profitierend von Gewerkschaften und Wohlfahrtsstaat – nicht mehr Arbeit unter schlechten Bedingungen und mit niedrigem Prestige akzeptieren, sind Industriestaaten darauf angewiesen, Arbeitskräfte zu importieren. Dieses Argument wird von Cohen (1987) in seinem Buch »The new helots« auf die Beziehung zwischen internationaler Arbeitsteilung und Arbeitsmigration angewandt. Dabei sind die »neuen Arbeitsmigranten« als Heloten anzusehen, weil sie von den Produkten, die sie aufgrund ihre Lebenssituation zu produzieren gezwungen sind, selbst nicht profitieren können. Ein weiterer Schritt im Verständnis von Migrationsgeschehen war die Verbindung von Migration und segmentierten Arbeitsmärkten (Sengenberger 1978). Marginalisierte ethnische Gruppen, Immigranten – hier besonders auch Frauen – sind in schlechteren Berufen, z.B. in marginalisierten Industrien, und haben keine Chance in besser bezahlte Berufe aufzusteigen.

Im *deutschsprachigen Raum* haben sich »Klassiker« wie Simmel oder Weber nur am Rande mit der Migration beschäftigt. Erst seit den sechziger Jahren kommt es zu einer wirklichen soziologischen Auseinandersetzung mit diesem Phänomen (vgl. auch Treibel 1988). Schon Durkheim hat Migration als einen Faktor gesehen, der traditionelle Gemeinschaften erodiert und zu anomischen Erscheinungen führt. Diese Aspekte werden in der wichtigsten deutschen makrosoziologischen Migrationstheorie von Hoffmann-Nowotny (1970) aufgegriffen. Für ihn ist Migration eine Reaktion auf die ungleiche Verteilung von Macht und Prestige zwischen und innerhalb von Gesellschaften.

Die jüngste und sicherlich elaborierteste Theorie der Migration ist der handlungstheoretisch orientierte Ansatz von Hartmut Esser (1980). Es ist eine besonders individualistische Theorie, wobei push- und pull-Faktoren hier als individuelle Entscheidungskriterien interpretiert werden, die sowohl die Wanderungsentscheidung als auch den in verschiedenen Stufen ablaufenden Assimilationsprozeß bestimmen.

Die meisten Migrationstheorien für internationale Wanderungen können wohl als sog. »*push und pull*« *Theorien* bezeichnet werden, die jeweils entweder auf makrosoziologischer Ebene oder auf Handlungsebene formuliert sind (zu den vielen zusammenfassenden Darstellungen vgl. Hoffmann-Nowotny 1988, Treibel 1990). Es handelt sich meist um allgemeine, teilweise ahistorisch formulierte Konzepte (siehe hierzu Zolberg 1989a), die spezifische Kombinationen von migrationsgenerierenden Faktoren im Herkunftsland (push-Faktoren: Bevölkerungswachstum, niedriger Lebensstandard, fehlende ökonomische Möglichkeiten, politische Unterdrückung) und migrationsfördernden Faktoren im Zielland (pull-Faktoren: Arbeitskräftebedarf, besiedelbares Land, ökonomische Opportunitäten, politische Freiheit) benennen. Innerhalb ökonomischer Konzepte ist die Nähe zu neo-klassischen Arbeitsmarkttheorien offensichtlich. Als Vertreter ist hier z.B. Borjas (1990) zu nennen.

„Neoclassical theory assumes that individuals maximise utility: individuals »search« for the country of residence that maximises their well-being ... The search is constrained by the individual's financial resources, by the immigration regulations imposed by competing host countries and by the emigration regulations of the source country. In the immigration market the various pieces of information are exchanged and the various options are compared. In a sense, competing host countries make »migration offers« from which individuals compare and choose. The information gathered in this marketplace leads many individuals to conclude that it is »profitable« to remain on their birthplace ... Conversely, other individuals conclude that they are better off in some other country. The immigration market nonrandomly sorts these individuals across host countries" (Borjas 1989, S. 461, nach Castles/Miller 1993, S. 20)

Auf der Basis solcher Konzepte wäre z.B. zu erwarten, daß Menschen aus den benachteiligten Gebieten der Erde in die reicheren Gebiete wandern, daß ökonomische Unterschiede dazu ausreichen, Migrationsflüsse zu generieren, und diese Flüsse auf lange Sicht Unterschiede bei Löhnen und anderen Faktoren zwischen den Länder der Erde einebnen und zu einem ökonomischen Gleichgewicht führen.

Gerade in der jüngeren Literatur werden diese Annahmen jedoch stark kritisiert.[19] So wandern z.B. nicht die Menschen aus den ärmsten Gegenden verstärkt, es sind vor allem Menschen mittleren sozialen Status aus Gebieten, die starkem ökonomischen und sozialen Wandel unterworfen sind. Auch sind es nicht Menschen aus besonders dicht besiedelten Gebieten, die in schwächer besiedelte wandern, sondern Migrationszentren wie Deutschland oder die Niederlande gehören zu den am dichtesten besiedelten Gebieten der Welt.

Ökonomisch ist das idealtypische Modell des weltweiten freien Migrationsmarktes so fern jeder Realität, daß es kaum Erklärungspotentiale hat. Kolonialismus und weltweite ökonomische Dominanz des Westens haben zur Herausbildung spezifischer Migrationsströme auch hinsichtlich von Arbeitsmärkten geführt. Die zunehmenden ökonomischen Vernetzungen haben zwar

---

19 Aus eher soziologischer Sicht siehe z.B. Castles/Miller 1993, Portes/Rumbaut 1990, aus ökonomischer Sicht z.B. Palmer 1990a.

diese Muster verkompliziert, aber sie können immer noch zur Erklärung der hoch selektiven Arbeitsmigration herangezogen werden (Cohen 1992). Die Existenz internationaler Arbeitsmärkte als eine Implikation neo-liberaler Migrationsmodelle ist äußerst fragwürdig. Wirkliche internationale Märkte gibt es wohl nur für wenige sehr hoch qualifizierte Berufsgruppen, weil nur hier Informationsstand und Mobilität ausreichen. Die weltweite Rekrutierung von Arbeitskräften in Gastarbeitersystemen kann wohl kaum als Marktgeschehen beschrieben werden.

Zur Erklärung der Selektivität von Migrationsströmen müssen push und pull - Theorien um historische Aspekte erweitert werden. Als wichtiger Faktor zu Erklärung von Migrationsströmen werden bestehende Verbindungen zwischen Herkunfts- und Zielländern angenommen als Folge von Kolonisation, politischem Einfluß, Handel, Investitionen oder kulturellen Bindungen. Die algerische Einwanderung nach Frankreich ist eine direkte Folge des Dekolonialisierungsprozesses, und die türkische Einwanderung nach Deutschland ist eine unmittelbare Konsequenz gezielter Arbeitskräfteanwerbung in den sechziger Jahren. Migration aus Mexiko in die USA wurde generiert durch die süd-westwärts gerichtete Expansion der USA im 19. Jahrhundert und durch die weitgehende Rekrutierung von Arbeitskräften durch US-Geschäftsleute im 20. Jahrhundert (Portes/Rumbaut 1990, S. 224-30). Die Migration aus der Dominikanischen Republik in die USA wurde durch die militärische Okkupation in den sechziger Jahren generiert. Auch koreanische und vietnamesische Immigration kann als Langezeitfolge militärischer Aktionen der Großmacht gesehen werden (Sassen 1988).

Für viele push und pull-Modelle ist der Staat eine Störung für die »normale« Funktion des Migrationsmarktes, so schlägt Borjas vor, US-Visa an den Meistbietenden zu verkaufen, um den Immigrationsmarkt zu deregulieren (1990, S. 225-28). Die Analyse von Migrationsströmen zeigt jedoch, daß Staaten immer eine wichtige Rolle bei der Entstehung, Steuerung und Formung von Migrationsbewegungen hatten; gerade Einwanderungsländer haben immer versucht, durch Erlaubnisse, Einschränkungen oder Ausschlüsse Migrationsströme zu kontrollieren. Neben dem Bedarf von Arbeitskräften waren und sind es vor allem auch demographische und humanitäre Überlegungen, die Staaten zu Maßnahmen bewegen. Push und pull-Modelle, die näher an der historischen Realität sind und eine höhere Erklärungskapazität haben, betonen deshalb gerade in bezug auf Arbeitswanderungen die Dynamik des weltweiten ökonomischen Systems und dessen simultanen Einfluß auf Herkunfts- und Zielländer. Migration wird hier zum Subsystem der zunehmend globalen Ökonomie und des politischen Systems (Zolberg 1989a).

Obwohl im angelsächsischen Sprachraum kontinuierlich versucht wurde, Migrationstheorien weiterzuentwickeln, ist für den deutschen Bereich wohl Nauck (1988) zuzustimmen, der vermutet, daß die theoretische Diskussion innerhalb der Migrationssoziologie Ende der achtziger Jahre etwas ins Stokken geraten ist. Glücklicherweise kommt es zu Beginn der neunziger Jahre auch in Deutschland wieder zu einem verstärkten Interesse an der Weiterentwicklung dieses Stranges soziologischer Theoriebildung (vgl. Heckmann 1992). Heute ist es üblich, ökonomische, soziale und kulturelle Integration, aber auch Identifikation und Zufriedenheit von Immigranten mit ihren jeweils unterschiedlichen Bedingungsgefügen zu untersuchen. Dabei bestehen nur eher indirekte Zusammenhänge zwischen diesen Bereichen (Richmond 1988). Gerade bei der komparativen Beschreibung von Industriestaaten kommt heutzutage allem Anschein nach vermehrt das zur Anwendung, was man positiv als Theoriemix bezeichnen könnte.

2.1.2 Die Theorie von Migrationssystemen

Neben einer Ausarbeitung von push und pull - Modellen ist ein weiterer Ansatz zur Weiterentwicklung von makrosoziologischen Migrationstheorien zu nennen, und zwar die Beschreibung von »migration systems« (Kritz et al. 1992). Hier werden Wanderungen als eine Verknüpfung von Räumen gesehen. Interaktionen entstehen nicht nur durch Wanderungsströme, sondern auch über Informations-, Waren-, Dienstleistungs- und Ideenflüsse. Diese Ströme bilden komplexe Strukturen von Strömen und Gegenströmen heraus, denen eine eigene Dynamik zugeschrieben werden kann. Eine allgemeine Definition gibt Patterson:

„A migration system, then, is any movement of persons between states, the social, economic, and cultural effects of such movements, and the patterned interactions among such effects." (Patterson 1987, S. 228)

Dieses Modell kann weiter verfeinert werden, indem jeder Migrationsstrom als eine Resultante aus spezifischen Makro- und Mikrostrukturen erklärt wird. Makrostrukturen sind verschiedene Muster, angefangen mit diversen Flußstrukturen, über transnationale Konzerne bis zu Immigrationspolitiken von Nationalstaaten, die auf der Mikroebene mit spezifischen Netzwerken, Haushaltsstrukturen, Lebensweisen und Vorstellungen einzelner Migranten gekoppelt sind (vgl. nächster Abschnitt I.2.1.3).

Die Analyse von Wanderungsprozessen im Kontext von Migrationssystemen wurde in den siebziger Jahren von Demographen für Binnenwanderungen vorgeschlagen. Die Grenzen dieser Systeme waren einfach durch nationale Grenzen vorgegeben. Diese Vereinfachung ist schon innerhalb von Staaten problematisch, noch weniger sinnvoll ist es, den gesamten Globus als Migrationssystem zu analysieren. Auch wenn das Weltmigrationssystem gleichsam als größtes mögliches Migrationssystem gedacht werden kann, scheint doch die Binnendifferenzierung dieses Systems zu divergent, vor allem hinsichtlich der Unterschiedlichkeit der Bevölkerungsbewegungen, aber auch aufgrund der Verschiedenheit der Länder hinsichtlich der ökonomischen Entwicklung, der politischen Strukturierung und der kulturellen Eigenarten zu sein. Sollen also Informationen über die Entwicklung des Weltmigrationssystems zusammengetragen werden, so müssen einzelne Migrationssysteme identifiziert und analysiert werden, um dann auch das umfassendere System besser verstehen zu können.

Was konstituiert also ein internationales Migrationssystem? Zur Beschreibung eines Systems müssen dessen Elemente festgelegt werden, deren Eigenschaften bestimmt und deren Interaktionen beschrieben werden. Wenn Eigenschaften und Interaktionen im Zentrum des Interesses stehen, so gehören zu Migrationssystemen eben nicht nur Länder und deren Wanderungsströme, sondern alle Interaktionen auf politischer, wirtschaftlicher oder sozialer Ebene, die Folge und Ursache oft sehr ähnlicher Eigenschaften der Länder eines Systems sind. Zlotnik (1992) schlägt dabei folgende Kriterien vor:

1. Das System besteht aus über Migrationsströme interagierenden Nationalstaaten.
2. Gleichgültig, ob Bestands- oder Flußgrößen zur Migrationsmessung verwendet werden, es sollten Schwellenwerte angegeben werden, die ein »strong link« zwischen Nationalstaaten indizieren.
3. Systeme können entweder aus der Perspektive von Herkunftsländern oder aus der Perspektive von Zielländern beschrieben werden. Länder einer geographischen Region können z.B. zum Zentrum eines Migrationssystems gehören, wenn sie ähnliche Muster in den Migrationsströmen besitzen, ähnliches Entwicklungsniveau haben und starke kulturelle Affinität besitzen.
4. Gerade Zielländer werden darüber hinaus starke Ähnlichkeit in ihren Migrationspolitiken haben und starke politische und ökonomische Verbindungen besitzen.
5. Für Herkunftsländer wird diese Kongruenz sicher geringer sein, hier besteht die Gemeinsamkeit oft in den ähnlich starken Verbindungen zum Zentrum des Systems.

Notwendig ist hier die Analyse von Fluß- und Bestandsgrößen nach Herkunftsland. Herkunft würde dabei am besten durch Geburtsland operationalisiert. Oft müssen allerdings die Operationalisierung über das Land des vorhergehenden Aufenthalts oder über die Staatsbürgerschaft vorgenommen werden. Bestandsdaten verweisen auf längerfristige Migrationseffekte und reflektieren historische Trends, während Flußdaten eher die dynamischen Aspekte von Wanderungen aufzeigen, und auf kurzfristige Wandlungen verweisen, die sich nicht oder noch nicht in den Bestandsdaten niederschlagen. Flußdaten haben darüber hinaus den Vorteil, nicht durch Emigration sowie durch endogene Sterbe- und Geburtsraten beeinflußt zu sein, und so deutlicher die aktuelle Verbindung der Länder zu reflektieren. Veränderungen und Unterschiede der Bestandsgrößen können gerade in europäischen Ländern auch durch die Naturalisierungspraktiken zustande kommen. Gerade, wenn die Kinder von Ausländern auch Ausländer sind, kann besonders die Fertilität zum endogenen Wachstum des Bestandes führen. So glichen zwischen der Mitte der siebziger und Anfang der achtziger Jahre Familienzusammenführung und Fertilität, Rückzug und Naturalisierung die Bestandszahlen in den Hauptaufnahmeländern aus.

Alle Migrationssysteme weisen starke Schwankungen und Wandlungen in ihren Migrationsflüssen auf. Daher ist es unerläßlich, eine zeitliche Perspektive einzubauen, um valide Aussagen machen zu können. Die Analyse von Migrationssystemen aus der Sicht von Aufnahmeländern kann zu erheblichen Verzerrungen führen. Auch darf die Analyse nicht nur auf Einwanderungs- und Bestandszahlen gründen, sondern es müssen auch die Auswanderungen mitbetrachtet werden. Nimmt man die Perspektive von Sendeländern ein, so zeigt sich zwar das Spiegelbild der Migrationsströme, es können sich aber durchaus andere Systemstrukturen ergeben. Typisch ist dabei das Auftreten von »Brückenländern« zwischen Migrationssystemen; so sind die Auswanderungen aus Italien relevant für Nord und Südamerika und für Westeuropa ebenso wie für Ozeanien.

Migrationsströme fanden und finden gerade aus Staaten statt, die unter den Entwicklungsländer durchaus zu den hochentwickelten gehören; so sind in diesen letztgenannten Ländern z.B. die Alphabetisierungsquoten hoch oder die Kindersterblichkeit besonders niedrig (vgl. World Bank 1989). Gerade diese positiven Entwicklungen können als Gründe für Migration angesehen werden. So bedeutet eine hohe Alphabetisierungsquote in Gebieten mit hoher Arbeitslosigkeit, daß die Bevölkerung Informationen über bessere Lebensbedingungen in anderen Ländern besser rezipieren kann und auch Mindestanforderungen der Qualifikation erfüllt. Geringe Kindersterblichkeit bedeutet im Normalfall auch hohe Bevölkerungswachstumsraten, was den Wanderungsdruck sicherlich auch erhöht. Mit dem sich z.B. in manchen Karibikstaaten vollziehenden Anstieg des Pro-Kopf-Bruttosozialprodukts ist auch eine Erhöhung der sozialen Ungleichheit verbunden, die nicht nur ökonomische Zufriedenheit verringert, sondern unter Umständen auch zu politischen Spannungen führt, beides sind mögliche Gründe für Migration (Palmer 1990a). Blickt man also auf die Verbindung zwischen Entwicklung und Wanderung, so zeigt sich, daß Wanderungsgründe – zumindest aus der südlichen Hemisphäre – gerade nicht in fehlender Entwicklung liegen, sondern Folge einer falschen bzw. jeder Entwicklung sind. Am besten belegt ist dies für Investitionen in das Bildungssystem. So resümiert Palmer seine Studie in 29 Entwicklungsländern: „There is an ample evidence that an increase in public investment in education has led to increased migration" (Palmer 1990b, S. 5).

Die ökonomische Vernetzung wird klassisch im Zentrum-Peripherie-Modell als Strom von Kapital in die Peripherie und von Arbeit in das Zentrum beschrieben. Ein gut untersuchter Fall ist die massive Migration aus

Jamaika nach Großbritannien, als große Geldmengen in die Bauxit-Industrie flossen. Diese kapitalintensive Industrie hatte wenig Einfluß auf die Arbeitslosenrate und generierte starke Gegenströme. Aber die Prozesse sind nicht so einfach, es gibt hier auch immer Gegenströme: Gelder fließen von den Emigranten zurück ins Mutterland und Gewinne vom Auslandskapital zurück in das Zentrum. Mit dem Kapital wandern auch hoch qualifizierte Arbeitskräfte aus dem Zentrum in die Peripherie. Oft müssen Kapitalschulden in der Peripherie abgetragen werden, was auf lange Sicht wieder zu einem Kapitalrückfluß in das Zentrum führt. Die verschiedenen Strukturen der Flüsse variieren im Zeitablauf.

Neomarxisten und Weltsystemtheoretiker haben viel dafür getan, den systemischen Charakter weltweiter Migrationsprozesse im Kapitalismus herauszuarbeiten. Aber das Weltsystem ist alles andere als einheitlich. Es gibt eine große Anzahl von Zentren und Peripherien, und dies führt zu Migrationssystemen mit unterschiedlicher Dynamik.

„To develop a satisfactory understanding of migration as a systematic process we must go beyond materialist, one-world assumptions and explore the interaction of social, economic, geographic, political, and ideologic forces." (Patterson 1987, S. 228)

Eine problemadäquate Beschreibung (nicht nur an Nationalstaaten orientiert) muß es ermöglichen, Migration auf globaler, regionaler und nationalstaatlicher Ebene mit politischen, wirtschaftlichen und sozialen Prozessen zu parallelisieren. Damit können historische Singularitäten und Gemeinsamkeiten herausgearbeitet werden.

2.1.3   Verpflanzte Netzwerke und transnationale Gemeinden

Wie schon mehrfach angemerkt, ist ein wichtiger Aspekt von Wanderungsströmen deren Mikrostruktur. Dabei werden in dieser Hinsicht zu individualistische push und pull-Theorien kritisiert, wenn sie das Eingebundensein des Individuums in verschiedene Netzwerke, Haushalts- und Familienstrukturen, Clans oder Dorfgemeinschaften nicht berücksichtigen. In der Kritik an Oscar Handlin merkt Tilly an:

„Where Handlin and his colleagues saw shock and subsequent assimilation, however, recent historians have commonly seen continous processes of collective transformation involving the use of old social networks and categories to produce new ones. Rather than individual uprooting, disorganization, and adjustment, collective action and shared struggle. Rather than person-by-person striving, organized migration networks and labor markets. Rather than wholesale importation (and subsequent degradation) of cultural traits, collective fabrication of new cultures from old materials." (Tilly 1990b, S. 83-84)

Die Analyse von Netzwerkstrukturen zeigt, daß die Postulierung von allgemeinen Assimilationsprozessen hinfällig wird, da diese extrem zwischen einzelnen Strömen abweichen, und daß diese Transformationsprozesse eher kollektive als individuelle Leistungen sind. Darüber hinaus sieht sich jedes

Individuum – aufgrund der Einbettung in Netzwerkstrukturen – ganz unterschiedlichen kulturellen Gruppen gleichzeitig gegenüber, so daß »nur« eine Assimilation an »nur« eine Gruppe gar nicht möglich ist.

Dieses Bild der Migration als kreativer kollektiver Prozeß innerhalb kleiner Netzwerke beschreibt auch Georges (1990) in ihrer Untersuchung der Migration aus einem dominikanischen Dorf nach New York. Sie spricht von der Bildung einer »transnational community«. Darunter versteht sie die Expansion dörflicher Netzwerkstrukturen über nationale Grenzen hinweg. Wer nach New York migriert, was sie dort tun und ob sie zurückkehren, wird eher durch die Entscheidung innerhalb der einzelnen Haushalte und der Dorfgemeinschaft bestimmt, als durch das frei wählende Individuum. Solche Netzwerkphänomene werden auch in zahlreichen Arbeiten zu europäischen Gastarbeitersystemen beschrieben (vgl. z.B. Yücel 1987). Hierbei ist gerade auch die Rückwanderung ein wichtiges Element der Verdichtung von Wanderungsströmen. Dabei entsteht das, was auch »migration machines« genannt wird: Herkunftsnetzwerke sind straff mit Zielnetzwerken verbunden, die, wenn möglich, Jobs, Wohnung und Sozialkontakte für den Migranten in beiden Ländern zur Verfügung stellen.

Auf Haushalte beschränkt argumentiert auch Palmer (1990b) in seiner Analyse von Wanderungsstrukturen aus Mittelamerika mit Netzwerkstrukturen. Ökonomisch läßt sich das Wanderungsmotiv als Versuch der Maximierung der »lifetime household earnings« verstehen. Da ein Teil des Haushaltes im Ursprungsland zurückbleibt, kommt es notwendigerweise zu Geldrückflüssen; sind diese in der Menge befriedigend, so ist es sinnvoll, weiter die arbeitskräftigsten Haushaltsmitglieder nachzuschicken – der Geldrückfluß steigt weiter. Im Zuge der Familienzusammenführung wird später ein Großteil der Haushaltsmitglieder nachgeholt, womit der Geldrückfluß ins Mutterland wieder geringer wird. Geldrückflüsse sind also immer ein Zeichen eines nicht vollendeten Migrationsprozesses. Einwanderungsländer haben ein Interesse, den Zyklus zu schließen, Auswanderungsländer sind dagegen darum bemüht, ihn offen zu halten. Es wird nur selten zu einer vollständigen Verpflanzung des gesamten Verwandtschaftsnetzwerkes kommen, gerade alte Menschen werden im Ursprungsland bleiben. Damit bleibt der Zyklus offen, bis diese sterben, aber selbst dann gibt es noch weitere Verwandte, die auf ihre »Anteile« bestehen. Erst bei vollständigem Erliegen des Rückflusses ist der Wanderungsprozeß abgeschlossen.

Über die ökonomische Funktion hinaus haben Netzwerke auch andere Aufgaben. Wichtig sind sicherlich die über Netzwerke laufenden Informationsflüsse zwischen Herkunfts- und Zielland, nicht nur bei der Wanderungsentscheidung selbst, sondern auch bei anderen Entscheidungen. Gerade die Wanderungsentscheidung wird aber durch diese selektiven Informationsflüsse bestimmt, so daß hier eine wichtiges Moment für die Stabilisierung von Migrationsflüssen zu sehen ist (vgl. Yans-McLaughlin 1990a).

2.1.4   Wichtige Aspekte einer Soziologie der Migration

Die kurze Darstellung migrationstheoretischer Konzepte sollte gezeigt haben, daß es nicht eine migrationstheoretische Konzeption zur Erklärung aller Phänomene gibt. Nichtsdestoweniger lassen sich spezifische theoriearchitektonische Bewegungen erkennen. So werden z.b. vermehrt internationale Wanderungsbewegungen und ihr globaler Charakter in den Blick genommen, sowohl auf der Makroebene in Form von Migrationssystemen wie auch auf der Mikroebene in Form von transnationalen Netzwerken. Immer wird Migration als grenzüberschreitender und grenzgenerierender Prozeß gesehen. Aussagen über Trends und Prozesse sind aber durchaus widersprüchlich.

Bei der Beschreibung von Wanderungsbewegungen können verschiedene Kriterien verwendet werden, wie etwa Dauer, Periodizität, Distanz, Geschwindigkeit, räumlicher Verlauf, strukturelle Merkmale der Migranten, strukturelle Ursachen, persönliche Motive und Auswirkungen im Herkunfts- und Zielgebiet (zusammenfassend Leib/Mertins 1983; vgl. auch Hoffmann-Nowotny 1970). Von besonderem Interesse ist gerade in jüngeren Arbeiten, zu welchem Zeitpunkt ein Migrationsstrom »selbsterhaltend« wird (Sterbling 1994).

Betrachtet man die Arbeiten über Migration, so ist festzustellen, daß sehr schnell der Blick auf Flüchtlinge und Arbeitsmigranten eingeschränkt wird, ja oft sogar nur noch Arbeitsmigration als »Migration« bezeichnet wird (vgl. Treibel 1990).

Umfassender ist es jedoch, nach Hoffman-Nowotny »jede Ortsveränderung von Personen« (1970, S. 107) als Migration zu bezeichnen, eingeschränkt nur durch das Kriterium, daß eine Überquerung nationalstaatlicher Grenzen stattfinden muß. Damit ist der Tourismus, der sich als eigenes Forschungsgebiet – als »Tourismusforschung« – aus der Migrationsforschung ausdifferenziert hat, wieder mit einbezogen, denn mag auch der Urlaub in einem Entwicklungsland für die Bevölkerung der Industrieländer nur eine kurze Erfahrung sein, so machen Touristen z.B. in manchen kleinen Kabribikstaaten ein ständiges Drittel der Bevölkerung aus, von dem möglicherweise Veränderungen im Gastland induziert werden können.

Gerade wenn man eine Unterscheidung zwischen »low impact« und »high impact migrants« (Patterson, 1987) einführt, wird eine eher aus quantitativen Überlegungen resultierende Einschränkung auf Flüchtlinge und Arbeitsmigranten fragwürdig. Zu den zahlenmäßig kleinen, dennoch aber bedeutenden Gruppen von Migranten gehört z.B. die viel zitierte Gruppe von Entwicklungsexperten der Weltbank, die in manchem Land der Dritten Welt, das in finanzielle Schwierigkeiten geriet, mit einem »Strukturanpassungsplan« tiefgreifende Veränderungen erzeugte. Kleine Gruppen von Fremden, die wichtige Wandlungsprozesse in Ziel- und Herkunftsländern auslösen, sind auch Missionare, Wissenschaftler, Händler, Ideologen sowie militärische und ökonomische Spezialisten.

Neben diesen sehr allgemeinen Feststellungen lassen sich jedoch auch spezifische Forschungsbereiche nennen, die eine Soziologie der Migration abzudecken hat.

Internationale Wanderungsbewegungen lassen sich nur unter Berücksichtigung von Macht- und Legitimationsprozessen verstehen (vgl. Richmond 1988). Zum einen wird über politische Macht immer wieder versucht, Migrationsströme zu beeinflussen, zum anderen sind es gerade interne Machtunterschiede zwischen ethnischen Gruppen, vor allem in Relation zur Mehrheit, die bestimmend für die Situation von Migranten sind. Dabei sind nicht nur die unterschiedlichen Zugriffsmöglichkeiten auf das Bildungssystem, den Wohnungsmarkt oder den Arbeitsmarkt einbezogen. Es sind vielmehr auch die unterschiedlichen Möglichkeiten von ethnischen Gruppen, Ressourcen im politischen und kulturellen Bereich zu mobilisieren, die hier Berücksichtigung finden müssen.

Mindestens genauso wichtig ist jedoch, inwieweit Machtausübung und Machtunterschiede als legitim gelten. So wird es für Regierungen demokratischer Staaten nicht nur immer schwieriger, Steuerungsinstrumente zu ersinnen – viele dieser Steuerungsinstrumente geraten in bezug auf Menschenrechtsvorstellungen immer stärker unter Druck – gleichzeitig verstärken sich auch Diskurse der Schließung, die jede Abschottungstendenz über Gefahrenszenarios zu legitimieren suchen. Ein weiteres Problem ist die Legitimation von Machtunterschieden gegenüber und zwischen ethnischen Minderheiten, auch hier werden Unterschiede meist als ungerecht interpretiert, und als Legitimation für politische Skandalierungen genauso wie für Straßenschlachten genommen.

Beide Prozesse – Machtdifferenzen und deren Delegitimierung – sind auch international zu beobachten. Einerseits ist die politische und militärische Macht des Westens eher gestärkt, während viele neue ökonomische Machtzentren entstehen, andrerseits sind es genau diese neuen ökonomischen Zentren, die mit zunehmendem Selbstbewußtsein mehr politische Macht im Weltsystem einfordern.

Wie Gesellschaften auf einen oder mehrere Fremde reagieren, ist nicht nur eine Folge der Menge von Fremden, von Interessen oder Machtunterschieden, sondern wird auch durch die kollektiven Vorstellungen innerhalb des Ziellandes bestimmt. Als klassische Beispiele seien hier nur das Stereotyp des Juden als des fremden Händlers oder die Objektivitätsunterstellung, die der Berufung von Fremden in Richterämter der mittelalterlichen, italienischen Handelsstädte zugrunde liegen, genannt. Der Fremde ist also immer schon ein Teil der Gruppe, dem aufgrund kollektiver Vorstellungen ein besonderer Ort zugewiesen wird (vgl. Simmel 1908, S. 509 f.). Dies muß jedoch nicht auf die körperliche Anwesenheit des Fremden bezogen sein, die z.B. Simmel besonders betont. Vorstellungen über Fremde sind auch, oder besser gesagt, sie sind gerade Vorstellungen über Menschen, die weit entfernt sind, die nicht oder noch nicht präsent sind. Dies ist historisch an den Bildern über Schwarze zu sehen, die in Mitteleuropa praktisch kaum auftraten, oder heutzutage an den Vorstellungen über Menschen aus Osteuropa, die vor allen Dingen als Masse von Wanderungsbereiten in Westeuropa imaginiert werden.

2.2 Fremdheit und »reflexive Ethnisierung«

Ethnisierungsprozesse sind ein zentrales Moment der Produktion von Fremdheit in modernen Gesellschaften. An dieser Stelle soll es nicht darum gehen, wie diese Tatsache in eine soziologische Theorie der Moderne eingebaut werden könnte[20], hier soll nur versucht werden, in einer Darstellung der Konzepte des Fremden und der »reflexiven Ethnisierung« die theoretischen Grundlagen für den Prozeß der Ethnisierung als ein Prozeß sozialer Grenzproduktion zu sammeln.

2.2.1 Die klassische Soziologie des Fremden und ihre Probleme[21]

Als ein mögliches Bindeglied zwischen makrosoziologischer Migrationsforschung und der Soziologie ethnischer Minderheiten kann die Soziologie des Fremden gesehen werden. Welche Probleme dieses vielen migrationssoziologischen Überlegungen implizit zugrundeliegende Konzepte hat, soll hier kurz angerissen werden (ausführlicher vgl. Harman 1988, Stichweh 1992).

„Simmel's »stranger« has enjoyed from the beginning a remarkable immunity to criticism. The »stranger« always is invoked as if its meaning were clear and as if its analytical power were obvious. The comparatively long and illustrious history of the »stranger«, combined with its continued utilization and its freedom from criticism, has created the impression that »there is a special and well-developed sociology of the stranger«...“ (McLemore 1970, S. 86-87, nach Harman 1988, S. 11)

Die klassische Soziologie des Fremden wurde Ende des letzten Jahrhunderts in Deutschland entworfen und danach bis etwa 1945 in Amerika übernommen und modifiziert. *Georg Simmel* (»Exkurs über den Fremden« 1908)

---

20 Besonders in Nassehi/Weber (1990) und Alexander (1980) finden sich Vorschläge, wie und an welchen Stellen Ethnizität in modernisierungs- und differenzierungstheoretische Überlegungen mit einbezogen werden können. Auch Esser (1988) weist die hier angesprochenen Defizite soziologischer Theoriebildung ausführlich nach, um dann aber in seinen Schlußfolgerungen wieder auf die traditionelle Erklärung von Ethnizität durch 'Modernisierungslücken' zurückzufallen (vgl. auch Kreckel 1989).

21 An dieser Stelle sollen nur kurz die wichtigsten Überlegungen, die für makrosoziologische Theorien relevant wurden, beschrieben werden. Weite Teile einer Neudefinition des Fremden, wie sie in Biographieforschung und Ethnopsychoanalyse erarbeitet werden, müssen hier außen vor gelassen werden.

plaziert den Fremden in seinen Überlegungen zur »räumlichen Ordnung der Gesellschaft«. Aus den vielen möglichen Definitionen wählt Simmel die des Fremden als „den, ... der heute kommt und morgen bleibt". Darüber hinaus identifiziert er ihn (1) mit dem Händler; unterstellt ihm (2) eine spezifische Objektivität; und generalisiert das (3) Ineinander von Nähe und Ferne als für Fremdheit konstitutiv. Der Fremde ist Teil der Gruppe, aber in einer besonderen Position, er hat als Person keinen angestammten Platz, ist deshalb sowohl objektiver als auch vertrauenswürdiger.

Das Verhältnis zum Fremden konstituiert sich über abstrakte Qualitäten, die zwar prinzipiell jede soziale Beziehung beinhaltet, aber im Falle des Fremden der konkreteren Gemeinsamkeiten entledigt ist. Der Fremde ist somit zwar gleich, aber in einer Weise, die unendlich viele andere Menschen mit einschließt. Eine Gleichheit also, die über ihn und uns hinausweist. Diese mögliche Allgemeinheit einer Beziehung ist zugleich eine Fremdheit, die in jeder menschliche Beziehung angelegt ist, der wir aber nur selten gewahr werden.

Robert Ezra Park lehnt sich zwar stark an Simmel an, modifiziert aber den Fremden zum »marginal man«, der auf der Grenze zweier Kulturen lebt und im erfahrenen Kulturkonflikt nach innovativen Lösungen sucht. Die Theorie der Marginalität wurde einerseits hin zur Hybridisierung und kulturellen Innovation erweitert, andererseits wird untersucht, wie die kulturelle Marginalität auf Dauer gestellt wird, indem herrschende Kulturen die Inklusion verweigern. Dies kann dann zu Anomie und Devianz führen.

Alfred Schütz hebt in seiner Arbeit die Inkommensurabilität zweier Kulturen hervor, mit der besonders der unfreiwillige Immigrant fertig werden muß. Dies führt zu einer tiefen Orientierungskrise, und wird von Einheimischen oft als mangelnder Integrationswille interpretiert. Um innerhalb eines Zivilisationsmusters zu handeln, muß der Fremde sich Wissen über relevante Elemente aneignen. Dieses Wissen ist inkohärent (weil Interessen und Pläne, die die Relevanzstruktur konstituieren, es auch sind); es ist nur teilweise klar (weil eine Einsicht in die Verhältnisse der Welt gar nicht notwendig ist zum Handeln); und es ist inkonsistent (weil in verschiedenen Rollen und gesellschaftlichen Bereichen völlig andere Relevanzstrukturen gelten).

„Mit anderen Worten, die Kultur- und Zivilisationsmuster der Gruppe, welcher sich der Fremde nähert, sind für ihn kein Schutz, sondern ein Feld des Abenteuers, keine Selbstverständlichkeit, sondern ein fragwürdiges Untersuchungsthema, kein Mittel um problematische Situationen zu analysieren, sondern eine problematische Situation selbst und eine, die hart zu meistern ist." (Schütz 1972, S. 67)

Max Weber und Werner Sombart verweisen darauf, daß der zeitüberbrückende Charakter der Wirtschaft und der distanzüberbrückende Charakter des Fremden eine historische und sinnhafte Affinität aufweisen. Gerade Sombart hebt dabei auf die modernisierungsrelevante Funktion des Fremden ab. Über Howard Becker vermittelt, führt diese zu dem Konzept der »middleman minorities«. Daß diese Minderheiten Wirtschaftsnischen ausnutzen, ist vor allem durch die Gastgesellschaft und viel weniger – wie oft angenommen – durch kulturelle Eigenheiten der Fremden bedingt.

Diese Konzepte des Fremden sind in der Erfahrungssituation des späten 19. und frühen 20. Jahrhunderts stehengeblieben, und können deshalb weder die Situation in älteren noch die in hochmodernen Gesellschaften adäquat erfassen. In frühen Gesellschaften bilden der Fremde, Gastfreundschaft und Armenfürsorge einen Komplex, dessen Zerfall und Ausdifferenzierung erst den »klassischen Fremden« möglich machten.

„Es kommt in Europa seit dem Spätmittelalter zu einer Verstaatlichung und Organisationsabhängigkeit der Armenhilfe, einer Privatisierung der Gastfreundschaft und einer Politisierung und Verrechtlichung des Status des Fremden." (Stichweh 1992, S. 304)

Im historischen Wandlungsprozeß ist eine Verschiebung der Fremdenrolle zu beobachten. Die Asymmetrie der Fremden-Einheimischen-Beziehungen steht in bezug zu sozialer Reziprozität. Gastfreundschaft ist jedoch, wie auch Wohltätigkeit, kein reziproker Vorgang im engeren Sinne, kann aber mit dem Verweis auf eine mögliche Selbstbetroffenheit legitimiert werden.

Angesichts der weltweiten wirtschaftlichen und informationstechnischen Verknüpfung wird der Topos des Fremden, als des ungewöhnlichen, anachronistisch. Der Fremde ist überall sichtbar: durch Medien, Reisen etc. aber auch in verbesserten Möglichkeiten, bei »uns« zu erscheinen. Die Begegnung mit dem Fremden ist quasi ubiquitär.

Heute ist der Fremde nicht mehr sinnvoll als Einzelner zu fassen, er ist weder der reisende Händler des Mittelalters, noch kann ihm spezifische Objektivität unterstellt werden. Der innere Kulturkonflikt des »marginal man«, wenn es ihn den je wirklich gab, hat sich zu dem der »marginal group« gewandelt. Auch das schlichte Modell des Einzelnen, der sich einer Gruppe nähert, hat für moderne Gesellschaften bestenfalls heuristischen Wert. Fremde sind zumindest in den Städten keine Ausnahme, sondern die Regel. Die politisch-rechtliche Durchformung der Gastfreundschaft und des Status des Fremden macht deren Analyse ohne Berücksichtigung dieser Strukturen obsolet.

2.2.2   Ethnizität und »reflexive Ethnisierung«

Der Begriff der »reflexiven Ethnisierung« bezieht sich auf die reflexive Struktur ethnischer Identitätsbildung in der Moderne. Ethnizität entsteht in modernen Gesellschaften nicht mehr nur durch einfaches Zusammenleben, sondern beinhaltet immer stärker auch den Akt bewußter Identifikation, sowohl der Gruppe als auch des Einzelnen.[22]

---

22   Das Adjektiv »reflexiv« soll darauf hinweisen, daß Identifikationen vermehrt auch unter
    den Aspekten permanenter Selbstbeobachtung ablaufen; vgl. hierzu besonders feinsinnig

Diese Abgrenzungsprozesse sind nur sehr unvollständig mit dem Topos des Fremden, des Gastes oder der traditionellen religiösen Minderheit (z.B. Judentum) zu beschreiben. So wie sich der Fremde in der Spätmoderne verändert, entstehen jedoch neue »Befremdungen«, die Selbstdefinitions- und Identifikationsprozesse anstoßen: Prozesse, die zwar mit dem Repertoire ethnischer Sinnstrukturen arbeiten, ja sogar vielfach auf traditionsreichen ethnischen Mustern fußen, selbst aber – zumindest teilweise – eine reflexive Konstruktion des modernen Menschen sind. Manche Autoren, wie etwa Harman (1988) sehen hier eine Neudefinition der Position des Fremden, die jedoch ständig im Fluß befindlich ist (»discoursive strangeness«). Doch bevor auf diese Prozesse genauer eingegangen wird, soll erst versucht werden, Ethnizität selbst zu definieren.

„Wir wollen solche Menschengruppen, welche auf Grund von Ähnlichkeiten des äußeren Habitus oder der Sitten oder beider oder von Erinnerungen an Kolonisation und Wanderung einen subjektiven Glauben an eine Abstammungsgemeinsamkeit hegen, derart, daß dieser für die Propagierung von Vergemeinschaftungen wichtig wird, dann, wenn sie nicht »Sippen« darstellen, »ethnische« Gruppen nennen, ganz einerlei, ob eine Blutsgemeinsamkeit objektiv vorliegt oder nicht." (Weber 1985, S. 237)

Eine ethnische Gruppe ist also nicht nur einfach eine Gruppe von Menschen mit gleicher Lebensweise, sondern eine Gruppe, die sich, zumindest partiell, ihrer gemeinsamen Herkunft und gemeinsamen Interessen bewußt ist.[23] Durch die Betonung der Gemeinsamkeit in Gegenwart, Vergangenheit, ja manchmal auch in der Zukunft, werden Sitten, Weltanschauungen und Institutionen – also die gesamte Kultur – als ethnisch definiert. Ethnizität ist ein kulturelles Phänomen, beinhaltet aber eine spezifische Interpretation der eigenen Kultur.

Ethnizität wird oft als emotionales oder nicht-rationales Phänomen beschrieben, viele Soziologen scheinen deshalb Schwierigkeiten zu haben, ein rationales Verständnis hierfür zu entwickeln. Sie beginnen, nach »rationalen Faktoren« zu suchen, um dann Ethnizität durch zwar mit ihr in Beziehung stehende, aber inhaltlich andersartige Prozesse zu definieren (Klassenlage, Kultur, Rasse; vgl. Patterson 1983).

Gerade in jüngster Zeit neigen Soziologen dazu, Ethnizität und Kultur miteinander zu verwechseln. Ethnizität gilt dann als die besondere Tradition von Leuten: Jude in den USA zu sein, bedeutet z.B. in eine Synagoge zu gehen, oder zumindest damit aufgewachsen zu sein, liberal zu wählen, hoch

---

Harman 1988, Kap. IV »The Language of Membership«, der die Selbstbeschreibung des Fremden und der ethnischen Gruppe analysiert. Allerdings ist sein Sprachgebrauch etwas verwirrend, indem er die Verschiebung zu mehr »Reflexivität« mit der Veränderung von »reflexivity« zu »reflectivity« beschreibt.

23   Zur extensiven Diskussion, wie Ethnizität zu definieren sei oder nicht vgl. z.B. Heckmann 1987. Zu einer möglichen definitorischen Verbindung zum Nationenbegriff vgl. Estel 1994 bzw. 2.3 Fußnote 38.

gebildet zu sein und sich um den Staat Israel zu sorgen. Jede Gruppe von Mensch hat jedoch irgendeine Art von Kultur. Nur zu zeigen, daß eine Gruppe eine besondere Kultur oder Subkultur hat, und daß diese sinnhaft für sie ist, reduziert das Verständnis von Ethnizität.

Der Einwand, ethnische Gruppe würde einfach den Begriff Rasse ersetzen, mag zwar im politischen Diskurs zum Teil seine Berechtigung haben, innerhalb der Wissenschaft spricht es aber vor allem für eine Konfusion völlig unterschiedlicher sozialer Phänomene. Während Rasse die Selbst-, meist jedoch die Fremdzuschreibung aufgrund eines körperlichen Merkmals bedeutet, ist Ethnizität die kulturelle Schöpfung einer Gruppe – egal ob Mehrheit oder Minderheit. D.h. nicht, daß es nicht viele Fälle geben mag, in denen ethnische Gruppe und Rasse weitgehend deckungsgleich sind (etwa im Fall der Schwarzen in den USA). Dies liegt jedoch darin begründet, daß rassistische Vorstellungen meist zu Grenzziehungen und Marginalisierungen führen, die zu einem Ethnisierungsprozeß beitragen. Oder wie Floya Anthias (1992) schreibt:

„A common experience of racism may act to »ethnicize« diverse cultures, as in the case of the »Black« category in Britain." (nach Cashmore 1994, S. 103)

Ethnizität ist also weder das gleiche wie Kultur, noch läßt sie sich auf etwas wie »Rasse« reduzieren. Welche Prozesse bei der Entstehung typisch ethnischer Selbstdefinitionen ablaufen, soll im folgenden am Beispiel von Minderheiten dargestellt werden.

2.2.3 Zur Entstehung »reflexiver Ethnizität« in der Gastgesellschaft[24]

Reflexive Ethnisierung ist eine Erfahrung, die aus dem Zusammenspiel zweier Prozesse herrührt. Der innere Prozeß besteht aus dem Einzelnen und seiner Mitgliedschaft in einer Gruppe, der äußere Prozeß aus der Beziehung des inneren Prozesses zu einem weiteren sozio-ökonomischen Kontext, sowie zu strukturellen und ideologischen Einschränkungen und Möglichkeiten. Beide Prozesse haben dabei stark selbstbewußte und selbstbeschreibende Elemente. Mit dem Begriff »reflexiver Ethnizität« soll dieser Aspekt besonders betont werden.

Wenden wir uns zuerst dem Individuum und seinen Beziehungen zu sozialen Kreisen zu, die als ethnische Gruppen bezeichnet werden könnten. Die drei Erfahrungsbereiche, die reflexive Ethnisierung auf dem inneren Level konstituieren, sind erstens eine bestimmte Form von Bewußtsein, zweitens Gruppenverhalten und drittens Symbolisierungen. Alle drei Bereiche bedingen und verstärken sich gegenseitig. Immer ist es jedoch das Bewußtsein, das

---

24 Diese Darstellung folgt in weiten Teilen Patterson 1983, der jedoch nicht von »reflexiver Ethnisierung«, sondern allgemein von Ethnizität spricht.

reflexive Ethnisierung produziert. „Ethnicity is, quintessentially, a way of being." (Patterson 1983, S. 32)

Reflexive Ethnisierung beginnt mit dem Bewußtsein einer Bedrohung oder wirklichen Krise, und mit einem Bedürfnis, das diese Krise sowohl stimuliert als auch auflöst. Die Krise ist die Angst im Exil, die Angst der Ausgrenzung, Isolation, des Abgeschnitten-Seins. Das Bedürfnis, das diese Angst generiert ist, dazuzugehören, intim mit einer Gruppe von Menschen vertraut zu sein und sich dieser Gruppe und der Beziehung zu ihr unentfremdbar zu verpflichten. Dies ist eine allgemeine Erfahrung jedes Menschen, und wie immer sie auch verarbeitet wird, stets folgt daraus eine Art der Bindung oder Verpflichtung.

Reflexive Ethnisierung ist sowohl besonders in der Art, wie sich die Krise darstellt als auch bezüglich der Lösung dieser Krise. Ethnisch stellt sich die Krise als eine geteilte Erfahrung mit einer besonderen Gruppe von Menschen dar, Entfremdung wird nicht als individuell, sondern als kollektiv empfunden. Damit ist die besondere Lösungsform evident: wir teilen die Krise, wir lösen sie gemeinsam.

Die Lösung wird gesucht durch Deklaration der Gruppenzugehörigkeit gegenüber mir, meiner Gruppe und vor allem den nicht zur Gruppe Gehörenden. Die wichtigsten Adressaten sind immer die, die für die Bedrohung verantwortlich gemacht werden können: die weiße Rasse, die Unterdrücker, eine Klasse, eine Kultur. Dieser Deklaration von Gemeinsamkeit muß im Extremfall über die – zumindest vorgestellte – gemeinsame Krise hinaus keinerlei sozio-kulturelle oder sonst feststellbare Gemeinsamkeit zugrunde liegen.[25]

Die Deklaration wird verstärkt durch eine starke Bindung bzw. Verpflichtung; auch wenn sie nicht die wichtigste für einen Menschen sein mag, so wird sie doch als unentäußerbar empfunden. Charakteristischerweise beansprucht sie auch, wie religiöse Bindungen, das Handeln jedes Einzelnen in jedem gesellschaftlichen Bereich zu beeinflussen. Darüber hinaus soll diese Verbindung im täglichen Leben auch ausgedrückt werden, wie z.B. durch Sprache, Kleidung etc.

Ein paradoxes Element ist das der Wahl: das Bekennen ethnischer Zugehörigkeit ist immer auch ein aktiver Akt, dieses aktive Sichzuwenden produziert auch die Tiefe der Verpflichtung, gleichzeitig ist der Betroffene davon überzeugt, keine andere Wahl zu haben (dies ist der gleiche paradoxe Bindungsmechanismus wie bei der Liebeswahl).

---

25 Allerdings werden im Normalfall vorhandene Gemeinsamkeiten, also ethnische Vorstellungen, nicht willkürlich aus dem luftleeren Raum produziert. Selbst im Fall der schwarzen Sklaven in den USA, wo durch gezieltes Trennen von Schwarzen aus gleichen Herkunftsgebieten bis hin zur systematischen Zerstörung von Familienstrukturen Herkunftsbindungen zerstört wurden, wird teilweise auf die letzten Spuren von ursprünglicher kultureller Gemeinsamkeit, etwa naturreligiöse Vorstellungen und den Islam zurückgegriffen.

Dieser als fast naturhaft empfundene Zwang ethnischer Selbstzuschreibung wird genauso »natürlich« als Fremdzuschreibung verwendet. Wer sich selbst ethnisiert, ethnisiert auch seine gesamte Welt. Das ethnische Weltbild bedingt den Glauben, daß jeder Mensch inhärent ethnisch ist, ob er es weiß oder nicht, oder ob er dies will, ist dabei irrelevant.

Ethnische Erfahrung ist gebunden an die Gruppe, zu der sich das Individuum zugehörig fühlt. Die Frequenz und Intensität der Teilnahme an Gruppenaktivitäten lassen dabei kaum Rückschlüsse auf die Stärke der ethnischen Bindung zu. Als ethnisch sollen nur Ereignisse, Gruppenaktivitäten oder Organisationen gelten, die explizit ethnisches Bewußtsein durch sozialen Verkehr stärken und dabei ethnische Symbole und Mythen verfestigen. Ethnische Ereignisse haben immer einen kultischen Zug, der gemeinsame Ritus stärkt die Gruppenidentität, verstärkt das Bewußtsein der eigenen Ethnizität und generiert ein Gefühl des Ausgewählt-Seins.

Die Gemeinsamkeit der ethnischen Gruppe wird symbolisiert im gemeinsamen Mythos. Ethnische Gruppen sind davon überzeugt, gemeinsame Vorfahren, eine gemeinsame Geschichte, ja eine gemeinsame Zukunft zu haben. Dieser Mythos ist es, der im ethnischen Ereignis ritualisiert wird. Hier zeigt sich am deutlichsten, daß reflexive Ethnisierungen eher religiösen Charakter haben, statt einfach aus sozialen Kreisen gleicher Lebensweise zu entstehen. Dieser Mythos findet für das ethnische Bewußtsein in praktisch allem Erdenklichen seinen Ausdruck, sein Symbol. Hierzu kann man einfach ein neues Symbol erfinden, man kann in irgendeiner Art geteilte Handlungsweisen zu ethnischen Merkmalen erklären oder – ganz besonders subtil – die innere Einstellung zu einer oder jeder Handlung zur ethnischen Besonderheit erklären.

Reflexive Ethnisierung hat immer einen gesellschaftlichen Kontext. In diesem Kontext werden von der ethnischen Gruppe andere Ethnien identifiziert. Diese ethnische »Gegengruppe« ist oft geradezu identitätsstiftend für eine ethnische Gruppe, etwa im Falle der amerikanischen Schwarzen, deren ethnisches Bewußtsein in großen Teilen entweder aus der Negierung von Mehrheitsvorstellungen oder aus der Übernahme und Umdeutung negativer Mehrheits-Stereotype (Black) besteht. Die Krise, deren Ausdruck ethnisches Bewußtsein ist, ist immer von den anderen produziert. Auch wenn für das ethnische Bewußtsein die inneren Prozesse den äußeren vorausgehen, ist es historisch und strukturell meist andersherum. So ist also die Analyse der äußeren Prozesse die eigentliche Analyse der Herkunft und der Arten von reflexiver Ethnisierung und ethnischen Bewegungen.

Eine krisenhafte mit anderen geteilte Situation der Entfremdung kann auf viele Arten entstehen, besonders leicht im Zusammenhang mit Migration. Daß erzwungene Migration eher zur Krise und Abgrenzung führt, ist offensichtlich, allerdings sind die Grenzen zwischen »erzwungen« und »freiwillig« mehr als fließend. Interne Migration in Staaten unterscheidet sich hier übrigens überhaupt nicht von externer Migration, so zeigen Untersuchungen, daß die Wanderungen von Schwarzen aus dem ländlichen Süden in den urbanen Norden der USA ähnlich krisenhaft und desintegrierend waren, wie die Verschleppung über den Atlantik.

Ein zweiter Anstoß zu ethnischen Reaktionen ist die Erfahrung und/oder der Glaube, von einer größeren sozialen Einheit ausgeschlossen zu werden. Diese kann beispielsweise durch einen verlorenen Krieg oder Bürgerkrieg ausgelöst werden oder einfach durch das Bewußtsein ökonomischer oder sozio-kultureller Verluste (etwa wie im Falle der Franco-Kanadier).

Aber auch generell das Gefühl des Verlustes, des Entwurzeltseins und der Machtlosigkeit, wie es für moderne Gesellschaften immer wieder beschrieben wird, kann ähnliche Folgen zeitigen. Entgegen der geradezu klassischen Hoffnung von Marx, daß dies zu revolutionären Vorgängen führt, scheint hier die Flucht in eine Ethnisierung viel näher zu liegen.

In der Arithmetik sozialer Beziehungen lassen sich wichtige Hinweise auf die Möglichkeiten und Erfolgsaussichten der Ethnisierung von Gruppen finden. Kleine Gruppen etwa mit hoher Kontaktfrequenz innerhalb der Gruppe können ein hohes Maß an Informationsaustausch und sozialer Kontrolle aufrechterhalten. Dies führt beim einzelnen zur Bedrohung durch Isolation, so daß es bestimmten Gruppentypen gelingt, die ursprüngliche Krise der Isolation als permanente Bedrohung aufrecht zu erhalten und einzelne damit zur Ethnisierung zu zwingen.

Die meisten Gesellschaften differieren stark hinsichtlich der sozioökonomischen Wahlmöglichkeiten, die sie bereitstellen, und den Möglichkeiten, Entfremdung zu reduzieren. In bezug auf diese Möglichkeiten ist es die Geschlossenheit der jeweiligen dominierenden Gesellschaft gegenüber einer Gruppe (Migranten, Unterprivilegierte usw.), die die Entstehung ethnischer Vergemeinschaftungen fördert oder verhindert. Genauso ist der Zeitpunkt der Ankunft bzw. des Erlebens der Krise wichtig für die Entstehungschancen ethnischer Gruppen.

Jede sich möglicherweise ethnisierende Gruppe hat soziale Ressourcen, die sie im Kampf mit der weiteren Gesellschaft einsetzen kann. Zu diesen Ressourcen gehören handwerkliche Fähigkeiten, Bildung, Erfahrungen mit dem Stadtleben, sprachliche Fähigkeiten, manchmal auch Einstellungen und Werte. Traditionelle Einstellungen und Werte, aber auch z.B. Arten der Kindererziehung gehören in diesen Bereich.

Reflexive Ethnisierung ist also ein kultureller Prozeß, der zur gruppenspezifischen Traditionsausformung bzw. -bildung führt. Dies heißt jedoch nicht, daß Gruppen mit starken kulturellen Bindung sich notwendigerweise ethnisieren müssen. So reagiert z.B. die Gruppe der Chinesen, die eine sehr starke kulturelle Tradition haben, in unterschiedlichen Staaten der Karibik in bestimmten Situationen mit ethnischen Vergesellschaftungen, in anderen jedoch nicht (Patterson 1976). Ähnliches gilt für Iren und Waliser, denen beide eine zumindest ähnlich starke Bindung an ihre keltische Tradition zu unterstellen ist: die ethnische Gruppe der Iren ist in der amerikanischen Öffentlichkeit präsent, während die Waliser praktisch verschwunden sind.

Es soll an dieser Stelle nicht behauptet werden, daß diese verschiedenen »Kulturen« nicht bestehen würden, ganz im Gegenteil, sie sind permanenter Teil gesellschaftlichen Lebens, ständig im Entstehen und Vergehen, aber das vorhandene »historische« Wissen über diese Kulturen ist nur von relativ geringer Bedeutung, wenn man die Eigenart und das Schicksal ethnischer Gruppen verstehen will. Hier ist es von erheblich größerer Bedeutung, den aktuellen Symbolhaushalt einer Gruppe zu analysieren.

Ein wichtiger Faktor in der Entstehung und Perpetuierung ethnischer Gruppen sind ihre politischen Führer. Ein gutes Beispiel geben hier wieder die Schwarzen Amerikas. Hier stellt sich die Frage, warum es erst so spät zu einer effektiven sozialen Mobilisierung unter ethnischen Vorzeichen kam. Betrachtet man die zwanziger Jahre, so waren hier die strukturellen Faktoren für eine Freiheitsbewegung eher besser als in den fünfziger und sechziger Jahren. Ein Grund für die Erfolglosigkeit lag darin, daß es den Schwarzen nicht gelang, im Anschluß an den charismatischen Führer Marcus Garvey diese Bewegung in Gang zu halten. Statt den eingeschlagenen Weg weiterzugehen, zögerte die bürgerliche schwarze Führung und entwickelte sogar selbst elitäre Theorien eines »talented tenth«.

Jede ethnische Strategie neigt dazu, von anderen Gruppen imitiert zu werden, nicht nur weil hier ein von der Gesamtgesellschaft akzeptierter Weg der Interessenformulierung gefunden wurde, sondern weil man vor allem durch die andere Gruppe seine Interessen gefährdet sieht, in einer Welt, die als Null-Summenspiel begriffen wird. Dieser Prozeß ist von immensem Risiko, wenn die dominierende Mehrheit sich auch stärker zu ethnisieren beginnt.

„My considered opinion, for what it is worth, is that an ethnic strategy on the part of these minorities would run too many risks to be justified. Guestworkers who face the crisis of alienation, who experience a profound need for reconciliation and desalienation must either resolve the crisis in non-ethnic ways (through God, existential commitment, art, good works, hedonism, love, and if all else fails, just learn to live with angst like the rest of us) and work with universalist institutions in the host society for a more just world, or else pack their bags and return home." (Patterson 1983, S. 43)

So rational diese Einschätzung ethnischer Identität anmutet, so besitzt sie gerade im Lichte der – auch von Patterson – beschriebenen Prozesse wenig Aussicht auf Realisierung. Denn die simple Einsicht in die soziale Konstruiertheit eines Phänomens bedeutet noch lange nicht den Nachweis seiner Fragilität.

„History, language and race are all possible bases for cultural identity and they are all socially constructed realities. This does not make them false or ideological if we recognize the degree to which all identity is constructed. Identity is only false for those who have none or feel alienated enough from any particular identity that they could never dream of participating in such quasi-religious mystification. But, from being extremely modern and cynical with respect to ethnicity, very many people have returned to ethnic roots with vengeance. It is as absurd as it is dangerous to deny the authenticity of cultural identity as a powerful existential phenomenon." (Friedman 1994, S. 238)

Die Analyse gerade des subjektiven Aspekts ethnischer Identität hat gezeigt, daß sich auf dieser Ebene reflexive Ethnisierung dem rationalen Diskurs entzieht. Sie ist ein mehr oder weniger spontanes Zusammenfließen von Gefühlen und Bindungen, die dazu neigen, sich immer weiter zu verfestigen. Dieses Spannungsverhältnis zwischen sozialer Konstruktion und subjektiver Unausweichlichkeit findet sich auch in den Analysen des Nationalstaates.

2.3 Staatsbürgerschaft, Nation und Weltgesellschaft[26]

Staatsbürgerschaft relationiert den Einzelnen zum politischen System im Nationalstaat. Sie hat sich in den letzten Jahren zu einem der meist verwendeten Begriffe zur Beschreibung der Inklusion von Immigranten in moderne nationalstaatlich verfaßte Gesellschaften entwickelt (vgl. Steenbergen 1994a).[27] In gleicher Weise inkludiert aber Staatsbürgerschaft auch die Mehrheit der nicht eingewanderten Bewohner auf dem Territorium eines Staates.

T.H. Marshall hat am Beispiel Großbritanniens gezeigt, daß die Entwicklung des modernen Wohlfahrtsstaates eng verbunden ist mit der Erweiterung von Staatsbürgerrechten[28] auf die Mitglieder der politischen Gemeinschaft und die damit verbundene relative Abnahme der Bedeutung von Klassen-, Rasse- oder Geschlechtszugehörigkeit. Sie hat sich in einem komplexen Prozeß entwickelt, beginnend mit der Vergabe von zivilen (»civil«) Rechten im achtzehnten Jahrhundert und weiter mit der Vergabe von politischen Rechten im neunzehnten Jahrhundert. Mit der Entwicklung des modernen Wohlfahrtsstaates im zwanzigsten Jahrhundert wurde eine weitere Dimension hinzugefügt, die Marshall »social rights« (Marshall 1992, S. 73) genannt hat.

Marshalls Arbeiten wurden gerade in letzter Zeit immer wieder mit Kritik bedacht, wobei jedoch die meisten Kritiken auch als schlichte Erweiterung des eigentlichen Konzepts gesehen werden können (vgl. Bös/Wenzel 1996). Es wurden grob zwei Richtungen der Kritik entwickelt: Einerseits

---

26 Hier wird nur auf einige wenige für die Arbeit wichtige Argumente der theoretischen Konzepte zur Staatsbürgerschaft und zum Nationalstaat eingegangen. Auf die kaum überschaubare Literatur zur Nationalstaatenbildung, allerdings meist außerhalb der Soziologie, wie auch auf die wenigen substantiellen Arbeiten zu einer Theorie der Staatsbürgerschaft, meist im politologischen Kontext entwickelt, wird teilweise in Kapitel II.2 verwiesen.

27 Zu der ständig zunehmenden Literatur zum Konzept Staatsbürgerschaft siehe zusammenfassend Wiener 1996, Kymlicka/Norman 1994.

28 Zu einer werkimmanenten Interpretation siehe Rieger 1992 in Marshall 1992. Hier sind auch einige Anmerkungen zum Problem der Übersetzung von citizenship mit dem Begriff Staatsbürgerschaft zu finden.

wird immer wieder bemerkt, daß es auch noch andere Formen der Staatsbürgerschaft als die zivile, politische und soziale gäbe, und diese sogar an Bedeutung gewönnen. Alternative Konzepte beziehen sich hier auf Ideen wie »cultural citizenship« (Turner 1994), »europäische Staatsbürgerschaft« (Habermas 1992), »ecological citizenship« (Steenbergen 1994b), »global citizenship« (Falk 1994, Turner 1993), und nicht zuletzt auch »economic citizenship«. Andererseits wird darauf hingewiesen, daß die Staatsbürgerschaftspraxis (vgl. Wiener 1996) sehr stark durch »klassische« Dimensionen sozialer Ungleichheit beeinflußt wird (etwa Geschlecht, Rasse, Eigentum, Bildung etc.). Marshall wird unterstellt, ein zu idealistisches Bild von Staatsbürgerschaft zu zeichnen, da er diese de facto und de iure bestehenden Differenzierungen nicht beachte (Young 1990, Fraser/Gordon 1994).

Staatsbürgerschaft ist genauso wie Nationalität ein hoch abstraktes mentales Konstrukt, allerdings mit hoher realitätsprägender Kraft (vgl. Anderson 1988). Das Staatsbürgerrecht selbst, als Ausdruck und Verstärkung kollektiver Selbstdefinitionen und Abgrenzungen, zeigt im Laufe seiner Entstehungsgeschichte einen Trend weg von den erworbenen Eigenschaften des Wohnortprinzips hin zu den zugeschriebenen Eigenschaften der Blutsverwandtschaft und den nur schwer zu erwerbenden des gemeinsamen Lebensstils (vgl. Kap II.2). Es könnte vermutet werden, der im Recht dem Staatsvolk zugeschriebene gemeinsame Lebensstil und vor allem die Blutsverwandtschaft seien gleichsam Modifikation der sich u.U. auf diese Kriterien gründenden Stammeszugehörigkeit. Dies ist hinsichtlich der Interpretation der Stammesverwandtschaft als tatsächliche Blutsverwandtschaft höchst problematisch und mehr eine kaum lösbare Forschungsfrage als eine in irgendeiner Weise gesicherte Tatsache (vgl. Wiessner 1989); völlig falsch ist es jedoch, dies als mittelalterliches Rechtsverhältniss zu interpretieren. Nach dem Untergang des römischen Reiches wurde aus dem Bürger der Untertan, der zu Beginn mittelbar über den Lehnsherrn dem König als Eigentum gehörte, dies wurde dann später kodifiziert als persönliches Treueverhältnis.

„Weil Mitgliedschaftsrechte praktisch nicht existierten, wurde die Kategorie der Mitgliedschaft selbst mit der des Wohnsitzes gleichgestellt, und es gab kein Bedürfnis für eine Regelung dieses Status durch Gesetz." (Wiessner 1989, S. 102)

In den wenigen soziologischen Arbeiten über Staatsbürgerschaft wurden deren Funktionen – wenn überhaupt – sehr allgemein unter den Aspekten der Produktion von Solidarität nach innen und der Abgrenzung nach außen behandelt.[29] Die Abgrenzungsfunktion der Staatsbürgerschaft ist die vernach-

---

29 vgl. Marshall 1992, Bendix 1977; zur immanenten Kritik von auf Marshall basierenden Staatsbürgerschaftskonzepten s. Barbalet 1988; zur Dimension der Solidarität vgl. Parsons in der Interpretation von Alexander 1984, S. 96-101; zu den Defiziten der Konzepte von Staatsbürgerschaft aus politologischer Sicht und einen ersten Gegenentwurf vergleiche auch R.W. Brubaker 1990.

lässigte Gegenseite eines Modernisierungsprozesses, der als eine Abfolge der Erweiterungen von Grundrechten nach innen verstanden werden kann (Zapf 1992). Ist bei der Staatsbürgerschaft die Erweiterung auf mehrere Personengruppen nach innen und eine Ausweitung spezifischer anknüpfender Rechte zu beobachten, so steht dieser inneren Homogenisierung und Entdifferenzierung eine zunehmende Rigidität nach außen entgegen. Nur in der Engführung auf nationalstaatsinterne Prozesse konnte es zu so abstrusen Prophezeiungen wie dem »death of citizenship« (Wexler 1990) kommen. Gerade die scharfen Kontroversen um Migrationsprobleme sowie die Emotionalisierung des Verhältnisses zu »Nicht-Mitbürgern« – die Ausländer in Deutschland rechtlich nun einmal sind – zeigt, wie relevant, aber auch brisant die Definition von Mitgliedschaft für einen Staat und dessen Gesellschaft ist.

Auf welche spezifischen Probleme Nationalstaaten bei der Fassung der Staatsbürgerschaft reagieren, wird in der soziologischen Literatur kaum thematisiert. Als eine mögliche Antwort können hier Globalisierungsprozesse gesehen werden (vgl. Abschnitt I.1.1.3). Die Bildung von Nationalstaaten kann als institutionelle Antwort auf die Forderung nach der Verwirklichung universaler Menschenrechte interpretiert werden. Nur der Nationalstaat erlaubt einerseits, beim Festhalten an der allgemeinen Wertorientierung, den jeweils regionalen Bedingungen Genüge zu leisten, und andererseits eine Risikobeschränkung für das gesamte Projekt der Moderne, trotz des Scheiterns einzelner Nationalstaaten, zu gewährleisten.[30] In dieser Zerlegung des Problems der Institutionalisierung universaler Rechte ist es dann gelungen, innerhalb von Nationalstaaten – aber eben nur dort – askriptive und partikulare Zuschreibungen abzubauen und Bindungen zum »Nationalstaat« zu generieren. Die Differenzierung in Nationalstaaten zieht somit eine Ebene segmentärer Differenzierung nach askriptiven und partikularen Merkmalen zwischen Individuum und Weltgesellschaft ein (zu Überlegungen, welche Veränderungen sich im Lauf der Moderne hier ergeben haben vgl. Stichweh 1992). Dies widerspricht zwar teilweise der Forderung beispielsweise nach universalen Menschenrechten, ermöglicht damit aber erst ihre Einführung zumindest in einigen Teilen der Welt (hierzu ausführlicher in Kapitel II.2 und III).

Nach innen dient die Staatsbürgerschaft zur Inklusion von Personen und zur Solidaritätsbildung (vgl. Nassehi 1990, siehe hierzu auch Kapitel II.2.4.2).[31] Diese Solidarität ist zwar äußerst flexibel, aber nicht an beliebige Kriterien anknüpfbar. Smith belegt dies für den Fall Frankreich:

---

30 Erklärungsversuche dieser Art fügen ein weiteres Bündel von Ursachenhinweisen in Erklärungsmodelle der Entstehung von Nationalstaaten ein, die sich bisher eher auf ökonomische und machtpolitische Faktoren beschränken (zu den klassischen Modellen vgl. zusammenfassend Tilly 1990a).

31 „The concept of solidarity refers to the subjective feelings of integration that individuals experience for members of their social group." (Alexander 1980, S. 6) Solidarität unterscheidet sich einerseits von den rein selbstgesteuerten Erscheinungen wie Politik und Wirtschaft, ist aber andererseits auch nicht so abstrakt wie kulturelle Wertstrukturen. Zur

„In other words, the newly arrived, though formal citizens, could never be part of the *pays réel*, of the solidary community of residents by birth; ... so the first Revolutionary impulse in France to grant citizenship on the basis of an ideological affinity (as exemplified by the case of Tom Paine) later gave way to a growing sense of historical, even genealogical, community, based on long residence and ethnic ancestry." (Smith 1993, S. 136)

Es ist sicherlich richtig, die Staatsbürgerschaft als rechtliche Resonanz auf die Probleme der Gesamtgesellschaft zu sehen. Daß diese Probleme in der Abgrenzung nach außen und in der Solidaritätsbildung nach innen liegen, mag ebenso richtig sein, ist jedoch so allgemein, daß dies für alle sozialen Gebilde gilt und kann somit bestenfalls als Ausgangspunkt für eine spezifische Theorie der Staatsbürgerschaft gesehen werden.

Aber nicht nur Arbeiten zu Staatsbürgerschaft sondern auch Arbeiten zu Nationen selbst und deren Rolle in der Weltgesellschaft sind seltener in der Soziologie, als der unbedarfte Beobachter wohl erwartet hätte. Nach einigen wichtigen Arbeiten zum Nationalstaat innerhalb der Modernisierungstheorie Anfang der sechziger Jahre (vgl. hierzu z.B. die Werke von Karl W. Deutsch oder Daniel Lerner), wurde mit der Kritik strukturell-funktionalistischer Konzeptionen zu Beginn der siebziger Jahre auch die Forschung über Nationalstaaten aus der Soziologie verdrängt (eine interessante Ausnahme ist Talcott Parsons 1985). Viele der Konzeptionen lebten jedoch, meist von Politologen vertreten, in der »nation-building«-Forschung weiter.[32] Auch die eher an marxistischen Argumentationsfiguren anschließende Dependenz- und Weltsystemtheorie konnten den Nationalstaat nicht völlig übersehen.[33] In der »main-stream« Soziologie kehrte eine gewisse Stille zu diesen Themen bis etwa Mitte der achtziger Jahre ein.[34] Ganz gewiß gab es in dieser Zeit einsame Rufer in der Wüste, für Deutschland sei hier Rainer Lepsius genannt, für den angelsächsischen Sprachraum Anthony D. Smith. Spätestens seit dem Ende der achtziger Jahre kann wieder von einer explosionsartigen Zunahme der Literatur zu diesem Thema gesprochen werden, wobei jedoch der Hauptteil, eher bemüht ideologiekritisch, einer geringen Anzahl von mehr an sozialen Wandlungsprozessen interessierten Literatur gegenübersteht (vgl. hierzu etwa die Arbeiten von Bernhard Giesen oder Bernd Estel).

Rolle der theoretischen Dimension »Solidarität« in der Analyse moderner Gesellschaften vgl. Hondrich/Koch-Arzberger 1992.

32 Vgl. hierzu die Arbeiten von Stein Rokkan, in jüngerer Zeit auch Charles Tilly 1990a.

33 Wobei beide Theorietraditionen, zumindest in ihrer Frühphase, nicht gerade elaborierte Konzepte für nationalstaatliche Entwicklungsprozesse bereitstellten: war für die Weltsystemtheorie der Nationalstaat einfach nur die notwendige Binnenstrukturierung eines sich durchkapitalisierenden Weltsystems, so neigten Dependenztheoretiker eher dazu, ihn als Machtinstrument westlicher Wirtschaftseliten zu stilisieren.

34 So zeigt z.B. ein kurzer Blick in die beiden die deutsche, soziologische Theoriediskussion der achtziger Jahre beherrschenden Werke von Luhmann und Habermas, daß Nationalstaaten in der Welt der Soziologie keinen Platz mehr hatten.

Ein Teil der eben genannten Forschungstradition thematisiert auch globale Sichtweisen. Im engeren Sinne wurden diese Ideen auch Anfang der sechziger Jahre hauptsächlich unter kommunikationstheoretischen Gesichtspunkten beschrieben (vgl. z.B. Marshall McLuhans »global village«). Neben diesem durchgehenden Forschungsstrang, hauptsächlich über die zunehmende mediale Vernetzung der Welt, waren es vor allem naturwissenschaftliche Modelle wie die des Club of Rome, die einen Interpretationsbedarf hinsichtlich »globaler Probleme« an die Soziologie anmeldeten.[35] Einziger Theoretiker, der sich systematisch immer wieder auf globale Aspekte unter dem Begriff der Weltgesellschaft bezieht, ist Luhmann, der dieses Konzept als tragenden Bezugspunkt in seine Theoriearchitektur eingebaut hat (vgl. Luhmann 1985, besonders Kap. 10.VII).

Forschungen über Nationalstaaten und Weltgesellschaft können also auf einen gewissen Fundus an Literatur zurückgreifen. Theoriegeschichtlich von Interesse ist hier, daß sowohl das Paradigma des sozialen Wandels in seiner Anwendung auf makro-soziale Einheiten wie auch die Beschäftigung mit askriptiven Merkmalen[36] sich in den letzten zwanzig Jahren einer gewissen Unbeliebtheit erfreuen. Diese Schräglage wird meist damit erklärt, daß die Entwicklung von Nationen als Form segmentärer Differenzierung sowie die weiterhin hohe Relevanz von askriptiven und partikularen Handlungsorientierungen, nicht oder nur teilweise mit der Theoriearchitektur der gesamten klassischen Modernisierungs- und Differenzierungstheorie kompatibel sind.[37] Die Definition von Weltgesellschaft „als jenem emergenten Sozialsystem, das weltweit alle denkbaren Kommunikationen zur Einheit eines und nur eines Systems zusammenführt" (Stichweh 1994b) ist relativ unproblematisch.

„Nur die Weltgesellschaft ist heute noch in einem präzisen Sinn dieses Begriffs eine *Gesellschaft*, und sie *schließt* im übrigen als Weltgesellschaft *alle Ungleichheiten in sich ein*, die durch die soziokulturelle Evolution und das Operieren der Funktionssysteme hervorgebracht worden sind." (Stichweh 1994b, S. 86)

Auf den Begriff des Nationalstaates soll im folgenden kurz eingegangen werden. An dieser Stelle soll nicht die inzwischen extensive Diskussion um die Definition von Begriffen wie Ethnie, Volk oder Nation wiederholt werden.[38] Unumgänglich ist es jedoch, kurz einige Worte zu den Grundauffas-

---

35 Als leicht verspätete Antwort hierauf können wohl die Arbeiten Becks gesehen werden.

36 Dies gilt gewiß nicht für die genau in dieser Zeit erblühende feministische Forschung.

37 Vgl. z.B. Nassehi 1990, Jeffrey C. Alexander 1980, zusammenfassend Friedrich Heckmann 1992.

38 Einschlägige jüngere Literatur zu diesem Thema sind etwa Heckmann 1992 oder Estel 1994. Auf Weber aufbauend gibt Estel (1994, S. 18) für ein Volk sechs Kriterien an: „Ein *Volk* ist, ..., eine ethnische Gruppe, die 1. nach der Zahl ihrer Angehörigen groß genug ist, um eine eigene, arbeitsteilige Gesellschaft auch modernen Zuschnitts zu bilden, die 2. über ein (Kern)Gebiet und mithin eine *gewisse* sozio-ökonomische und, im Regelfall, politische Selbständigkeit nach außen verfügt, die 3. ein Minimum an interner, über bloße Verwandtschaftszusammenhänge hinausgehender sozialer Differenzierung insbesondere

sungen des Begriffs Nation zu verlieren (Estel 1994, S. 20 ff.). Im angelsächsischen Raum dominierend war und ist dabei die Gleichsetzung der Nation mit dem Staat bzw. dem Staatsvolk. Für Mittel- und Osteuropa, ebenso wie für Frankreich und Italien gilt jedoch, daß die Nation – sei es nun durch historisches Schicksal oder den freien Willen aller Beteiligten – gewissermaßen als vor, und wenn notwendig, auch gegen den Staat bestehend gedacht wird. Besonders deutlich wird dies in den Ideen der Aufklärung, etwa Rousseau, in der die Nation gleichsam ein Verein zum wechselseitigen Nutzen ist, deren Willen in einem spezifischen Staat erst zum Ausdruck kommt. Zwischen den Ländern Mittel- und Osteuropas sowie Frankreich besteht insofern zumindest ein gradueller Unterschied, als daß in Frankreich die Nation eher subjektivistisch, d.h. auf den Zugehörigkeitswillen des einzelnen aufbaut. In Mittel- und Osteuropa herrschen eher objektivistische Definitionskriterien vor: Nation bestimmt sich über einen Nationalcharakter, der meist durch angebbare Faktoren bestimmt gedacht wird (Klima, gemeinsame Geschichte, »Rasse«, Herrschafts- oder Rechtsgemeinschaft). In den aktuellen Definitionen gibt es zum einen, vor allem in der »nation-building«-Forschung, noch den Begriff der Staatsnation, der jedoch immer weiter ausgefeilt wird. Zum anderen gibt es Forscher (z.B. Seton-Watson 1977), die die Schwierigkeit bzw. Unmöglichkeit der Definition des Nationenbegriffs betonen, bzw. auf den bloß fiktiven Charakter der Nation verweisen, wenn sie zu sehr vom Staatsbegriff gelöst wird.[39] Die meisten Bestimmungsversuche zum Nationenbegriff versuchen jedoch heute, ein Bündel von objektiven und subjektiven Kriterien zusammenzutragen, die eine Nation ausmachen. Subjektiv wird manchmal auch auf ein eher unpolitisches Zusammengehörigkeitsgefühl rekurriert. Es überwiegen jedoch Versuche, den politischen Willen kollektiver Selbstbestimmung hier zum zentralen Moment zu machen. Als weitere Ausdifferenzierung dieser Analysemodelle kann der Versuch von Smith gesehen werden, territoriale und ethnische Nationen zu definieren.

Smith (1993, S. 134 ff.) unterscheidet Staaten, die ihre Bürger in einem Homogenisierungsprozeß erst zum Nationalstaat machten, und umgekehrt

---

politisch-rechtlicher Art kennt, die 4. eine kontinuierliche Zeugungsgemeinschaft und 5. eine relative Kulturgemeinschaft bildet, und die 6. ein die Gesamtgruppe umfassendes Bewußtsein der eigenen, eben ethnischen Identität zumindest bei ihren Macht- und Kultureliten kennt." Estel weist weiter darauf hin, daß für eine moderne Nation auch die Kriterien 1 bis 3 gelten, hier aufgrund des überethnischen Charakters von Nationen jedoch die Kriterien 4 und 5 zurücktreten, dafür aber das unter Punkt 6 erwähnte Wir-Bewußtsein mit stark egalitären Zügen an Bedeutung gewinnt.

39 Aufgrund immer wieder vorgetragener Mißverständnisse sei darauf hingewiesen, daß Benedict Anderson (1988) nicht in diese Gruppe gehört, seine berühmte »imagined community« bezieht sich lediglich auf das strukturelle Moment, daß sich die Angehörigen einer Nation notwendigerweise im Normalfall fremd bleiben müssen. Auch Gellner kann nur in seinen frühen Werken diesem Standpunkt zugerechnet werden und ist inzwischen in den sich herausschälenden »main-stream« von Nationsbestimmungen eingeschwenkt (vgl. Estel 1994, S. 25).

Staaten, bei denen die Existenz einer Nation erst postuliert und dann politisch umgesetzt wurde. Smith spricht von »territorialen Nationen« (Großbritannien, Frankreich, Spanien), wenn ein auf einer zentralen Ethnie beruhender Staat beginnt, andere Ethnien auf seinem Gebiet zu inkorporieren oder zu unterdrücken. Es entstehen Gesetze, Bürgerschaft und auch eine gemeinsame Kultur. Auf der anderen Seite stehen ethnische Nationen (Deutschland, Polen, auch Bulgarien oder Türkei): indem sich diese Staaten erstarkenden Territorialnationen gegenübersehen, beginnen sie oft in einer Situation politischer Zersplitterung oder Instabilität, ihr Mobilisierungspotential aus tatsächlichen oder vorgestellten pränationalen Konzepten zu entwickeln. Diese Unterscheidung wird dann fruchtbar, wenn man die etwas willkürliche Einteilung der einzelnen Staaten ignoriert und beide Konzepte als Idealtypen verwendet, die in verschiedenen Mischungsverhältnissen in einzelnen Ländern auftreten.

In der Verknüpfung von kulturellen Mustern und Herrschaft werden demnach auch territoriale und ethnische Elemente verwendet (vgl. Kapitel II.2). Diese Elemente spiegeln sich auch in der Definition von Staatsbürgerschaft wider, die die personale Beziehung eines einzelnen zum Nationalstaat beschreibt. Der Nationalstaat ist zentrales Strukturelement der Weltgesellschaft, die auch Migrationssysteme umfaßt.

2.4 Migrationssysteme und soziale Grenzen

Migrationssysteme interagieren mit verschiedenen Grenzstrukturen, unter denen Nationalstaaten und ethnische Gruppen die prominentesten sind. Bevor darangegangen werden soll, empirische Fragen zum Verhältnis von Globalisierung und Migration zu stellen, sollen im folgenden zunächst noch in Kürze die Ergebnisse der Überlegungen dieses Kapitels rekapituliert werden.

2.4.1 Migrationstheorien, reflexive Ethnisierung und Nationalstaat

Seit dem Entstehen der Migrationssoziologie im engeren Sinne mit der Chicagoer Schule werden Wanderungsbewegungen als konflikhaft beschrieben. Meist werden relativ stabile ethnische Gruppen im Gastland konstatiert, die Stabilität kommt jedoch durch ein dynamisches Gleichgewicht zustande: erfolgreiche vor längerer Zeit Eingewanderte steigen ökonomisch auf und integrieren sich auch kulturell in die Mehrheit, während neue Einwanderer ihren Platz in der ethnischen Enklave einnehmen. Beim Versiegen der Einwanderung kommt es so auf längere Sicht zum Verschwinden der ethnischen Gruppe.

Schon früh wurde darauf hingewiesen, daß weder der ökonomische Aufstieg, noch die kulturelle Integration ein zwangsläufiger Mechanismus ist. Migranten, die inzwischen die Mehrheitskultur übernommen haben, können über Generationen in ökonomisch marginalisierten Verhältnissen leben, ökonomisch erfolgreiche Migranten ihre Lebensweise beibehalten.

Theorien, die das Ausfüllen von sozial-strukturellen Nischen (etwa Unter- oder Überschichtungskonzepte) im Gastland betonen, scheinen eher strukturkonservativ zu sein, während Konzepte über die Innen-/ Außenorientierung von Migrantengruppen auf die Einführung neuer Verhaltensmuster hinweisen.[40] Dies trifft insbesondere dann zu, wenn die Statuslückentheorie als Spezialfall der Konkurrenzvermeidung von Fremden angesehen wird, die sich keine Konkurrenz mit Einheimischen leisten können und deshalb neue Berufsnischen einführen müssen (vgl. Stichweh 1992). Wenn auch in einzelnen Theorierichtungen eine gewisse Einseitigkeit konstatiert werden kann, so läßt sich für die Migrationssoziologie insgesamt feststellen, daß sowohl der dynamisierende – also sozialen Wandel verstärkende – wie auch der Struktur erhaltende – also sozialen Wandel verhindernde – Charakter von Migration thematisiert wird.

Theorien internationaler Migration beschreiben Differenzen zwischen Regionen zur Erklärung von Migrationsströmen. Makrosoziologisch werden ökonomische und politische Machtdifferenzen thematisiert. Individualistische Theorien spiegeln diese Kriterien als individuelle Wanderungspräferenzen. Im weitesten Sinne werden internationale Wanderungsbewegungen mit push und pull-Theorien erklärt. Oft erklären Theorien Wanderungsströme über Wanderungspräferenzen des Einzelnen und haben damit einen Hang zu eher individualistischen Erklärungen.

Das Konzept der Migrationssysteme ermöglicht es, Migration auf globaler, regionaler und nationalstaatlicher Ebene mit politischen, wirtschaftlichen und sozialen Prozessen zu parallelisieren. Damit können historische Singularitäten und Gemeinsamkeiten von Migrationsströmen, Staaten und Regionen herausgearbeitet werden.

Ein Migrationssystem ist gekennzeichnet durch: (1) Interagierende Nationalstaaten und deren Migrationsbewegungen; (2) dabei müssen die Migrationsströme stabil ausgeprägt sein (hierzu zählen auch Kurzzeitwanderer wie Saisonarbeiter, Wanderarbeiter, aber auch Touristen);[41] (3) die Staaten eines Migrationssystems sind charakterisierbar durch ähnliche Muster in den Migrationsströmen, einen vergleichbaren Entwicklungstand und kulturelle Affinität; (4) Einwanderungsländer zeigen auch Ähnlichkeiten in der Migrationspolitik und sind gekoppelt durch starke ökonomische und politische Strukturen; (5) Entsendeländer sollten zwar auch ähnliche Migrationspolitiken aufweisen; politische und ökonomische Verbindungen unter ihnen sind

---

40 Eine einflußreiche Ausnahme von diesem Muster, ist der »Sombartsche« Migrant, der gerade durch seine individuell-erfolgreiche Einnischung in das Wirtschaftssystem auch kulturell »modernisierend« wirkt.

41 In diesem Punkt weicht die in dieser Arbeit gewählte Charakterisierung von der oben beschriebenen Definition von Zlotnik 1992 ab.

aber oft schwächer, diese Verbindungen bestehen eher mit Einwanderungsländern und haben oft einen Abhängigkeitscharakter.

Graphik 3: Struktur eines Migrationssystems

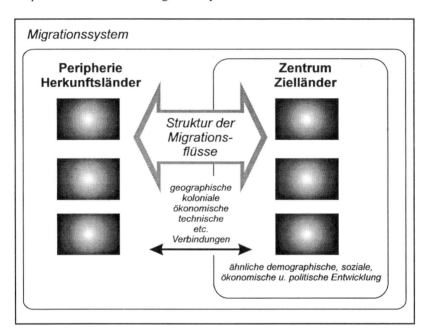

Ein zentrales Moment der Strukturierung von Migrationsströmen sind private Netzwerke. Migration ist ein kollektives Phänomen bzw. eine kollektive Leistung, genauso wie die verschiedenen Assimilationsleistungen, die erbracht werden müssen. Solche Netzwerkstrukturen sind auf Haushalts-, Verwandtschafts- und Dorfebene zu beobachten. Viele Ökonomen verwenden die Maximierung des lebenslangen Haushaltseinkommen als einen wichtigen Wanderungsfaktor. Es bestehen typische Zyklen in Haushaltswanderungsströmen, die auch starken Einfluß auf Geldtransferströme haben.

Prinzipiell schließt sich eine Betrachtung in Migrationssystemen und individualistischen push und pull-Theorien nicht aus, entscheidend sind die Argumente, die eine Verbindung zwischen Mikro- und Makroebene herstellen: Es darf nicht einfach von der einen auf die andere Ebene geschlossen werden.

„At the individual level, most people move voluntarily for much the same reasons: they learn of opportunities to improve their standard of living elsewhere and, in the absence of restraints, they move. At a larger level, however, such movements always involve social groups and political entities. An understanding of migration therefore needs to look at the interface of micro- and macro-sociological processes, and in the process it must consider cultural and moral issues." (Patterson 1987, S. 227)

Von entscheidender Bedeutung bei der Analyse von Migrationsstrukturen ist es, einerseits die komplexe Struktur der Ströme und andererseits die Macht- und Legitimationsstrukturen von Zielländern ins Auge zu fassen.

Zur Beschreibung der Folgen von Migration, bzw. zur Verortung des Migranten in der Gastgesellschaft, sind auch die Konzepte des Fremden in der Soziologie wichtig. Grundlegend für die Soziologie des Fremden ist nach Simmel das Ineinander von Nähe und Ferne. Der Fremde besitzt meist eine typische Position z.B. als Händler. Er ist als konkreter Träger abstrakter Gemeinsamkeit (etwa des Menschseins) nicht nur befremdend, sondern hilft auch, diese abstrakten Gemeinsamkeiten zu erkennen. Dieses Konzept wird einerseits weiterentwickelt durch die Analyse der Positionsbestimmung des Fremden in einer Gesellschaft (Ausgrenzung, Hybridisierung, Assimilation); andererseits wird die Situation des Fremden als strukturell krisenhaft für seine Selbstdefinition beschrieben. Bei Mehrheit und Minderheit sind oft »Nützlichkeitserwägungen« maßgebend. Diese sind besonders radikal bei den Fremden, die somit gepaart mit einer gewissen Unpersönlichkeit gerade im wirtschaftlichen Umgang modernisierungsverstärkenden Charakter haben sollen. In modernen Gesellschaften werden Interaktionen immer funktionsspezifischer und damit unabhängiger von konkreten Orten. Persönliche und unpersönliche Beziehungen werden differenzierter und sind, ebenso wie bekannt/unbekannt, nicht mehr mit Einheimischer vs. Fremder kongruent.

Hauptkritikpunkt an der Soziologie des Fremden ist die Zeitgebundenheit, nicht nur im Sinne der Unzulänglichkeit der Analyse früherer Situationen für heute, sondern vor allen Dingen, weil sie die Dynamik der sozialen Position des Fremden selbst nicht erfaßt. Der Fremde ist nicht mehr ungewöhnlich, sondern praktisch überall gegenwärtig. Darüber hinaus hat sich seine soziale Position verändert: die früher in Gastfreundschaft und Armenhilfe vereinte »generalisierte« Reziprozität wurde ausdifferenziert in organisierte Sozialhilfe und Einwanderungspolitik. Das heißt jedoch nicht, daß nicht auch in modernen Gesellschaften prädisponierte Positionsmuster für Migranten vorhanden wären.

Eine der Möglichkeiten, die Selbst- und Fremdbeschreibung des Fremden neu zu bestimmen, ist Ethnizität. Sie ist nicht einfach »Rückbesinnung« oder überkommenes Relikt, sondern ein aktiver Prozeß kultureller Kreation. Dies vermutet auch Stichweh:

„Eine letzte Frage: Was besagt die Reaktivierung von Ethnizität und das Wieder ins Spiel bringen vergessener und unterdrückter kultureller Traditionen in dieser Perspektive? Ist dies nicht ein Versuch der Reinstauration des Fremden? Das bleibt zu prüfen – aber meine Vermutung wäre, daß es sich eher um eine Reaktion auf die subkutan wahrgenommene Verabschiedung des Fremden handelt und vielleicht um eine Angst vor dem Verlust von

Andersheit und als solche um einen Versuch, den neuen Leitbegriff der Differenz und damit eine Kultur der Differenz an die Stelle der verlorengegangenen Zentralität der sozialen Figur des Fremden zu setzen. Vorstellungen über (irreduzible) kulturelle Differenzen treten dann in Konkurrenz zum Erbe der Subjektphilosophie und zugleich zum universalistischen Begriff einer Menschheit, der sich in der Folge der Französischen Revolution angemeldet hat." (Stichweh 1992, S. 313)

Ethnizität bezieht sich auf die Ähnlichkeiten im Habitus, die – verbunden mit einem spezifischen Herkunftsmythos – eine Gemeinsamkeit der Interessenlage in der Gegenwart und in der Zukunft behaupten. Ethnizität ist ein kulturelles Phänomen aufgrund ihrer spezifischen Eigenschaften, aber nicht mit Kultur gleichzusetzen. Der »produzierte« Charakter von Ethnizität ist ein durchgängiger Topos in der soziologischen Forschung. Schon Weber weist darauf hin:

„Die ethnische Gemeinsamkeit (...) ist demgegenüber [der Sippe] nicht selbst Gemeinschaft, sondern nur ein die Vergemeinschaftung erleichterndes Moment. Sie kommt der allerverschiedensten, vor allem freilich erfahrungsgemäß: der politischen Vergemeinschaftung, fördernd entgegen. Andererseits pflegt überall in erster Linie die politische Gemeinschaft, auch in ihren noch so künstlichen Gliederungen, ethnischen Gemeinsamkeitsglauben zu wecken und auch nach ihrem Zerfall zu hinterlassen,... ." (Weber 1985, S. 237)

Es ist der selbstbeschreibende Charakter der Ethnizität, der besonders in der Moderne wichtig wird. Hier wird dies betont, indem von reflexiver Ethnizität oder reflexiver Ethnisierung gesprochen wird. Die Prozesse der reflexiven Ethnisierung wurden in Industriestaaten vor allem an eingewanderten Minderheiten untersucht. Reflexive Ethnisierung ist, in diesem Kontext, das Zusammenspiel zweier Abläufe: einem inneren, intersubjektiven Prozeß zwischen einem Individuum und der Wir-Gruppe und einem äußeren strukturellen Prozeß mit Individuum und Wir-Gruppe auf der einen und der sozialen Umwelt auf der anderen Seite. Der innere Prozeß beginnt mit dem Bewußtsein einer mit anderen geteilten krisenhaften Entfremdung, die durch eine Verpflichtung gegenüber der Gruppe, die diese Krise teilt, gelöst wird. Die Gruppe konstituiert sich symbolisch als eine große endogame Verwandtschaftsgruppe mit einer gemeinsamen Geschichte. Dieser innere Prozeß ist eine spezifische Form der Relationierung zu äußeren Abläufen, in denen die Gründe für die Krise liegen. Sie wird beeinflußt durch die Ressourcen der Wir-Gruppe, der Arithmetik der sozialen Beziehungen zwischen Wir-Gruppe und der weiteren Gesellschaft, sowie der politischen Führung der Wir-Gruppe.[42]

---

42 Forschung über Ethnizität muß sich dabei bewußt sein, daß sie auch – vielleicht nicht intendiert – die Stabilisierung, ja Generierung von Ethnizität zur Folge haben kann. Schon im Prozeß der Forschung kann das Bewußtsein der Gruppe über sich selbst gestärkt werden, und es ist klar, daß vor allem die Führung dieser Gruppen großes Interesse an dieser Forschung hat. Darüber hinaus sind diese Veröffentlichungen gerade für Gruppen, die bis

„Alles in allem finden wir in dem 'ethnisch' bedingten Gemeinschaftshandeln Erscheinungen vereinigt, welche eine wirklich exakte soziologische Betrachtung (...) sorgsam zu scheiden hätte: die faktische subjektive Wirkung der durch Anlage einerseits, durch Tradition andererseits bedingten 'Sitten', die Tragweite aller einzelnen verschiedenen Inhalte von 'Sitte', die Rückwirkung sprachlicher, religiöser, politischer Gemeinschaft, früherer und jetziger, auf die Bildung von Sitten, das Maß, in welchem solche einzelnen Komponenten Anziehungen und Abstoßungen und insbesondere Blutsgemeinschafts- oder Blutsfremdheitsglauben wecken, dessen verschiedene Konsequenzen für das Handeln, für den Sexualverkehr der verschiedenen Art, für die Chancen der verschiedenen Arten von Gemeinschaftshandeln, sich auf dem Boden der Sittengemeinschaft oder des Blutsverwandtschaftsglaubens zu entwickeln, – dies alles wäre einzeln und gesondert zu untersuchen." (Weber 1985, S. 241 f.)[43]

Diese zahlreichen Folgen und Prozesskomponenten ethnisch beeinflußten Handelns spiegeln sich auch auf der Ebene des Nationalstaates wieder, der allerdings in der Minderheitenforschung meist nur als strukturelle Rahmenbedingung für die eben noch einmal kurz zusammengefaßten Prozesse reflexiver Ethnisierung beschrieben wird.

Zur Beschreibung der Mitgliedschaft in Nationalstaaten wird fußend auf T.H. Marshall meist das Konzept der zivilen, politischen und sozialen Staatsbürgerschaft verwendet. Hauptrichtung der Kritik ist, daß es sowohl weitere Typen von Staatsbürgerschaft gibt, als auch, daß die »Staatsbürgerschaftspraxis« differenziert ist. Zwar wird im Staatsbürgerrecht Staatsbürgerschaft über Herkunftsmerkmale definiert. Diese sind aber nicht »Überbleibsel« aus vormoderner Zeit, sondern erst im Prozeß der Nationalstaatenbildung entstanden. Eine Vereinheitlichung staatsbürgerlicher Rechte führt dabei zu einer Homogenisierung nach innen und einer schärferen Abgrenzung nach außen.

---

dahin keine schriftliche Tradition hatten, ein wichtiger Steinbruch für Elemente, die dann als ethnische Besonderheiten verkauft werden können. Diese Art von Forschung stellt jedoch nicht nur Selbsterkenntnisse und Definitionen für eine spezifische ethnische Gruppe zur Verfügung, sondern sie kann auch der Stabilisierung einer weiteren Bewußtseinsebene, der Idee von der Ethnizität an sich, dienen, je stärker sich diese auf gesellschaftlicher Ebene durchsetzt, desto mehr werden wiederum ethnische Gruppenbildungen legitimiert. So schließt sich ein Kreis, der offensichtlich zur Schließung neigt. All dies soll freilich nicht heißen, daß jede Art von Forschung über einen Gegenstand diesen gleichzeitig auch legitimiert. Es sollte aber klar sein, daß jeder, der über ethnische Gruppen forscht, sich unvermeidlich mitten in der Welle der reflexiven Ethnisierung wiederfindet. Umgekehrt wäre es bestimmt noch absurder, ja sogar gefährlicher, mit den eben genannten Argumenten Ethnisierungsprozesse zum blinden Fleck der Sozialwissenschaften zu erklären und damit einen wichtigen Aspekt sozialer Wirklichkeit auszublenden.

43 Hier soll nicht das Ende dieses Absatzes verschwiegen werden, eine Einschätzung des Begriffs Ethnizität, die der Verfasser so allgemein nicht teilt: „Dabei würde der Sammelbegriff ethnisch sicherlich bald ganz über Bord geworfen werden. Denn er ist ein für jede wirkliche Untersuchung ganz unbrauchbarer Sammelname." (Weber 1985, S. 241 f.) Dieser ernstzunehmenden Gefahr wird versucht mit der spezifischen Formulierung des Begriffs der reflexiven Ethnisierung zu entgehen.

„»Citizenship« ist nicht mehr als Berechtigung denkbar, die irgendwelcher Abstufungen fähig wäre, sie ist nur noch als universeller, für alle gleicher Status möglich – und damit dem Fremden prinzipiell unzugänglich. Die eigentliche Gefahr für den Fremden ist also die moderne politische Ordnung, die immer dann, wenn es einen Bedarf gibt, sich des Gesichtspunkts der Einheit zu vergegenwärtigen, auf kulturelle Formen wie »Nation« oder »Volk« zurückgreift, die den Fremden exkludieren. Nicht die Übersteigerung des Nationalen, sondern bereits die keiner Abstufungen fähige egalitäre Grundstruktur des Begriffs ist das Problem. Gegenläufig zur Tendenz der Gleichstellung des Fremden im Zivilrecht wird er aller politischen Rechte beraubt." (Stichweh 1992, S. 310-311)

Die Forschung über den Nationalstaat war gerade in der Soziologie etwas aus der Mode gekommen. In jüngster Zeit gibt es aber wieder einige Autoren, die sich der Nationalstaatenbildung sowie ihrer Verbindung zur Weltgesellschaft widmen. Der Nationalstaat wird dabei als Ebene segmentärer Differenzierung der Weltgesellschaft begriffen. Trotz aller Schwierigkeiten der Begriffsbestimmung von Nation, kann heute von einem main stream gesprochen werden. Nation wird über zahlreiche subjektive und objektive Merkmale definiert, die auf ein eher politisches Zusammengehörigkeitsgefühl bzw. auf den politischen Willen zur kollektiven Selbstbestimmung rekurrieren. Dabei verbinden Nationalstaaten in typischen Mischungsverhältnissen das, was Smith territoriale bzw. ethnische Nationsideen nennt.

2.4.2   Die Dynamik von Migration und Globalisierung: Fragen für die empirische Untersuchung

Wie lassen sich nun diese Ergebnisse mit den Ergebnissen des Kapitels I.1 verbinden?[44] Im Zentrum soll dabei die Grenzstrukturierung nationalstaatlicher Gebilde stehen, und wie sie mit Migrationsströmen interagieren. Zuerst muß auf das Globalisierungsphänomen selbst eingegangen werden:

–   Am Beispiel von Migrationssystemen soll gefragt werden, wie weltweite Wanderung zu beschreiben ist. Anders formuliert lauten die Fragen: welche Nationalstaaten interagieren? Welche Ströme gibt es? Wie sind sie strukturiert? Diese Fragen werden verbunden mit dem Versuch, Folgen im Nationalstaat am Beispiel demographischer, geographischer und ökonomischer Prozesse aufzuzeigen und zu untersuchen, inwieweit hier ethnische Schließungen auftauchen. (II.1.1)
–   Die Frage nach Art und Ausmaß, mit denen Schließungen oder Öffnungen reguliert werden, soll in einer kurzen Rekonstruktion der migrationspolitischen Maßnahmen der ausgewählten Länder beantwortet werden. Welche grenzsteuernden Maßnahmen werden ergriffen? Konvergieren die Maßnahmen oder Problemlagen? Welche Selektionskorridore

---

44   Selbstredend stellen diese Fragen nicht den gesamten Fragenkatalog dar, der durch Permutierung der in Kapitel I.1 und I.2 dargestellten Konzepte gewonnen werden kann. Hier liegt der Schwerpunkt auf Entwicklungen von Migrationssystemen und Nationalstaaten.

bilden Nationalstaaten aus, und welche Steuerungsversuche gibt es? (II.1.2; II.1.3)
- Nachdem exogene Prozesse und auch exogen induzierte Dynamiken nationalstaatlich verfaßter Gesellschaften beschrieben wurden, wird dann auf die Frage eingegangen werden, wie die interne Dynamik der Grenzziehungen von Nationalstaaten aussieht. Art und Ausmaß der Regulierung dieser internen Grenzziehungen sollen am Beispiel der Staatsbürgerschaft etwas genauer dargestellt werden (II.2.1; II.2.2; II.2.4). Dann soll dieser Prozeß in den weiteren Kontext politischer und kultureller Inklusion gestellt werden. (II.2.4)

Im Schlußkapitel wird dann auf drei Fragenkomplexe eingegangen werden:

- Wie läßt sich die Binnenstruktur von Gesellschaften in bezug zu Migration setzen? Welche Sphären der Schließung gibt es? Welche Segmentationsprozesse laufen im Gastland ab? (III.1.1)
- Wie strukturiert Migration den Bezug des Nationalstaates zur Weltgesellschaft? Welche Schwerpunkte und Ungleichzeitigkeiten bilden sich aus? Welcher Sinn, welche Motive werden mit der Öffnung/Schließung verbunden, wie ist die Art und das Ausmaß der Regulierung? Wie werden die Schließungen legitimiert? (II.1.2; III.1.3)

Nach einer kurzen Zusammenfassung und der Formulierung der zentralen Thesen des Buches (III.1.3.3) folgen einige weiterreichende Implikationen der vorgestellten Beschreibung von Grenzprozessen und sozialem Wandel:

- Wie relationieren sich exogene und endogene Prozesse? In welchem Verhältnis stehen die zur Beschreibung von Globalisierung verwendeten Begriffspaare lokal – global, universal – partikular und homogenisierend – heterogenisierend? (III.1.4.1)
- Was bedeutet das Konzept der Globalisierung für das Konzept des Fremden und die Thematisierung von Differenz? (III.1.4.2)
- Wie relationieren sich diese Grenzprozesse zum Einzelnen in der offenen Gesellschaft? Welche Schließungen werden skandaliert? In welcher Beziehung stehen reflexive Ethnisierung, Staatsbürgerschaft und die multiplen Mitgliedschaften in modernen Industriestaaten? (III.1.4.3)

In den folgenden Kapiteln wird darauf abgezielt, das Forschungsprogramm, wie es z.B. Smelser (vgl. I.1.1.4) für transnationale Prozesse skizziert hat, mit Leben zu erfüllen. Zunächst soll versucht werden, den transnationalen Prozeß bzw. das Globalisierungsphänomen zu beschreiben. Dann soll untersucht werden, welche Einflüsse diese Prozesse auf nationale Strukturen wie Ökonomien, Institutionen, politische Prozesse, und auch Kulturen haben. Damit soll dann zum Schluß deutlich werden, welche Dynamiken diese Prozesse haben, die selbst unter Umständen wieder auf transnationale Prozesse zurückwirken.

Kapitel II:
Migration und offene Gesellschaft:
Die Dynamik politischer Schließung

1. Die Entwicklung von Migrationssystemen

„Die beste Schul' für Dialektik ist die Emigration.
Die schärfsten Dialektiker sind die Flüchtlinge.
Sie sind Flüchtlinge infolge von Veränderungen
und sie studieren nichts als Veränderungen. "
(Bertolt Brecht, Flüchtlingsgespräche, 1961)

Seit dem Ende des Zweiten Weltkrieges verändern sich weltweite Migrationsbewegungen gravierend. Die Migrationsflüsse, die heute alle Staaten der Erde nachhaltig beeinflussen, sind nicht einfach Massenbewegungen von Menschen aus den unterentwickelten Ländern in Industriestaaten. Wanderungen finden statt in stabilen Systemen, gekennzeichnet durch eine Vielzahl von Beziehungen zwischen Herkunfts- und Zielländern, sei es über Geschichte, Kultur, Handel oder Verwandschaftsnetzwerke. Diese Ströme beeinflussen die Binnenstruktur von Nationalstaaten auf vielen Ebenen. Nationalstaaten haben jedoch kaum Möglichkeiten, diese Ströme zu steuern.

1.1 Aspekte der Dynamik von Migrationssystemen

Migrationssysteme stellen einen der wichtigsten Globalisierungsprozesse dar, wobei sich in allen Kontinenten neue Dynamiken entwickeln. Gerade in Europa und Nordamerika haben die Dynamisierung, De-Europäisierung und Ausweitung von Migrationssystemen Einfluß auf die Binnenstruktur von Nationalstaaten. In einem ersten Analyseschritt werden die Migrationsströme beschrieben. Anschließend wird ihr Einfluß auf die demographische Entwicklung, die ethnische Struktur, die Siedlungsmuster und die Ökonomie kurz umrissen. Damit ist der Rahmen abgesteckt für eine Beschreibung der Migrationspolitiken in den Zentren von Migrationssystemen.

1.1.1 Einwanderung und demographische Entwicklung in den Zentren

Schätzungen, wieviele Menschen weltweit wandern, sind schwierig und ungenau. Die IOM (International Organisation of Migration) schätzt für 1990, daß etwa 70 Millionen Menschen amtlich registriert nicht in ihrem Heimatland leben. Für die legale Arbeitsmigration gibt die ILO (International Labour Organisation) 25 Millionen Menschen an. Das Berliner Institut für vergleichende Sozialforschung schätzt legale und illegale Arbeitsmigration auf ca. 200 Millionen. Noch größer sind die Unterschiede bei der Schätzung der Flüchtlingsströme; so gibt die UNHCR (UN-High Commision for Refugees) 20 Millionen Flüchtlinge an, während das internationale Rote Kreuz allein 500 Millionen Umweltflüchtlinge schätzt.[45]

Nach Schätzung der UN für alle Migranten betrug 1992 die Anzahl ca. 80 Millionen (Castles/Miller 1993). Bei einer geschätzten Weltbevölkerung von 5,5 Milliarden im Jahr 1992 bedeutet diese Zahl, daß etwa 1,5% der Weltbevölkerung wandern (Graphik 4)[46].

„This indicates that the vast majority of human beings reside in their countries of birth and citizenship, and that taking up residence abroad is the exception, not the rule." (Castles/ Miller 1993, S. 4)

Für alle Weltregionen haben sich neue, oft dramatische Wanderungsentwicklungen ergeben. In Nordamerika, aber auch in Australien kam es gerade in den letzten Jahrzehnten zu einer De-Europäisierung der Einwanderung. In Süd- und Lateinamerika werden Venezuela, Brasilien und Argentinien verstärkt zu Einwanderungsländern. Europa hat nach 1989 nicht nur einen starken Anstieg der Ost-West-Wanderung zu verzeichnen, längerfristig sind es auch viele südeuropäische Länder, die sich von Auswanderungs- zu Einwanderungsländern wandeln. Im Mittleren Osten wurden neben Israel auch die Türkei, Syrien und der Libanon zu Zielen von Flüchtlingsbewegungen. Gerade Saudi-Arabien und Kuwait sind zu Zentren von Gastarbeitersystemen geworden.

---

45 Diese Zahlen stammen aus „Stiftung Frieden und Entwicklung" 1993 und sind Bestandsgrößen.
46 Die Karte basiert auf einer Arbeit von Salt 1989. Den Daten liegen auch OECD-Zahlen zugrunde, Flüchtlinge wurden ausgeschlossen. Außerdem wurden Mitteleuropa und USA/ Kanada als jeweils eine Einheit betrachtet. Ein Pfeil zeigt, daß das zehnjährige Jahresmittel über 20.000 einwandernden Personen lag. Aufgrund der allgemeinen Meßproblematik kann es sich hierbei nur um grobe Hinweise handeln. Es zeigt sich jedoch deutlich, daß neben der permanenten Migration, die als ein unüberschaubarer Teppich von Pfeilen über die ganze Welt zu denken ist, typische Migrationssysteme mit ihren Zentren existieren.

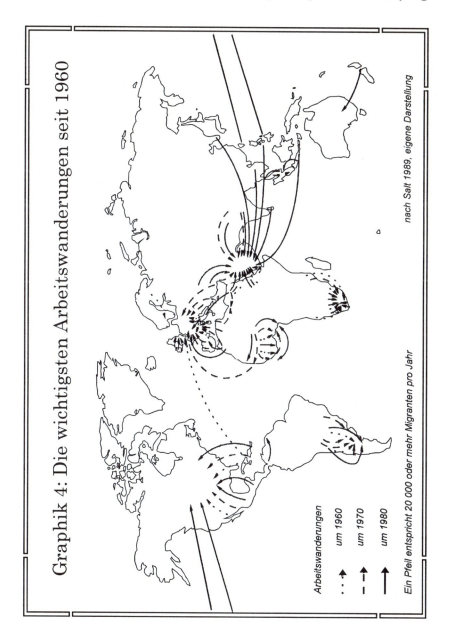

Graphik 4: Die wichtigsten Arbeitswanderungen seit 1960

nach Salt 1989, eigene Darstellung

Arbeitswanderungen

um 1960

um 1970

um 1980

Ein Pfeil entspricht 20 000 oder mehr Migranten pro Jahr

Afrika ist sicherlich aufgrund seiner enormen Flüchtlingsbewegungen einer der Kontinente mit den intensivsten Migrationsbewegungen, und einzelne Länder sehen sich dort Wanderungsströmen gegenüber, die das Ausmaß der Einwanderung in Industrieländer weit übersteigt. Auch in Asien nehmen, neben den Auswanderungsströmen in Industrie- und Ölstaaten, Flüchtlingsbewegungen zu.

Es können wohl drei Haupttrends in den Weltmigrationsbewegungen beobachtet werden (vgl. Castles/Miller 1993):

1. Es kommt zu einer *Beschleunigung von Wanderungsbewegungen*, d.h. einer Zunahme im Volumen, wie auch einer schnelleren Abfolge von Migrationswellen.

2. Es ist eine zunehmende *Diversifizierung von Migrationsströmen* zu beobachten. Praktisch alle Länder sehen sich mit den unterschiedlichsten Typen von Flüchtlings-, Arbeits- und Siedlungsmigration konfrontiert.

3. Eine *Ausweitung der Wanderungsdistanzen* tritt auf, da Migrationen über immer längere Distanzen stattfinden und Immigranten aus immer unterschiedlicheren Ländern kommen.[47]

Blickt man auf Amerika, so kann grob von vier Migrationssystemen gesprochen werden. Argentinien, Brasilien und Venezuela bilden dabei die Zentren dreier hoch interagierender Systeme. Die USA und Kanada sind das Zentrum des vierten, des *nordamerikanischen Migrationssystems*. Beide Länder grenzen aneinander, haben teilweise die gleiche Sprache, eine ähnliche ökonomische Entwicklung und sind Demokratien.

Die Einwanderungsdaten[48] zwischen 1961 und 1987 zeigen, daß die gesamte Einwanderung für Kanada etwa 3,6 Mio. Personen und für die USA etwa 11,9 Mio. Personen beträgt. 75% der Einwanderer kommen aus 25 bzw. 24 Herkunftsländern. In 13 Fällen sind dabei die Herkunftsländer für Kanada und die USA gleich. Kanada hat stärkere Verbindungen mit europäischen Ländern als die USA und hat eher Einwanderer aus französisch- und englischsprachigen Ländern Amerikas. Die USA haben stärkere Verbindungen zu den spanischsprachigen Ländern Amerikas. Mit über einem Drittel der Einwanderung aus Mexiko, Zentralamerika und der Karibik kommt ein großer Teil aus dem direkten politischen und ökonomischen Einflußgebiet dieser Großmacht.[49]

---

47 Castles nennt als vierten Trend noch die Feminisierung, wobei Feminisierung bedeutet, daß das Übergewicht männlicher Migration schwindet. Dies ist unzweifelhaft richtig in bezug auf spezifische Flüchtlings- und Arbeitsmigrationen, läßt sich mit Zahlen aber noch schwerer belegen als die ersten drei Trends.

48 Dies bezieht sich hier auf eine Zusammenstellung von UN-Daten in Zlotnik 1992.

49 Kanada hatte 1950 86% der Einwanderer aus Europa, seit den 80ern nur noch etwa ein Drittel; die USA 1956-1960 56% und 1981-85 11% europäische Einwanderer.

Die Länder des *westeuropäischen Migrationssystems*, teilweise lange Zeit selbst Durchwanderungs- oder Auswanderungsländer, wurden vor allem nach dem Zweiten Weltkrieg zu Einwanderungsländern. Belgien, Frankreich, Deutschland, Luxemburg, die Niederlande und die Schweiz haben dabei ähnliche Entwicklungen genommen. Sie alle förderten die Arbeitsmigration Ende der fünfziger bis Ende der sechziger Jahre, versuchten dann jedoch, den Zuzug zu beenden.[50] Betrachtet man die Hauptherkunftsländer der ausländischen Bevölkerung, so kamen 1985 in allen Ländern[51] zwischen 57% und 70%[52] aus nur drei Herkunftsländern. Auch die Wanderung zwischen den Ländern ist relativ hoch. Die genannten Länder teilen auch viele Herkunftsländer, vor allem die Türkei, Italien und Spanien. In jeweils drei Ländern sind es auch Marokko und Portugal. Algerier und Tunesier sind praktisch nur relevant in Frankreich, Griechen dagegen nur in der BRD.

Die Diversifizierung der Migrationsströme ist in Kontinentaleuropa geringer als in Nordamerika. In den letzten Jahren werden jedoch steigende Flüchtlingszahlen sehr relevant, ebenso wie ein Anstieg der Ost-West-Migration (besonders für Deutschland). Neben diesen Strömen sind noch die Ströme von Bürgern aus ehemaligen Kolonien nach Frankreich, den Niederlanden und Portugal zu nennen, so wie die der Aussiedler nach Deutschland.

Kontinentaleuropa bildet das Zentrum eines großen Migrationssystems. Eine wichtige Ausnahme sind Großbritannien und Irland. Großbritannien kann als Zentrum eines getrennten Migrationssystems betrachtet werden, das aus dem New Commonwealth und Pakistan besteht (43% aller Ausländer kamen 1981 aus diesen Ländern). Die Einwanderung aus Europa zeigt einen leichten Abwärtstrend. Starke Migrationsverbindungen bestehen jedoch zwischen Irland und Großbritannien. Ein drittes Migrationssystem in Europa bilden wohl Dänemark, Finnland, Island, Schweden und Norwegen mit dem Schwerpunkt Schweden. Sowohl das nordische als auch das britische Migrationssystem interagieren jedoch stark mit dem größeren kontinentaleuropäischen.

Mit etwa 249 Mio. Einwohnern leben gut 90% der Einwohner des Zentrums des nordamerikanischen Migrationssystems in den USA. Deshalb soll noch einmal etwas genauer auf die *Einwanderungssituation in den USA* eingegangen werden (zu den migrationspolitischen Entwicklungen siehe Kapitel II.1.2.1).

Die großen Wanderungen aus Europa in die USA endeten fast völlig mit der Quotierung und der Einführung des Visasystems zu Beginn der zwanzi-

---

50 Eine ähnliche Stellung im Migrationssystem spiegelt sich auch in der Unterzeichnung des Schengener Abkommens 1986 wieder, das außer der Schweiz alle hier genannten Länder unterzeichnet haben.

51 Belgien, Deutschland, Frankreich, Niederlande und Schweiz.

52 1985 waren in Deutschland 57% aus der Türkei, Jugoslawien und Italien; in Frankreich stammten 70% aus Algerien, Portugal und Marokko.

ger Jahre. Mitte der sechziger Jahre öffnete mit dem Hart-Celler Act der Kongreß die Grenzen wieder. 1950 kamen drei Fünftel der legalen Einwanderer aus Europa, in den Siebzigern waren es nur noch knapp ein Fünftel. Der Anteil der lateinamerikanischen Einwanderung verdoppelte sich, so daß in den Achtzigern ca. 8% der Bevölkerung Hispanics waren. Der Anteil der schwarzen Bevölkerung stieg in den letzten 30 Jahren leicht auf 12% an. Die asiatische Bevölkerung verzehnfachte sich zwischen 1950 und 1980 auf knapp 2% der Bevölkerung. Waren zwischen 1821 und 1930 die Hauptherkunftsländer Deutschland, Italien und Irland, so waren es nach 1965 Mexiko, die Philippinen und die Karibik. Der Anteil der Nichtweißen am Anteil der im Ausland Geborenen steigt. Die Netto-Migrationsrate liegt in den USA seit dem Zweiten Weltkrieg kontinuierlich niedrig (ca. 2-3 Einwanderer pro 1000 Einwohner).

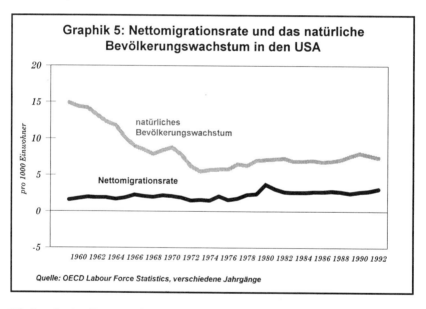

Graphik 5: Nettomigrationsrate und das natürliche Bevölkerungswachstum in den USA

Quelle: OECD Labour Force Statistics, verschiedene Jahrgänge

Die Länder im Zentrum des westeuropäischen Migrationssystems haben etwa 167 Mio. Einwohner, über 80% davon leben in Deutschland (79 Mio.) und Frankreich (56 Mio.).

Die Massenimmigration nach *Frankreich* begann Mitte des letzten Jahrhunderts aus Belgien, Italien und Polen. Nach dem Zweiten Weltkrieg kamen vor allem Portugiesen und Nordafrikaner. Die Zusammensetzung änderte sich von überwiegend europäischer zu eher afrikanischer Einwanderung. In Frankreich ist die Netto-Migrationsrate, von einigen Turbulenzen in den

98

Fünfzigern und zu Beginn der sechziger Jahre abgesehen, äußerst gering (in den letzten 20 Jahren um 1 pro 1000 Einwohner und niedriger).

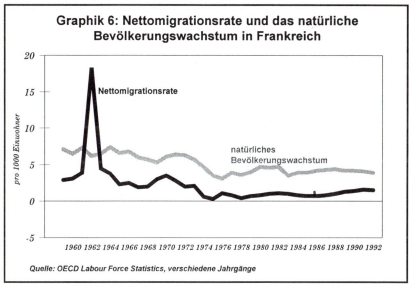

Graphik 6: Nettomigrationsrate und das natürliche Bevölkerungswachstum in Frankreich

Quelle: OECD Labour Force Statistics, verschiedene Jahrgänge

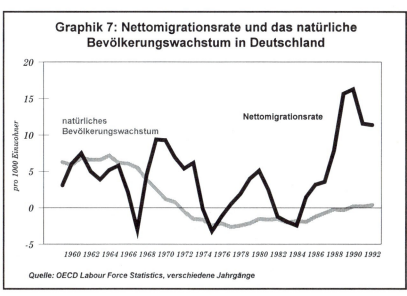

Graphik 7: Nettomigrationsrate und das natürliche Bevölkerungswachstum in Deutschland

Quelle: OECD Labour Force Statistics, verschiedene Jahrgänge

99

In *Deutschland* schwankt die Netto-Migrationsrate über den gesamten Zeitraum außerordentlich stark. Sie hat seit den Negativwerten Mitte der achtziger Jahre einen extrem starken Anstieg zu verzeichnen. Die Haupteinwanderergruppen waren in Deutschland nach dem Zweiten Weltkrieg erst Flüchtlinge, dann Italiener, danach Jugoslawen und Türken und jetzt wieder Aussiedler sowie Asylsuchende (Schwankungen zwischen -2 und 15 pro 1000 Einwohner).

Doch wie war die *demographische Entwicklung* insgesamt? Frankreich und Deutschland erlebten nach dem Zweiten Weltkrieg Bevölkerungszuwächse aufgrund von Geburten und Zuwanderung bis etwa Anfang der Sechziger. In beiden Ländern sanken danach die Zuwachsraten: erst durch die Verminderung der Geburten, dann durch die Reduktion der Immigration. Bei aller Ähnlichkeit bleibt jedoch anzumerken, daß das französische Niveau der Zuwachsraten höher ist als das deutsche. Mehr als doppelt so hoch sind die Zuwachsraten in den USA – allerdings sinken auch sie seit dem Krieg kontinuierlich.[53]

In dem Einwanderungsland USA, wie in ganz Nordamerika, ist das natürliche Bevölkerungswachstum bedeutsamer als der Zuwachs durch Immigration. In den USA war die Nettomigration mit etwa 27%[54] in den achtziger Jahren am Gesamtbevölkerungswachstum beteiligt mit einer leicht steigenden Tendenz in den Neunzigern. Das gilt, allerdings auf insgesamt niedrigerem Wachstumsniveau, auch für Frankreich (18% bis 28%). Demgegenüber weist Deutschland typischerweise eine sehr unruhige Entwicklung auf (zwischen 11% und 101%). Der Prozentanteil der Nettomigration am Gesamtbevölkerungswachstum zeigt, daß die Zuwanderung als Komponente an Relevanz gewinnt, und zumindest für Westeuropa insgesamt inzwischen wichtiger ist als für die USA.

---

53 Einer der Gründe für den geringen bzw. abnehmenden Bevölkerungszuwachs sind die sinkenden Fertilitätsraten in allen drei Ländern. Die Gründe hierfür sind bekannt: die Spanne zwischen Heirat und erstem Kind ist gestiegen, die Intervalle zwischen den Geburten ebenso, hinzu kommt ein Rückgang der Anzahl großer Familien. In allen Ländern ist außerdem die Lebenserwartung gestiegen. Diese daraus resultierende Zunahme des Anteils alter Menschen wird in allen Ländern thematisiert, einerseits weil die Lebensspanne, die jeder als alter Mensch durchlebt, immer länger wird und andererseits, weil dies auch immense wohlfahrtsstaatliche Kosten verursacht. In allen Ländern hat die Zuwanderung einen wichtigen Anteil an der Bevölkerungsentwicklung. Die Entwicklung der ausländischen Populationen in den Zuwanderungsländern weicht zwar zu Beginn oft von der einheimischen Bevölkerung ab, gleicht sich aber dann immer stärker an: eine interessante Ausnahme ist hier die türkische Minderheit in Deutschland, bei der Angleichungsprozesse bei weitem nicht so stark sind wie bei anderen Minderheiten.

54 Zu diesen Zahlen siehe Tabelle I.1 in OECD – SOPEMI 1994, teilweise eigene Berechnung.

1.1.2   Die Entwicklungen der ethnischen Gruppen

Die allgemeinen Einwanderungstrends haben nicht nur auf die generellen demographische Entwicklung Einfluß, sondern auch auf die Entwicklung der Bevölkerungsgruppen innerhalb von Staaten. In allen drei hier betrachteten Ländern steigt der Anteil der Menschen mit ausländischer Staatsbürgerschaft bzw. der im Ausland Geborenen.[55]

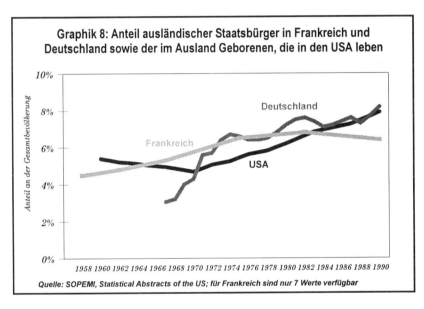

Graphik 8: Anteil ausländischer Staatsbürger in Frankreich und Deutschland sowie der im Ausland Geborenen, die in den USA leben

Quelle: SOPEMI, Statistical Abstracts of the US; für Frankreich sind nur 7 Werte verfügbar

Ein Blick in die Geschichte soll zu einem besseren Verständnis der Entwicklung beitragen. Dabei soll die folgende überblickhafte Betrachtung den wohlinformierten Darstellungen der Entwicklung von Nationalstaaten keine Konkurrenz machen. Es sollen nur einige Aspekte herausgegriffen werden, die für das Thema relevant sind.

Auch wenn es seit den Anfängen der *USA* ein Übergewicht der Briten gab, kam es im Unabhängigkeitskrieg zu Frontlinien, die nicht mehr mit ethnischen Grenzen zusammenfielen. Mit der sich wandelnden Zusammensetzung galten dann erst wieder die Einwanderer nach dem Bürgerkrieg als

---

55   Einwanderungsländer wie die USA weisen nur den Anteil der im Ausland geborenen Bevölkerung aus, weil davon ausgegangen wird, daß Eingewanderte die einheimische Staatsbürgerschaft schnell annehmen (was im Falle einiger Gruppen von Hispanics übrigens neuerdings nicht mehr der Fall ist). Obwohl also der Anteil der im Ausland Geborenen in den USA und die Rate der ausländischen Staatsbürger in Frankreich und Deutschland zahlenmäßig sehr ähnlich sind, sind die Zahlen an sich kaum vergleichbar.

problematisch. Bekannt ist die oft kolportierte Bemerkung von Benjamin Franklin, der Deutsche als zweifelhafte Kandidaten für eine Integration bezeichnete. Dies änderte sich im Laufe des letzten Jahrhunderts, und heute werden Deutsche als eine Gruppe betrachtet, die als besonders leicht zu assimilieren gilt.

Der zweite große Einigungsfaktor – neben den Kriegen – war die schwarze Bevölkerung. Jeder Einwanderer, der nicht schwarz war, konnte sich gegenüber diesen absetzen, und über lange Jahre war es gerade die Ausgrenzung der Schwarzen, die den Rest Amerikas vereinigte. Mit dem Zweiten Weltkrieg waren es jedoch Schwarze, die für die Demokratie fochten, die pseudo-wissenschaftlichen Begründungen des Rassismus wurden desavouiert, und der Kalte Krieg zwang die USA, das Thema der persönlichen Freiheit immer stärker zu betonen. Mit der sich verändernden Zusammensetzung der Immigranten ergriff die Bürgerrechtsbewegung, bewaffnet mit der amerikanischen Verfassung, die Chance, gegen kollektive Diskriminierungen vorzugehen.

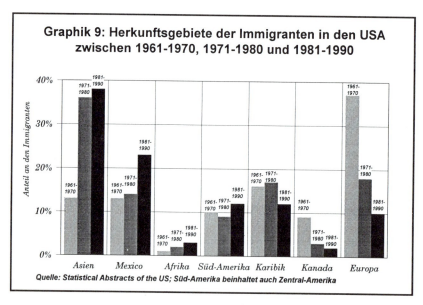

Graphik 9: Herkunftsgebiete der Immigranten in den USA zwischen 1961-1970, 1971-1980 und 1981-1990

Quelle: Statistical Abstracts of the US; Süd-Amerika beinhaltet auch Zentral-Amerika

Doch es gab auch immer wieder Gegenbewegungen. So kam es z.B. zu Beginn der achtziger Jahre zu einer Änderung des öffentlichen Klimas: ein Ereignis, das die Situation charakterisiert, war der »Mariel boatlift« vom Hafen von Mariel auf Kuba nach Key West. Noch zu Beginn der Aktion hatte Carter betont, die USA seien das Heimatland aller Vertriebenen – besonders aus kommunistischen Ländern. Es kamen, von Castro gefördert, etwa 125.000

Kubaner in kleinen Booten, die Kuba-Amerikaner geschickt hatten. Unter den Ankommenden waren Geisteskranke und Gefangene, die extra zu diesem Zweck freigelassen wurden. Etwa doppelt so viele Flüchtlinge, wie nach dem Gesetz im Jahr erlaubt waren, kamen aus Kuba. Die Ankunft der »marielitos« führte zu vielen Gegenreaktionen. Nach neun Tagen schwenkte die Carter-Administration um, ankommende Bootseigner wurden bestraft, und es durften keine neuen Boote mehr losgeschickt werden.

Die Herkunft der Immigranten zeigt drei für die ethnische Zusammensetzung der USA bedeutsame Tendenzen. Der Anteil europäischer Einwanderung ging in den letzten drei Jahrzehnten zurück. Die Einwanderung, vor allem aus den spanisch sprachigen Ländern Amerikas, macht seit zwei Jahrzehnten den Hauptteil der Einwanderung aus und hat steigende Tendenz. Die steigende asiatische Einwanderung führt dazu, daß der asiatische Teil der Bevölkerung die höchsten Zuwachsraten hat.

Da die Verhältnisse zwischen den ethnischen Gruppen als Binnenverhältnisse der Gesellschaft gesehen werden, werden sie oft thematisiert. Die dichotome Einteilung Weiß versus Schwarz löst sich jedoch auf. Parallel zur Herausbildung einer europäisch-amerikanischen Identität, die oft auch als eine Ethnisierung der WASP's (White-Anglo-Saxon-Protestants) beschrieben wird, kam es zur öffentlichen Definition der Hauptgruppen Schwarze, Hispanics (Latinos), Asiaten und Native Americans (vgl. Horowitz 1992). Diese oft auch als »Races« bezeichneten Gruppen sind aber, besonders im Falle der Latinos und Asiaten, eher administrative Kategorien, die eine Binnendifferenzierung unterschlagen. Hier gilt das gleiche wie in Frankreich für die »Maghrébiens« oder in Deutschland – in kaum zu übertreffender Einfachheit – für »Ausländer«.

Die in *Deutschland und Frankreich* gar nicht so unähnlichen Vorstellungen über Fremdgruppen in den jeweiligen Ländern haben teilweise unterschiedliche Wurzeln. Zur Zeit der Französischen Revolution war Frankreich ein sehr heterogenes Gebilde (vgl. E. Weber 1989). Dies hatte zur Folge, daß ganz Frankreich erst zu dem homogenen Nationalstaat gemacht werden mußte, der er heute ist. Diese Homogenisierung lief über viele Kanäle: Verkehrsverbindungen, Militär, Schulen, alle hatten sie wichtigen Anteil. Wichtigster Indikator des »Französischseins« war jedoch die Sprache. Dies ist sicherlich ein Grund dafür, daß noch heute die französische Sprache den Franzosen als zentrales Merkmal des Zivilisationsgrades eines Menschen gilt. Auch die sonst wegen ihrer universalen Vernunftwerte so oft gelobte Französische Revolution wurde – im Prozeß der nationalen Mythenbildung – als Sieg des gallischen Volkes über die Aristokratie gefeiert. Fremdenfeindliche Reaktionen waren verbreitet gegenüber den Belgiern und Italienern im letzten Jahrhundert, sowie gegen die Maghrébiens heute.

Aber Frankreich war auch ein Kolonialreich, und die politischen Verbindungen oder besser Ausbeutungsbeziehungen führten dazu, daß man sich zu anderen ethnischen Gruppen zumindest abstrakt politisch ins Verhältnis setzen mußte. Eine Folge der Kolonialzeit ist der hohe Anteil nordafrikanischer Einwanderer. Die Algerier sind die größte Gruppe unter den Nordafrikanern und gelten auch als die problematischste. Der Hauptpunkt ist hier die zeitliche Folge der Einwanderung. Ein Großteil kam nach dem Algerienkrieg (1954-1962) mit der Rückwanderung französischer Kolonisten (pieds noirs), die eine negative Einstellung gegenüber Algerien hatten. Darüber hinaus kamen auch »les harkis« – Algerier, die mit den Franzosen zusammenarbeiteten. Für die anderen Algerier war es wichtig, sich von diesen abzusetzen, so daß sie oft bewußt die französische Staatsbürgerschaft nicht annahmen und sich besonders »typisch algerisch« gaben.

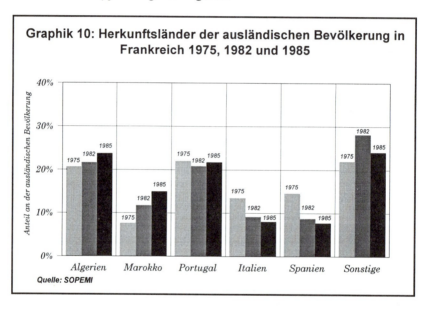

Graphik 10: Herkunftsländer der ausländischen Bevölkerung in Frankreich 1975, 1982 und 1985

Über die letzten zwanzig Jahre hat sich die Zusammensetzung der ausländischen Bevölkerung Frankreichs in Folge von Immigration verändert. Dabei ist die Abnahme europäischer Immigration und die Zunahme nordafrikanischer genauso wichtig wie der hohe Anteil an weiteren Ländern, der für eine an europäischen Maßstäben gemessenen hohen Differenzierung spricht.

Deutschland – beziehungsweise das Gebiet, aus dem später Deutschland werden sollte – war immer auch ein Auswanderungsland. Die Ostwanderungen wurden später von den Massenwanderungen nach Übersee abgelöst. In dieser Zeit bildete sich Deutschland in der romantisch geprägten Vorstellung, daß das deutsche Volk gleichsam vorpolitisch schon immer da gewesen sei. Gegen Ende des letzten Jahrhunderts kam es zu Einwanderungen von Polen,

Ukrainern und Italienern. Vor allem die Einwanderung aus dem Osten wurde als besonders problematisch angesehen. So kam es z.B. immer wieder zu heftigen fremdenfeindlichen Reaktionen gegenüber polnischen Einwanderern, aber auch gegenüber Polen, die deutsche Staatsbürger waren. Im Vergleich zu Frankreich wurde, dem eigenen historischen Bild entsprechend, die Nationenbildung eher ethnisch-kulturell begründet und Abschottungstendenzen wurden, in geringerem Maße als in Frankreich, durch demographische Überlegungen abgeschwächt.

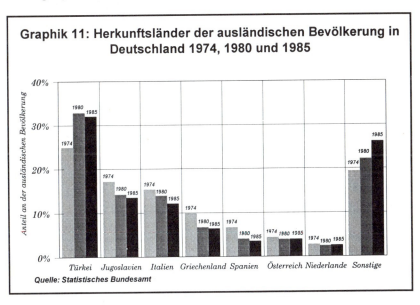

Graphik 11: Herkunftsländer der ausländischen Bevölkerung in Deutschland 1974, 1980 und 1985

Quelle: Statistisches Bundesamt

Die erste große Einwanderungswelle nach dem Krieg, Flüchtlinge und Vertriebene, wurde durch die Betonung des »Deutschseins« der Ankömmlinge bewältigt. Hiermit versuchte man, den auftauchenden xenophoben Reaktionen den Boden zu entziehen. Damit legitimierte man aber in der Folge auch die Schließungstendenzen gegenüber den Gastarbeitern, zumeist den Türken. Die historischen Bedrohungsszenarien in Frankreich gegenüber den Sarazenen und in Deutschland gegenüber dem osmanischen Reich gleichen sich. Deutschland hat jedoch niemals eine gefestigte Beziehung zu diesen Herkunftsländern z.B. in Form einer Kolonialherrschaft entwickelt. Jüngstes öffentliches Bedrohungsszenario der Bundesrepublik ist die Zunahme der Asylbewerber. Türken wie Asylbewerber werden als außerhalb der Gesellschaft gedacht. Auch heute noch sind deutsche Türken eben keine Deutschtürken, sondern Türken in Deutschland.

Während der Anteil der Gastarbeitergruppen abnimmt, mit Ausnahme der türkischen Bevölkerung, nimmt die Kategorie der »Sonstigen« zu, was auf eine Diversifizierung hinweist. Die starke Zunahme von Asylsuchenden ist in diesen Statistiken noch nicht enthalten.

Neben diesen Mehrheiten-Minderheiten-Verhältnissen sind auch die Verhältnisse zwischen den einzelnen ethnischen Gruppen relevant. Ein gemeinsames Muster ist, daß jeweils die früher Eingewanderten sich gegenüber den Neueingewanderten abgrenzen. Dies wird außerdem auch durch die Tendenz der Mehrheit verstärkt, die Integrationsschwierigkeiten zu vergessen, und jeweils die Neuankömmlinge als besonders problematisch zu betrachten. Allerdings sind es auch Konfliktstrukturen aus der Heimat, die auf das Binnenverhältnis von Einwanderern Einfluß nehmen.

1.1.3 Immigration und geographische Verteilung

Ebenso wie die einheimische Bevölkerung sind auch Einwanderer in den *USA, Deutschland und Frankreich* geographisch nicht gleichmäßig verteilt. Die Einwanderer aus Ost- und Mitteleuropa zog es in Amerika in die Industriestädte des Mittleren Westens. Aufgrund der geographischen Nähe sind die meisten Mexikaner in Kalifornien und Kubaner in Florida. Viele ethnische Gruppen konzentrieren sich in und um New York. In Frankreich sind ehemalige Belgier in den alten Industriestädten des letzten Jahrhunderts anzutreffen. Polen arbeiteten meist in den Minen der Lorraine und des Languedoc, und Nordafrikaner konzentrieren sich in den Großstädten Paris, Lyon und Marseille. In Deutschland konzentrieren sich die meisten Ausländer in den großen Städten Westdeutschlands.

Die Anwerbung in den Heimatländern für bestimmte Industriezweige war und ist ein wichtiger Faktor für die Ansiedlung von Migranten in den *USA*. Beispiel hierfür sind Iren und Italiener, die durch Kanalbaufirmen angeworben, mit dem Bau der Kanäle im Nordwesten Amerikas siedelten. Die Massenrekrutierung der Chinesen zum Eisenbahnbau hatte Folgen im Siedlungsmuster, ebenso wie die Rekrutierung von Finnen für Kupferminen und die Bauholzgewinnung in Wisconsin, Minnesota und Michigan.

Nicht alle kamen als Lohnarbeiter in die USA, besonders Deutsche vor den Revolutionskriegen siedelten in kleinen isolierten Dörfern auf billigem Land in Ohio, Indiana, Illinois und weiter im Westen. Die damalige Form der Einwanderung von »Kleinunternehmern«, vor allem durch Deutsche, ist noch heute im mittleren Westen (Minnesota, Iowa, Missouri, Nord- und Süd-Dakota, Kansas und Nebraska) zu spüren; etwa 40% gaben 1980 an, deutscher Herkunft zu sein. Diese relativ konfliktfreie Einwanderung von Siedlern fand allerdings nur in nicht oder nur sehr dünn besiedelten Landstrichen statt. So wurde ein ähnlicher Siedlungsprozeß zu Beginn dieses Jahrhunderts in Kalifornien gestoppt. Als Landarbeiter erwünschten Japanern wurde es

1913 fast unmöglich gemacht, Land zu kaufen. Diese gingen dann zum Kleinhandel in den Großstädten über.

Ein wichtiger Grund für Migranten, sich niederzulassen, ist die geographische Nähe zum Herkunftsland. Dies, um die Reisekosten (auch für eventuelle Heimreisen) zu senken, und weil bei besonderer Nähe die landschaftlichen Gegebenheiten ähnlich denen der Heimat sind. Auch wenn das Zielgebiet sehr weit ist, kann die geographische Ähnlichkeit zur Heimat wichtiges Kriterium sein, weil sie es ermöglicht, besonders landwirtschaftliche Produktionsmethoden direkt weiterzuverwenden. Es ist also kein Zufall, wenn die meisten europäischen Einwanderer um die Jahrhundertwende an der mittel- und nordatlantischen Küste der USA siedelten, die Mexikaner dagegen besonders im Südwesten und die Asiaten insbesondere in den Pazifikstaaten.[56]

Im Vergleich zu den USA gilt für *Deutschland* ebenso wie für das übrige Europa, daß keine größeren Gebiete mit hoher Ausländerkonzentration anzutreffen sind. Allerdings kommt es in manchen Bezirken von Großstädten zu stärkeren Häufungen. Die stark punktuelle Form von Barackensiedlungen und Asylbewerberheimen führt dazu, daß es punktuell zu extrem hohen Konzentrationen kommt und dies – untypisch für das übrige Europa – auch in weit von urbanen Zentren entfernt liegenden Dörfern. Es kann in Deutschland jedoch kaum von einer Ghettobildung[57] nach US-amerikanischem Muster gesprochen werden. Selbst zu Ghettos stilisierte Bezirke, wie etwa Berlin-Kreuzberg, weisen bei genauer empirischer Untersuchung keine Ghettostruktur auf. Allerdings ist seit Mitte der siebziger Jahre eine Zunahme ethnischer Segregation in Deutschland zu beobachten (O'Loughlin und Glebe 1984). Durch stark gesplittete Wohnungsmärkte kommt es zu einer leichten Polarisierung von europäischer und nicht-europäischer Bevölkerung. Daß jedoch einfache räumliche Segregation nicht direkt als sozialer Ausschluß interpretiert werden darf, zeigen die durchweg höheren Werte ethnischer Segregation von Griechen gegenüber Türken.

Wie häufig in Europa zu beobachten, ist auch in *Frankreich* eine hohe Ausländerkonzentration ein Phänomen der heruntergekommenen Innenstädte. Typisch waren und sind teilweise heute noch die »bidonvilles« (shanty towns). Oft wurden die Bewohner der sanierten »bidonvilles« jedoch einfach in »cités de transit« außerhalb der Stadt umgesiedelt, in denen kaum bessere

---

56 So entstanden übrigens auch die bekannten 'Little Italies' oder 'Chinatowns' in den Küstenstädten.

57 Der Begriff Ghetto wird sehr unterschiedlich gebraucht, eine allgemeine Definition gibt Cashmore (1994): „The congregation of particular groups who share common and ethnic cultural characteristics in specific sectors of the city often takes the form of a segregated area and is described as a ghetto. ... On the whole, most commentators agree that, technically, a ghetto should comprise a high degree of homogeneity, all residents sharing similar backgrounds, beliefs, and so on. They should also be living amid poverty, in relation to the rest of the city's population." (S.127)

Wohnverhältnisse herrschen. Obwohl – wie in Deutschland – flächendeckende Untersuchungen rar sind, zeigen Studien (Kennedy-Brenner 1979), daß Nationalität der wichtigste Faktor für Wohnungsqualität ist. Dabei besteht die Hauptdifferenz zwischen Italienern, Spaniern und Jugoslawen auf der einen und Portugiesen sowie Nord und Schwarzafrikanern auf der anderen Seite. Städtestudien zeigen, daß die Segregationsquotienten in Paris auf Arrondissment-Ebene außergewöhnlich gering sind, während sie in Marseille die im europäischen Rahmen erwartbare Höhe haben (nach Brettell 1981).

Es gibt viele Ideen und Konzepte, die versuchen, die Relationen zwischen *Ethnizität und Siedlungsmuster* im Gastland zu erklären. Eine Erklärung für räumliche Segregation ist, daß sie einfach das *kapitalistische Allokationssystem* reflektiert. Immigranten bekommen die schlechtesten Jobs und die schlechtesten Wohnungen; die schlechtesten Wohnungen sind geographisch konzentriert, so daß auch Immigranten geographisch konzentriert sind. Doch auch Religion, Sprache, Familiengröße und andere Herkunftsmerkmale spielen eine Rolle. Meist gilt jedoch, daß einfache Arbeitsmigranten in einfachen Arbeitervierteln leben, und privilegierte Einwanderer in reichen Wohngebieten (Japaner in Düsseldorf, Amerikaner in Brüssel). Innerhalb dieser Gebiete aber sind die ethnischen Gruppen nicht gleich verteilt (vgl. Peach 1992, S. 134).

In den Fällen Frankreich und Deutschland weisen die Untersuchungen auf folgenden Mechanismus hin: nicht zuletzt durch politischen Einfluß sind gerade die ersten Wohnorte sehr verstreut. Aber mit dem ersten und zweiten Umzug neigen Angehörige ethnischer Gruppen dazu, sich zu segregieren. Peach faßt die verschiedenen Studien zur Segregation wie folgt zusammen:

„The pattern which emerges from these studies of segregation in European cities is that although immigrant groups are often concentrated in the inner-city areas of population decrease and poor housing conditions, it is only at very localised level that they constitute majorities of the population. If very fine area meshes are adopted for measurement, Indexes of Segregation in the 70s may be reached, but, for the most part readings are in the 30s, 40s, 50s and 60s, much like the situation of European immigrants in US cities in the first half of the century." (Peach 1992, S. 130)

Die punktuell hohen Dichten von Ausländern in Europa rechtfertigen kaum, von einer Ghettobildung nach amerikanischem Muster zu sprechen. Übrigens waren auch die europäischen ethnischen Gebiete in amerikanischen Städten selten tatsächlich Ghettos. Einerseits waren die Anteile der europäischen Einwanderer sehr gering, und zum anderen waren die meisten europäischen Einwanderer – zu Beginn oft als Siedler – weit über das Land verteilt. Ganz anders ist die Situation für Schwarze; hier gilt, daß sowohl in bestimmten Gebieten Black Americans und schwarze ethnische Gruppen weitestgehend die Bevölkerungsmehrheit stellen, als auch, daß diese Gruppen Netzwerke meist nur innerhalb dieser Ghettos bzw. zu anderen Ghettos haben.

Klassische Assimilationstheorien gehen davon aus, daß sich Migranten im Laufe der Zeit den Mobilitätsmustern der Einheimischen anpassen. Auch wenn dies teilweise mit den eben referierten Prozessen übereinstimmt, erweist sich die folgende (oft als Ableitung der ersten Aussage), gemacht Feststellung als problematisch; und zwar daß sich Neuankömmlinge in urbanen Zentren konzentrieren würden, um sich dann im Prozeß der Assimilation im Land zu verteilen. Hier kann eingewendet werden, daß dies langfristige Aussagen sind, die mit den starken ethnischen Konzentrationen der erst kurzfristig Eingewanderten nicht zu widerlegen sind.

Gerade Studien in den Vereinigten Staaten zeigen, wie komplex hier die Prozesse sind (Lieberson und Waters 1987). Die Abweichung ethnischer Gruppen von der räumlichen Verteilung der Gesamtbevölkerung nimmt mit der Dauer des Aufenthalts dieser ethnischen Gruppen ab. Dies widerspricht jedoch nicht der Aussage, daß die Siedlungsmuster zur Zeit der Einwanderung noch heute die ethnische Zusammensetzung der einzelnen Staaten bestimmt. So entspricht in vielen Staaten die Zusammensetzung der fünf größten Abstammungsgruppen der Zusammensetzung der Einwanderungswellen Mitte des letzten und Anfang dieses Jahrhunderts.

Dasselbe gilt auch, blickt man nicht auf die Verteilung in den Regionen, sondern auf Herkunftsländer. Die fünf höchst konzentrierten ethnischen Gruppen sind Mexikaner, Portugiesen, Japaner, Filipinos und Norweger. Mexikaner und Filipinos kommen zwar noch heute in großer Zahl, aber immer in Gebiete, in denen sie sich auch schon vor 50 Jahren konzentrierten. Die anderen Gruppen sind allesamt Einwanderer zumindest aus der Zeit vor dem Zweiten Weltkrieg. Dies bedeutet sicher nicht, daß nicht innerhalb der Siedlungsgebiete sehr wohl starke Bewegungen, besonders aus urbanen Zentren heraus, stattfinden. Wichtig ist jedoch, daß es über das ganze Land betrachtet typische ethnische Zusammensetzungen gibt, die relativ stabil sind. Die USA ist also eher ein Flickenteppich unterschiedlicher Gebiete mit je eigenen kulturellen Äußerungen, als eine große homogene »eingeschmolzene« Bevölkerung.

Die gesamte amerikanische Bevölkerung bewegt sich, hauptsächlich aufgrund der wirtschaftlichen Entwicklung, vom Nord- und Mittelwesten in den Süden und Südwesten. Wenn sich dieser Trend aus den siebziger und achtziger Jahren weiter fortsetzt, wird dies aber nur im geringem Maße zu einer ethnischen Durchmischung führen. Hierfür sind verschiedene Gründe zu nennen:

1. Haben sich Angehörige einer ethnischen Gruppe in einem Gebiet angesiedelt, in dem diese Gruppe stark vertreten ist, so haben sie eine niedrigere Neigung zu wandern als die Gesamtbevölkerung;
2. Gehören Menschen einer ethnischen Gruppe an, die nur schwach in einem Gebiet vertreten ist, so ist die Wanderungsneigung höher als der Durchschnitt;

3. Wandern Mitglieder einer ethnischen Gruppe, so neigen sie dazu, in Gebiete zu ziehen, in denen auch viele Angehörige dieser Gruppe wohnen.

Es scheint also eher unplausibel, daß sich die ethnischen Enklaven auf lange Sicht auflösen. Wenn sie überhaupt ihre Sichtbarkeit verlieren, dann nicht nur, weil die dort wohnende eingewanderte Bevölkerung sich amerikanisiert, sondern auch, weil sich die gesamte amerikanische Bevölkerung an diese Differenzen gewöhnt und sie nicht mehr als »unamerikanische« wahrnimmt.

„Contrary to assimilationist views, the safest prediction is that ethnic communities created by present immigration will endure and will become identified with their area of settlement, giving to the latter, as other immigrants had before them, a distinct cultural flavor and a new »layer« of phenotypical and cultural traits." (Portes/Rumbaut 1990, S. 53)

Der eben beschriebene Prozeß persistenter ethnischer Gemeinden durch ethnisch selektive Zuwanderung und geringe Abwanderungsneigung könnte gerade von ökonomisch orientierten Assimilationstheoretikern als irrational angesehen werden. Gerade die ökonomischen Chancen der zweiten Generation könnten anderswo höher sein, und ökonomische Aufwärtsmobilität ist mit räumlicher Mobilität verbunden. Dem widerspricht aber die »soziale Logik« individuellen Handelns – die mutatis mundantis übrigens auch für Angehörige der Mehrheit gilt. Sich von der eigenen und gewohnten Umgebung zu entfernen, bedeutet das Risiko des Verlustes sozialer und kultureller Ressourcen, die notwendig sind für das subjektive Wohlbefinden ebenso wie für ökonomische Leistungsfähigkeit. Zu bleiben heißt also: die Möglichkeit, den gewohnten Lebensstil beizubehalten, auf das Tempo der eigen Akkuration Einfluß nehmen zu können, die soziale Kontrolle über die Kinder zu erhöhen oder überhaupt zu behalten, und den Zugriff auf soziale Netzwerke mit all ihren wichtige Funktionen dauerhaft zu ermöglichen. Auch auf kollektiver Ebenen ist eine weit verstreute ethnische Minderheit bei weitem nicht so einflußreich, wie es eine kleine, aber hoch konzentrierte zumindest auf lokaler Ebene sein kann.

Vor- und Nachteile ethnischer Konzentrationen können auch von der Mehrheit aus betrachtet werden. Gerade ethnische Enklaven werden hier als besonders besorgniserregend gesehen, da sie das kulturelle Gefüge einer Gesellschaft verändern. Aber genau diese Veränderung ist der Vorteil, den z.B. die amerikanische Gesellschaft aus der Einwanderung zieht. In der Geschichte der USA waren es die Einwanderungsgruppen in New York, Boston, San Francisco und Los Angeles ebenso wie im Mittleren Westen, die erheblich zum wirtschaftlichen Aufschwung beitrugen. Und nach einiger Zeit kam es zu den typischen kulturellen Neubildungen, die jede Region stolz präsentiert und nicht mehr missen möchte: St. Patricks Day-Paraden, deutsche Bierfeste, chinesische Neujahrsfeste, Mardi Gras-Karneval oder mexikanische Fiestas.

„Ethnic communities have been much less the Trojan horses portrayed by the xenophobes than effective vehicles for long-term adaptation....[I]t may be well to recall past experience, when spatial concentrations of immigrants from all over the globe did not lead either to political separatism or to cultural alienation. Within their respective areas of settlement, ethnic communities created by immigration have grown and diversified; later generations' efforts to maintain a distinct culture have been invariably couched within the framework of loyalty to the United States and an overarching American identity. Today's immigrants in all likelihood will follow the same path." (Portes/Rumbaut 1990, S. 55-56)

Einwanderung ist in vielen Fällen im Gastland mit räumlicher Segregation verbunden, die durchaus Stabilität aufweist. Es ist wohl zu vermuten, daß das »Verschwinden« ethnischer Gruppen aus dem öffentlichen Bewußtsein kaum von einer räumlichen Diffusion im Zielland begleitet wird. Vor allem in den USA zeigt sich vielmehr, daß sich einerseits die Mehrheit an neue Binnengrenzen gewöhnt und anderseits die Minderheit ihre Lebensweise kreativ im Zielland einpaßt, ohne sie völlig aufzugeben. So trägt Einwanderung einfach zur Multiplizierung von Binnengrenzen bei, die, wie in modernen Gesellschaften üblich, von vielen anderen Zugehörigkeiten, Solidarisierungen oder Identifikationen ebenso überbrückt wie stabilisiert werden.

1.1.4   Ökonomie und Immigration[58]

Zusammenfassend kann festgehalten werden, daß aus der Perspektive westlicher Industriestaaten Immigration meist ein erwünschter ökonomischer Faktor ist, obwohl sie auch nicht-intendierte Folgen hat. Die Situation verschiebt sich leicht, betrachtet man das Wohlfahrtssystem. Der einfachste Weg, den Einfluß von Immigration auf das Wohlfahrtssystem abzuschätzen, besteht in dem Vergleich der Ausgaben und Einnahmen, die Immigranten als Gruppe generieren. Die meisten dieser Studien kommen zu dem Schluß, daß der Nettoeffekt entweder neutral oder leicht positiv ist. Hier gibt es jedoch große Unterschiede in der Ausgaben-/Einnahmenstruktur innerhalb des Staates: während höhere Kosten tendenziell auf der Ebene der Gemeinden und Länder anfallen, schlagen Gewinne eher auf der gesamtstaatlichen Ebene zu Buche. Einige vermuten (z.B. Borjas 1991), daß ein Wechsel im Einwanderungsprofil negative ökonomische Folgen haben könnte: neu ankommende Immigranten haben höhere Armuts- und Arbeitslosigkeitsrisiken. Betrachtet man den demographischen Einfluß von Immigration auf die Altersstruktur, so sind langfristige Auswirkungen eher unwahrscheinlich (siehe hierzu Studien für Kanada und Deutschland, OECD-SOPEMI 1992).

Es gibt eine große Gruppe von Forschern und Forscherinnen, die *den internationalen Arbeitsmarkt* in Verbindung mit dem kapitalistischen Weltsystem thematisieren (Cohen 1987; Potts 1988; Rogers 1985 – zu Gastarbei-

---

58   Dies ist eine kurze Zusammenfassung der Literatur zu diesem Thema, vgl. hierzu für Nordamerika Portes/Rumbaut 1990, für Deutschland und Frankreich siehe z.B. Angenendt 1992.

tersystemen). Allgemein kann gesagt werden, daß unterschiedliche Formen von Arbeitsteilungen auftreten, die wiederum unterschiedliche Implikationen für Migrationsströme haben (Cohen 1992).

Eine der bekanntesten Vertreterinnen ist hier sicher Sassen (1991), die Verbindungen zwischen neuen Mustern von Kapitalflüssen und der Veränderung bestimmter Produktionsstrukturen in amerikanischen Großstätten als befördernden Faktor für spezifische neue Arbeitsmigrationen sieht (zu den globalisierungstheoretischen Überlegungen siehe I.1.1.3). Gerade die Auslagerung von arbeitsintensiven Produktionsstätten hat dabei auch zu einem verstärkten Migrationsstrom aus den betreffenden Länder geführt. Diese Migranten arbeiten dann meist in sehr niedrig bezahlten Berufen, oft im Dienstleistungsbereich. Dies führt gerade in den »global cities« zu einem spannungsreichen Nebeneinander von extrem wohlhabenden und hoch gebildeten Einwanderern und stark marginalisierten Immigrantengruppen. Während oft schon länger Eingewanderte als Staatsbürger oder legale Einwanderer unter hohen Arbeitslosenquoten leiden, sind es neu eintreffende Illegale, die zu extrem schlechten Bedingungen entweder direkt als Hausangestellte oder indirekt in meist ethnisch spezifischen Dienstleistungen für die Wohlhabenden in den »global cities« arbeiten.

Zusammenfassende Aussagen über die Verbindungen zwischen *nationalem Arbeitsmarkt* und internationalen Wanderungen sind schwierig.

„The international migration and employment nexus has been the object of extensive but inconclusive scholarship and acrimonious political debate." (Castles/Miller 1993, S. 170)

Eine der wichtigsten wiederkehrenden Aussagen ist sicherlich die zur starken Segmentation, oder sogar zunehmenden Polarisierung von Arbeitsmärkten (vgl. hierzu z.B. Seifert 1995). Generell scheint es jedoch problematisch, Auswirkungen von Migration auf den »gesamten« Arbeitsmarkt zu beschreiben (etwa den gesamten Lohndurchschnitt, Konkurrenzsituation), da die Auswirkungen meist sektoral sehr unterschiedlich sind. Ebenso unterschiedlich sind die Interessen, denn so wie gerade Unternehmer und Großinvestoren in typisch arbeitsintensiven Wirtschaftssektoren zu den Gewinnern bei erhöhter Arbeitsmigration gehören, gibt es die teilweise berechtigte Befürchtung bei Beschäftigten in diesen Sektoren hinsichtlich einer Senkung des Lohnniveaus und der sozialen Leistungen.

Nach Untersuchungen des ILO (Böhning 1991) kommt es gerade auch in EU-Ländern zu einer Polarisierung. Schätzungen besagen, daß etwa ein Viertel der ausländischen erwerbstätigen Bevölkerung aus »highly invisible« Migranten besteht, also Facharbeiter, Techniker oder ähnlichem. Diese Effekte eines europäischen Arbeitsmarktes verstärken die Effekte einer sich globalisierenden Ökonomie auf die zunehmende Wanderung von Managern und hoch qualifizierten Arbeitnehmern zwischen den Industriestaaten. Die Zunahme an Polarisierungsprozessen läßt sich auch für die USA nachweisen (z.B. Borjas 1990). Langzeitprozesse der Arbeitsmarktsegmentation führen teilweise zu einer Stabilisierung marginalisierter Gruppen, allerdings scheinen diese marginalisierten Gruppen immer weniger über direkte Diskriminierung durch Rasse, Ethnizität oder Staatsbürgerschaftsstatus erklärbar zu sein (vgl. Castles/Miller 1993).

Gerade in den USA ist der Anteil an weiblichen Einwanderern besonders hoch, dies ist wohl auch durch die amerikanischen Truppen zu erklären (vgl. Houston u.a. 1984). Gerade diese weiblichen Einwanderer haben besonders niedrige Partizipationsraten am Arbeitsmarkt und zeigen besonders starke Polarisierungen. In vermutlich allen Industriestaaten sind Einwanderinnen die billigsten, flexibelsten und anspruchslosesten Arbeitskräfte, die in geschlechtsspezifisch segregierten Arbeitsmärkten meist in die niedrigsten Segmente integriert werden. Die Partizipationsraten von ausländischen Frauen steigen in den USA und Frankreich langsamer als die Einheimischer, und sind in Deutschland sogar in den letzten zehn Jahren gesunken (vgl. OECD-SOPEMI 1994). Genauere Analysen zeigen, daß besonders bei Frauen sehr starke Unterschiede in den Partizipationsraten zwischen ethnischen Gruppen besehen.

Hinsichtlich der Arbeitslosigkeit teilen inländische und ausländische Arbeitskräfte verschiedene Merkmale (vgl. OECD Job Studie 1995); Frauen haben höherer Arbeitslosenquoten als Männer, und die von Jugendlichen liegen meist noch einmal höher. Insgesamt sind jedoch Ausländer stärker von Arbeitslosigkeit betroffen als Inländer.

Wichtige Forschungsgegenstände waren auch immer ethnische Unternehmen oder »middleman minorities«, also Gruppen, die sich auf bestimmte ökonomische Nischen im Gastland spezialisieren. Typisch sind hier ethnische Gaststätten, genauso wie bestimmte andere Dienstleistungsbranchen (etwa Wäschereien), aber auch kleine Produktionen (etwa Textilgewerbe), in denen sich ethnische Unternehmer mit meist ethnisch homogenem Angestelltenstamm am Markt etablieren.[59] Zahlreiche Studien belegen dies besonders für zahlreiche asiatische Minderheiten in US-amerikanischen Städten, für Nordafrikaner in Frankreich, genauso wie für die türkische Minderheit in Deutschland. Die Einschätzungen dieses Phänomens sind sehr unterschiedlich: einerseits wird der ökonomisch dynamisierende Effekt dieses Unternehmertums betont, anderseits wird auf die massive Selbstausbeutung und die Ausbeutung von Verwandten und Angehörigen derselben ethnischen Gruppe verwiesen. Nachdem nun einige Aspekte des Einflusses von Migration auf die Binnenstruktur von Nationalstaaten beschrieben wurden, soll nun dargestellt werden, welche politischen Maßnahmen Nationalstaaten ergreifen, um Migration zu steuern.

---

59 Siehe hierzu die Studie von Light/Bonacich 1988 über koreanische Unternehmen in Los Angeles.

1.2 Immigration und politische Regelungsversuche nach dem Zweiten Weltkrieg

In allen drei Ländern war und ist Immigration ein Bestandteil der politischen Agenda. Trotz des befremdlichen Habitus deutscher Regierungen, zu behaupten, Deutschland sei kein Einwanderungsland, werden verschiedene Einwanderungsprobleme immer wieder diskutiert. Besonders prominent ist sicherlich im Moment die Diskussion um die Ost-West-Wanderung. In den USA haben verschiedene Faktoren zu einer erhöhten Aufmerksamkeit gegenüber Immigrationsproblemen geführt. Besonders das Gesetz von 1986 hat nicht zu der erwünschten Kontrolle illegaler Immigration geführt. In Frankreich wird die Einwanderung aus dem Maghreb inzwischen zur Gefahr für die französische Nation stilisiert. Darüber hinaus war es der Anstieg von Flüchtlingen, die in allen drei Ländern zu einer erhöhten politischen Aufmerksamkeit geführt hat.

Migrationsbewegungen unterliegen also immer wieder politischen Überlegungen, die oft zum Ziel haben, steuernd in das Migrationsgeschehen einzugreifen. Immigrationspolitiken sind insofern ein wichtiger Teil der »Grenzleistung« eines Nationalstaates, als hier Selektionskorridore für Einwanderer definiert werden. Diese Selektionskorridore sind verknüpft mit bestimmten Rechten innerhalb des Landes, die wiederum in weiten Teilen auch die Möglichkeiten einer Einbürgerung bestimmen. Jeder Staat definiert hierbei auf sehr unterschiedliche Weise verschiedene Gruppen von Einwanderern. Generell lassen sich die Maßnahmen, die sich direkt auf Migrationsbewegungen über die Staatsgrenzen beziehen, von denen unterscheiden, die Migration im Inneren des Landes handhaben, obwohl für den einzelnen Migranten beide Bereiche eng verknüpft sind.

„From this perspective, migration policy encompasses not only a country's regulation of migration entries and exits but also the policies it adopts to cope with long-term settlement consequences of migration, in particular, integration." (Hammar 1992, S. 254)

Der ganze politische-institutionelle Komplex zur Behandlung von Migranten kann in zwei Hauptprozessgruppen der Grenzleistung eingeteilt werden:

1. *Externe Grenzleistungen*: Hierunter fallen direkte Grenzkontrollen, bei denen Menschen, nach administrativen Kategorien strukturiert, eingelassen oder abgewiesen werden. Hierzu gehören auch Kontrollen und Verfahren, die in anderen Staaten durchgeführt werden, meist durch Botschaften etwa bei Visasystemen.
2. *Interne Grenzleistungen:*
   a. Meist bestimmt durch die Selektionskategorien der externen Kontrolle, vergeben und kontrollieren Immigrations- und Arbeitsbehörden verschieden Arten von Arbeits- und Bleibeerlaubnissen. Oft kommt es zu »Statuspassagen« von der zeitlich begrenzten zur per-

manenten Aufenthaltserlaubnis. Bei klassischen Einwanderungsländern ist in manchen Fällen die permanente Aufenthaltserlaubnis direkt an die erste Stufe geknüpft.

b. Einbürgerung, als letzter politischer Grenzmechanismus, bestimmt das Anrecht auf die gleiche Behandlung wie bei denen, die schon immer als Bürger im Staatsgebiet leben.

Gerade der unter Punkt 2a genannte Aspekt – also die internen Grenzleistungen eines Staates gegenüber denen, die nicht bzw. noch nicht Staatsbürger sind – ist für die meisten Immigranten von hoher Relevanz. Hier handelt es sich in allen Staaten um ein komplexes System, in dem die Strukturen des Wohlfahrtsstaates eine prominente Stellung innehaben.[60] Da es hier besonders um die Interaktion des Nationalstaates mit globalen Prozessen geht, sollen hier nur Immigrationspolitiken als Beispiel für externe Grenzleistungen untersucht werden. Als Grenzleistung, die spezifisch intern definiert ist, wird im nächsten Kapitel die Staatsbürgerschaft untersucht.

In diesem Abschnitt geht es vor allem um die politischen Maßnahmen zu externen Regelungsversuchen. Während vor allem die USA, teilweise aber auch Frankreich einen eigenen Politikbereich der »Immigrationsgesetzgebung« besitzen, hat Deutschland kein eigentliches Immigrationsgesetz, aber ein mehr oder minder implizites Präferenzsystem (Faist 1993a, S. 9) institutionalisiert, das als funktionales Äquivalent zur Immigrationsgesetzgebung verwendet wird.

1.2.1 Immigrationspolitik in den USA[61]

Die Immigrationspolitik der USA läßt sich nach dem Zweiten Weltkrieg grob in drei Perioden einteilen.

Nachkriegszeit und neue Immigrationspolitiken (1945 – 1965): In den frühen zwanziger Jahren dieses Jahrhunderts verfolgten die Vereinigten Staaten eine eher restriktive Immigrationspolitik, die nicht nur die Zahl der Einwanderer beschränkte, sondern auch die Ansiedlung von Menschen aus Nord- und Westeuropa gegenüber der Einwanderung aus Süd- und Osteuropa favorisierte. In den späten vierziger Jahren begann die US-Regierung, ihre Immigrationspolitik zu revidieren. Im Jahre 1952 setzte der Kongreß den »Immigration and Nationality Act« in Kraft (ergänzt 1965, 1980, 1986, 1990), der bis heute die US-amerikanische Immigrationspolitik bestimmt. Dieses Gesetz behielt zwar weitgehend das restriktive Quotensystem bei, es wurde jedoch auch versucht, auf den höheren Einwanderungsdruck in der Folge des Zweiten Weltkrieges und des beginnenden Kalten Krieg zu reagieren. Darüber hinaus wurden zahlreiche Flüchtlings- und Vertriebenengesetze erlassen (z.B. der »War

---

60 Einige Überlegungen hierzu siehe Kapitel II.2. Detaillierte Analysen, wie diese Prozesse konzeptionell zu fassen sind, bieten z.B. Heinelt/Lohmann 1992 oder Bös/Wenzel 1996.
61 Zu den Ausführung über die USA und Deutschland vergleiche auch Bös/Wenzel 1996.

Brides Act« von 1945, »Displaced Persons Act« von 1948 und 1950, sowie der »Refugee Relief Act« 1953). Das Gesetz von 1950 garantierte die Einreiseerlaubnis für jährlich 341.000 Vertriebene, der »Refugee Act« von 1953 stellte 205.000 Visa außerhalb des Quotensystems zur Verfügung. Darüber hinaus wurden neue Regelungen getroffen, die den Übergang vom Flüchtlingsstatus zum permanenten Einwanderer erleichterten. Neben diesen Öffnungen hinsichtlich der Flüchtlingsströme, wies Präsident Eisenhower an, ungarischen und kubanischen Flüchtlingen, die vor kommunistischen Regimen flohen, die Einreise zu erlauben (siehe LeMay 1987, S. 107-09; Ueda 1994, S. 36-37).

Aufgrund der begrenzten Zuwanderung von geringqualifizierten Arbeitskräften wurden besonders Kanadier und Mexikaner angeworben, um in arbeitsintensiven Wirtschaftssektoren zu arbeiten. Zwischen 1942 und 1964 kamen unter der Geltung eines speziellen Programms (bekannt als bracero-Programm) etwa 4,7 Millionen Mexikaner in die USA. Das bracero-Programm war vor allem als Zulassungsprogramm für Landarbeiter und für einige andere Kurzzeit-Arbeitsverhältnisse gedacht.[62] Puertoricaner bildeten eine weitere Gruppe von Immigranten, die in großer Zahl in die USA kamen. Dies nicht zuletzt deshalb, weil der zunehmende Flugverkehr Reisen zwischen den Inseln der Karibik und dem amerikanischen Festland seit dem Ende der vierziger Jahre immer leichter machte. Da Puerto Rico den Status eines US-Territoriums besaß, waren die Einreisezulassungen nicht begrenzt. Wie die Mexikaner befriedigten auch die Puertoricaner den Bedarf an billigen Arbeitskräften und zeigten eine hohe Rückwanderungsneigung.

Die Diversifizierung der Einwanderung (1965 – 1980): Die sechziger Jahre waren eine Zeit wichtiger liberaler Gesetzesreformen und es wurden Anstrengungen unternommen, rassistische Diskriminierungen abzuschaffen. Dies schlug sich auch in der Immigrationsgesetzgebung nieder. Mit dem »Hart-Celler Act« von 1965 wurden die restriktiven Nationenquoten abgeschafft. Darüber hinaus begrenzte das Gesetz – zum ersten Mal in der US-amerikanischen Geschichte – die Einwanderung aus der westlichen Hemisphäre zugunsten der Einwanderung aus Asien und Lateinamerika. Auch wurde großer Wert auf Familienzusammenführung gelegt, und das Gewicht spezifischer Berufsqualifikationen zur Erlangung einer Einreiseerlaubnis verringert. Die jährliche Anzahl von Einwanderungserlaubnissen wurde auf 290.000 angehoben.

Dieses wichtige Gesetz aus dem Jahre 1965 hatte jedoch auch viele unintendierte Folgen. Erstens hatten die Befürworter des Gesetzes nicht vorausgesehen, daß es zu einem starken Anstieg der Anzahl der Einwanderer führen würde (vgl. Ueda 1994, S. 44-49). Zweitens kam es zu einem Wandel in der Struktur der Immigrationsflüsse, der nicht zuletzt auch einen starken Wandel der ethnischen Zusammensetzung der Einwanderungsströme beinhaltete. Mehr als 60% der 16,7 Millionen legalen Einwanderer zwischen 1965-1990 kamen

---

62 Die USA hatte schon während des Ersten Weltkriegs mit bestimmten Gastarbeitersystemen experimentiert, siehe Ueda 1994, S. 7.

aus Asien, Lateinamerika und der Karibik, während in den vorherigen Jahrzehnten die meisten Immigranten aus europäischen Ländern kamen. Der Anteil lateinamerikanischer Immigranten verdoppelte sich, so daß 1992 Latinos etwa 9% der Gesamtbevölkerung stellten. Die asiatische Bevölkerung verzehnfachte sich zwischen 1950 und 1990 und macht jetzt einen Anteil von etwa 3% an der Gesamtbevölkerung der USA aus.

Das bracero-Programm, der wichtigste Bestandteil des US- amerikanischen Gastarbeitersystems, endete im Jahre 1965. Zur selben Zeit führte der Hart-Celler-Act Länder-Jahreshöchstgrenzen für Visa ein. Als Konsequenz wurde jedoch gerade an der mexikanische Grenze die Arbeitswanderung nicht etwa gestoppt; Menschen, die vorher an dem Gastarbeiterprogramm teilgenommen hätten, kamen jetzt illegal in die USA. Soziale und politische Unruhen, genauso wie ökonomische Krisen in Zentral- und Lateinamerika waren zusätzliche Wanderungsgründe. Die Anzahl der illegalen bzw. nicht-dokumentierten Einwanderungen erreichte schnell Millionenhöhe, der »Immigration and Naturalisation Service« verzeichnete etwa 500.000 Deportationen von illegal Eingewanderten kontinuierlich pro Jahr nach Einführung des Hart-Celler Acts.

Zwiespältige politische Reaktionen (seit 1980): Die zunehmende Anzahl illegaler Einwanderer zusammen mit dem Anstieg von Flüchtlingsströmen führte zu eine neuerlichen Diskussion über eine Reform des Immigrationssystems in den USA. Während in der öffentlichen Diskussion besonders Ideen der Schließung – gegenüber legaler und illegaler Einwanderung – favorisiert wurden, wurde unter den Experten vor allem diskutiert, wie die Beschäftigung von Illegalen zur erschweren sei, bei einer Fortführung der Zulassung der Einwanderung von regulären Immigranten. Im Jahre 1980 reagierte die US-Regierung auch auf die Zunahme der Flüchtlinge mit der Ratifizierung des »Refugee Act«. Diese und andere politische Maßnahmen führten eher zu einer Ausweitung der Politik der »Offenen Tür« (basierend auf humanitären und auch politischen Überlegungen). Gleichzeitig wurde versucht, die »Hintertür« zu schließen, also die illegale Einwanderung zu unterbinden. Maßnahmen zur Unterbindung undokumentierter Immigration wurden gemeinsam mit Maßnahmen eingeführt, die darauf zielten, die Attraktivität der USA als Einwanderungsland zu reduzieren (z.B. Restriktionen im Zugriff auf soziale Leistungen, vgl. hierzu Bös/Wenzel 1996).

Zahlreiche Reformvorschläge, die seit den späten siebziger Jahren im Kongreß erörtert wurden, führten letztendlich zur Ratifizierung des »Immigration Reform and Control Act« im Jahre 1986. Statt der Ausweisung von illegalen Einwanderern – die übliche Methode in der Vergangenheit – führte das Gesetz ein Amnestieprogramm für undokumentierte Fremde ein und gab ihnen die Möglichkeit, ihren Status zu legalisieren. Etwa 2,7 Millionen Illegale machten von dieser Möglichkeit Gebrauch. Basierend auf einem revidierten Präferenzsystem wurde mit dem »Immigration Act« von 1990 die jährliche Einwanderungshöchstgrenze auf 700.000 gehoben (nicht eingeschlossen Flüchtlinge und Asylsuchende). Das Gesetz spiegelt insgesamt eine »pro-immgration« Haltung wider. Die jährliche Einwanderungshöchstgrenze wurde 1995 auf 675.000 gesenkt. Unter den im Jahre 1992 zugelassenen 700.000 Einwanderern in den USA waren fast die Hälfte Verwandte oder Familienmitglieder von US-Bürgern, 22% der Immigranten erhielten die Bleibeerlaubnis aufgrund des Amnestieprogramms des IRCA von 1986. 12% aller zugelassenen Immigranten waren Flüchtlinge oder Asylsuchende, und etwa dieselbe Anzahl (11%) wurden aufgrund spezieller beruflicher Qualifikationen zugelassen (Suro 1994, S. 16).

Die Zulassung von Flüchtlingen, obwohl auch dies einen permanenten Einwanderungsfluß darstellt, wird in den USA von der übrigen Immigration separiert gehandhabt. Flüchtlinge werden nicht unter die weltweiten Grenzwerte gefaßt, genausowenig wie unter die länderspezifischen Höchstwerte, es gibt jedoch spezifische Flüchtlingsgrenzwerte. Der »Refugee Act« von 1980 erlaubt Individuen mit einer »well-founded fear of persecution« die Einreise als Flüchtling oder die Erlangung eines Asylberechtigten-Status. Eine große Zahl von Ankommenden – aus Kuba, Haiti, El Salvador, Nicaragua oder aus anderen Staaten – kann diese individuelle Verfolgung jedoch meist nicht nachweisen, obwohl sie vor schweren sozialen und politischen Unruhen flüchten. Trotzdem sieht die US-Gesetzgebung die Möglichkeit für diese Gruppen vor, temporär eine Aufenthaltserlaubnis zu bekommen. Sie wird erlassen, wenn der »Attorney General« befindet, daß die Bedingungen in ihrem Herkunftsland eine sichere Rückkehr nicht erlauben.

Ein Programm mit der Bezeichnung »Extended Voluntary Departure« (EVD) wurde gegründet, um Polen, Äthiopier, Afghanen und auch andere Flüchtlinge zu schützen. Es ist offensichtlich, daß beide – sowohl der Asyl- als auch der EVD-Prozeß – stark durch politische Überlegungen beeinflußt sind, und daß bestimmte Gruppen, einschließlich solcher, die vor kommunistischen Regimen flüchten, eine bevorzugte Behandlung erfahren, vor allem im Vergleich zu Menschen aus Ländern, deren Regierungen Unterstützung von der amerikanischen Regierung erhalten, wie z.B. El Salvador. Der »Refugee Act« von 1980 erlaubt ca. 130.000 Menschen pro Jahr, in die USA einzureisen. Permanente Revisionen des Entscheidungssystems konnten jedoch nicht verhindern, daß der Rückstau von unentschiedenen Fällen im Jahre 1994 fast eine Million erreicht hatte. (Suro 1994, S. 14). Im Jahre 1994 wurden etwa 125.000 Flüchtlinge in den USA akzeptiert, gegenüber 147.200 im Jahre 1993 (dem höchsten Wert seit 20 Jahren, seitdem Zahlen vom »Immigration and Naturalisation Service« veröffentlicht werden). Wie bei der legalen Einwanderung kommen die meisten Flüchtlinge und Asylsuchenden aus Asien (vor allem China) und Lateinamerika.

1.2.2   Immigrationspolitik in Frankreich[63]

Die vier Hauptphasen französischer Immigrationspolitik sind gekennzeichnet durch die immer stärker werdenden Versuche staatlicher Steuerung.

Wiederaufbau und Versuche staatlicher Steuerung (1945 – 1955): Neben der Beseitigung der Kriegsschäden war ein Hauptproblem Frankreichs der Arbeitskräftemangel (Überalterung durch Gefallene der Weltkriege, Rückführung tschechischer, polnischer und jugoslawischer Gastarbeiter, sowie 400.000 deutscher Kriegsgefangener). Es wurden mittelfristige Wirtschafts- und Sozialpläne erstellt (Plan Monnet) und Immigration zur staatliche Aufgabe erklärt (1945 Gründung der ONI – Office National d'Immigration).[64] Bilaterale Anwerbeverträge mit Deutschland, Italien und später Griechenland wurden geschlossen.

Die ONI war für Anwerbung, Vermittlung der Arbeitskräfte und deren Integration zuständig. Mit der ONI wurde versucht, explizit ökonomische, demographische aber auch ethnische Steuerungsaspekte – im Sinne einer leichteren »Assimilierbarkeit« – migrationspolitisch zu implementieren. Statt Immigration zu fördern, wurde jedoch genau der umgekehrte Effekt erreicht: die Anzahl der in Frankreich lebenden Ausländer sank von ca. 4,3% der Bevölkerung auf 3,6%. Nur der Anteil der Algerier wuchs, weil für Algerien, als französische Kolonie, keine Beschränkungen eingeführt wurden. Selbst diese geringe Rekrutierung wurde jedoch weitgehend an der ONI vorbei durchgeführt, da die Kosten für den Unternehmer geringer waren, vor allen Dingen wurde jedoch die zeitraubende administrative Prozedur umgangen. Eingewanderte konnten sich bis 1968 mit dem Nachweis einer Arbeit später einen legalen Status verschaffen.

„The heterogeneous nature of immigration, the failure of the ONI and the minimal prominence given to the topic in official circles make it impossible to talk of a coherent state policy on immigration in the immediate post-war period." (Silverman 1992, S. 42)

Es kann bestenfalls von einem dualen System staatlicher Zuwanderung aus südeuropäischen Ländern und anderseits freizügiger Zuwanderung aus Algerien und anderen französischen Kolonien gesprochen werden (vgl. Angenendt 1992, S. 22).

Ungeregelte Einwanderung und Verschiebungen im öffentlichen Diskurs (1956 – 1973): Mitte der fünfziger Jahre nahm die Immigration nach Frankreich zu. Zuerst wurde noch versucht, europäische Migrationsbewegungen zu fördern (Vertrag mit Spanien 1961). Später wurden jedoch auch mit Marok-

---

63 Zur etwas differenzierteren Darstellung der Phasen der französischen Immigrationspolitik vgl. Silverman 1992, S. 37-69. Die Phaseneinteilung ist an Angenendt 1992, S. 21-28 angelehnt, dem auch der Hauptstrang der Darstellung entnommen ist.

64 Frankreich befand sich in einer ähnlichen Situation auch schon nach dem Ersten Weltkrieg, zwischen 1921-26 wurde die Rekrutierung von etwa einer Million Einwanderer durch Unternehmer vorgenommen (vgl. Silverman 1992, S. 38).

ko, Tunesien, Portugal, Mali und Mauretanien (1963), Senegal (1964), Jugoslawien und der Türkei (1965) Anwerbeverträge geschlossen (vgl. Silverman 1992, S. 43). Dies geschah zusätzlich zur Einwanderung von Migranten aus der Kolonie Algerien bis 1962. Letztgenannte Einwanderung setzte sich auch nach dem Allgerienkrieg fort. Zwischen 1956-1962 kam es zur Dekolonialisierung Frankreichs, und ein leichter Wirtschaftsaufschwung wurde spürbar. Der Arbeitskräftemangel (z.B. Bauindustrie) wurde durch die ungeregelte Rück- und Einwanderung, vor allen Dingen von Franzosen aus Algerien (repatriés) und Algeriern – die immer noch Freizügigkeit genossen – ausgeglichen.

Nach dem Algerienkrieg setzte ein langsamer Modernisierungsprozeß der französischen Wirtschaft ein. Die Rolle des Staates beschränkte sich auf Gesundheitskontrollen und die Legalisierung von Eingewanderten. Zwischen 1962 und 1973 wanderten jährlich durchschnittlich 130.000 Ausländer nach Frankreich ein (vgl. Angenendt 1992, S. 24). Die italienische Einwanderung nahm ab, Italien selbst wurde reicher, und in der Schweiz und der BRD waren die Anstellungsverhältnisse besser. Diese Ströme wurden teilweise durch Spanier ersetzt. Der große Strom portugiesischer Einwanderung ging völlig an der Regierung vorbei und wurde erst im Nachhinein legalisiert. Die größte Zuwanderung kam jedoch aus Nordafrika. Die Einwanderung war weiterhin eher in der Hand der Unternehmer als in der des Staates.

„Unprotected by the state, virtually absent from political debate and largely disregarded by the unions, immigrants were considered a peripheral presence in French society. The following years saw a progressive politicisation of the phenomenon of immigration and a movement (in the national consciousness) from the periphery to the centre." (Silverman 1992, S. 46)

Ende der sechziger Jahre rückte Immigration verstärkt in das öffentliche Bewußtsein. Sie wurde generell als eher positiv gewertet. Es wurden jedoch in offiziellen Kreisen vermehrt Bedenken über das »Problem« der nordafrikanischen Einwanderung geäußert. Die Abstinenz von Einwanderungsregelungen führte zu einem immer stärker werdenden Familiennachzug. Ende der sechziger Jahre versuchte die Regierung wieder, eine Einwanderungspolitik zu implementieren, die vor allem die Abhängigkeit von den klassischen Herkunftsländern mindern sollte. 1968 wurde dann eine Quote für algerische Einwanderung eingeführt. Vor allem wurde aber die nachträgliche Legalisierung erschwert, was deutlich die Effektivität der ONI erhöhte: kamen 1968 nur 24% der Immigranten mittels der ONI, waren es 1972 bereits 56%. Anfang der siebziger Jahre kam es zu ersten Hungerstreiks von Immigranten gegen restriktive Einwanderungsregelungen (vgl. Silverman 1992, S. 49). Die unzumutbaren Wohnverhältnisse wurden zu einem weit beachteten Thema.

1973 kam es im Zusammenhang mit der rechtsextremen Organisation »Ordre Nouveau« zu Kampagnen gegen die »unkontrollierte Einwanderung«, die auch in gewalttätigen Ausschreitungen mündete. Dies führte sogar soweit, daß die algerische Regierung im September 1973 die Auswanderung nach Frankreich aus Sicherheitsgründen stoppte. Auch wenn sich in der Phase von 1956-1973 kaum etwas an der Unwilligkeit der Regierung zur Regelung der Immigration änderte, so war es gerade die Phase Ende der Sechziger und Anfang der Siebziger, als Immigration zum öffentlich diskutierten Problem wurde, und die Ressentiments gegenüber bestimmten Migrantengruppen, wie sie heute noch bestehen, in den öffentlich Diskurs eingebracht wurden.

Implementation neuer Steuerungsversuche (1974 – 1981): Im Juli 1974 wurde ein Anwerbestop erlassen aufgrund wirtschaftlicher Rezession und zunehmender Arbeitslosigkeit. Neben dieser Maßnahme setzte auch die neue Regierung d'Estaing einen eigenen Staatssekretär für ausländische Arbeitnehmer ein. Im gleichen Jahr wurde auch ein Stop des Familiennachzuges verfügt, der aber im Mai 1975 wieder aufgehoben wurde. Schon vorher waren die Arbeitskräftezuwanderungen aber durch Familiennachzüge bestimmt, so daß sich kaum etwas änderte, und der Familiennachzug noch zunahm. Ein Versuch im November 1977, Familienzusammenführungen zu stoppen, wurde in gleicher Weise vom höchsten französischen Verwaltungsgericht (Conseil d'Etat) als nichtig aus humanitären Gründen erklärt, wie schon der von 1975.

1977 wurde ein Rückzugsprämie eingeführt. Eine zweite Maßnahme war die Verschärfung von Bleibebestimmungen und Versuche, illegale Einwanderung zu verhindern. Trotzdem kam es zur Zunahme illegaler Einwanderung, was auch teilweise zu einer Verschlechterung der Arbeitsverhältnisse für Neu-Eingewanderte führte. Da – zu dieser Zeit – zukünftige EU-Mitglieder (Spanien, Portugal, Griechenland) nicht reglementiert wurden, waren diese Maßnahmen vor allem gegen außereuropäische Einwanderung gerichtet. Darüber hinaus wurde versucht, die Elendsviertel der Ausländer (bidonvilles) durch verstärkten Wohnungsbau zu reduzieren.

Interessant am öffentlichen Diskurs dieser Jahre waren die Kosten-/ Nutzenkalkulationen im bezug auf Migration, wobei sowohl Geldtransfers in das Heimatland als auch illegale Immigration thematisiert wurden. Darüber hinaus wurde der modernisierungsverhindernde Charakter der Einwanderung behauptet, da »archaische« Produktionsverhältnisse durch Immigranten gestützt, und die Konkurrenzfähigkeit mit anderen Industriestaaten unterminiert würde (Silverman 1992, S. 57).

Neue Ausländerpolitik unter Mitterand? (Seit 1981): In den achtziger Jahren wurde Immigration zu einem der wichtigsten politischen Themen in Frankreich. Die Ausländerpolitik der Sozialisten zielte auf Verhinderung weiterer Zuwanderung. Allein zwischen Mai 1981 und März 1986 wurden 18 Gesetze, 79 Dekrete, 62 »arrêtés« und 229 Curricula erlassen (Silverman 1992, S. 59). Es wurden Maßnahmen gegen Illegale verschärft, für schon im

Land befindliche Einwanderer gab es die Möglichkeit der Legalisierung. Die Rückkehrförderung wurde intensiviert.

Obwohl die Sozialisten ihre Immigrationspolitik als neu bezeichneten, ist die Kontinuität in den Argumenten und Zustandsbeschreibungen seit Ende der sechziger Jahre erstaunlich, und wenn überhaupt etwas als neu zu bezeichnen war, so war es die immense zunehmende Regelungsdichte, aber wohl nicht die Politikziele selbst. Demgegenüber hätte sicherlich das ursprüngliche Programm, wie es 1982 geplant war, Frankreich durchaus auf den Weg zu einer kohärenten Einwanderungspolitik bringen können. Schon 1982 waren die Einwanderungsregelungen gegenüber Algerien dermaßen restriktiv, daß Algerien formal Protest einlegte. Es wurde versucht, die Integration durch Regelungen zur Aufenthalts- und Arbeitserlaubnis effektiver zu gestalten, und das völlig veraltete Vereinigungsrecht für Ausländer reformiert. Darüber hinaus gab es mehr Partizipationsmöglichkeiten in Gewerkschaften, lokale Ausländervertretungen und die FAS. Genauso wurden aber, entgegen der ursprünglichen Intention, nicht zuletzt auf Druck der Front National, immer restriktivere Immigrationsbestimmungen eingeführt, wie etwa die sehr starke Einschränkung des Familiennachzugs im Dezember 1984.

Das Interregnum von Jacques Chirac (1986-88) änderte nichts an der grundsätzlichen politischen Situation innerhalb einer sich polarisierenden Debatte. War unter Chirac der Hauptfokus der Diskussion auf Immigration und nationaler Identität, so verschob sich unter Rocard/Cresson die Diskussion hin zu »grundsätzlichen Integrationproblemen«, symbolisiert durch den Schleier muslimischer Frauen. Der hier am häufigsten diskutierte Fall ist der von Schulmädchen in Creil, nahe Paris, im Oktober 1989, die vom Unterricht ausgeschlossen wurden. Der Diskurs über das »Integrationsproblem« gerade mit nordafrikanischen Einwanderern wurde noch verschärft durch die gewaltsamen Ausschreitungen in einigen Vorstädten zu Beginn der Neunziger.

„After ten years under a socialist president, France was profoundly marked by a sense of national and social crisis. The term »immigration« had become a euphemism for this crisis. ... Caught in the glare of the national racism of Le Pen ... anti - racism (and the organised Left in general) not only lacked the necessary vision and strategy to cope with the wider social crisis but frequently perpetuated a discourse which contributed to a confusion of racism and anti-racism." (Silverman 1992, S. 69)

Die Aufnahme von Flüchtlingen wurde und wird in Frankreich größtenteils über Verwaltungserlasse geregelt. In der Präambel der Verfassung ist ein individuelles Asylrecht für politisch Verfolgte angedeutet. Auch in Frankreich gibt es jedoch erhebliche administrative Probleme bei der Entscheidung über die Anträge. 1991 wurde die Arbeitserlaubnis für Asylbeantragende gestrichen.

1.2.3   Immigrationspolitik in Deutschland[65]

Direkt nach dem Zweiten Weltkrieg emigrierten viele Deutsche nach Übersee und setzten damit die lange Tradition Deutschlands als Auswanderungsland fort (vgl. Steinert 1992).[66] Obwohl Deutschland keine eigentliche Einwanderungsgesetzgebung besitzt, lassen sich die verschiedenen gesetzlichen Maßnahmen zu vier Phasen der Immigrationspolitik gruppieren.

Die Integration von Vertriebenen (1945 – 1955): Von besonderer Bedeutung für die Einwanderung nach Deutschland nach dem Krieg war das einzige 'Immigrationsgesetz': Art. 116 des Grundgesetzes. Es wurde gemacht vor allem für die, die unter der Vertreibung aus vormaligen deutschen Gebieten oder unter Vertreibung aufgrund ihrer deutschen »Volkszugehörigkeit« in anderen europäischen Gebieten litten. Dieses Gesetz zusammen mit anderen Maßnahmen, wie etwa das Bundesvertriebenengesetz von 1953, diente dazu, Vertriebene deutscher Abstammung in Deutschland zu integrieren. Mit der Kreation der administrativen Kategorie der »Aussiedler« wurde den Immigranten aus Osteuropa und der Sowjetunion (Rußland), die aufgrund ihrer Zughörigkeit zur deutschen Ethnie diskriminiert wurden, die Staatsbürgerschaft zuerkannt. Das 1. Staatsangehörigkeitsgesetz von 1955 etablierte schließlich detaillierte Regularien für Immigranten aus Ost- und Südeuropa, so daß bis 1955 etwa 12 Millionen Vertriebene und Aussiedler integriert wurden.

Die zweite rechtlich festgeschriebene Immigrationskategorie sind Flüchtlinge bzw. Asylsuchende. Gemäß Art. 16 Abs. 2.2 des Grundgesetzes erhalten alle, die aufgrund ihrer politischen Aktivitäten in ihrem Heimatland verfolgt werden, politisches Asyl. Deutsche Gerichte und die Bundesdienststelle für die Anerkennung ausländischer Flüchtlinge (gegründet 1953) handhaben das Asylrecht sehr restriktiv, da jeder einzelne Asylsuchende seinen Fall individuell beweisen mußte.. Etwas generöser war das Entscheidungsverhalten bei Flüchtigen aus kommunistischen Regimen. Da aber zur selben Zeit Deutschland die Genfer Konvention ratifizierte (die bestimmte Rechte allen Typen von Flüchtlingen zugesteht und die Deportation von Flüchtlingen verbietet), war es praktisch seit der Implementierung des bundesrepublikanischen Asylsystems nicht möglich, eine große Gruppe von abgelehnten Asylbewerbern zu deportieren. Allerdings war dieses Problem aufgrund der absolut sehr geringen Bewerberzahl nicht sehr virulent (ausführlich zu dieser Phase vgl. Steinert 1992).

65   Die Darstellung orientiert sich an Angenendt 1992, S. 150-163, die Phaseneinteilung weicht aber teilweise ab.

66   Nach 1949 schafften viel Länder die Verbote für die Einwanderung von Deutschen ab, aber das einzige bilaterale Abkommen zur Auswanderung wurde 1952 mit Australien geschlossen.

Die Anwerbung von Gastarbeitern (1955 – 1973):[67] Ende der fünfziger Jahre nahm die Zuwanderung aus Osteuropa ab. Aber aufgrund des zunehmenden Bedarfs an billigen Arbeitskräften während des schnellen wirtschaftlichen Aufschwungs begann die deutsche Regierung die Rekrutierung von Gastarbeitern mit der Vergabe der Arbeitserlaubnis für ein Jahr. Ein erster bilateraler Vertrag wurde 1955 mit Italien geschlossen, zusätzlich wurden Verträge mit Griechenland and Spanien (1960), mit der Türkei (1961), mit Portugal (1964), mit Tunesien und Marokko (1965) und mit Jugoslawien (1968) geschlossen. Gemäß dem Ausländergesetz von 1966 war es Gastarbeitern aus Nicht-EG-Ländern nur erlaubt, für ein Jahr zu arbeiten, jede Verlängerung stand unter der Entscheidungsgewalt der deutschen Verwaltung.

„Als Folge dieser gezielten Anwerbung bestand die ausländische Bevölkerung der 60er Jahre hauptsächlich aus jungen männlichen Erwerbstätigen, die zum überwiegenden Teil als un- und angelernte Arbeiter im sekundären Sektor tätig waren und dort schlecht bezahlte, risikoreiche und unsichere Arbeitsplätze innehatten. Bei den Ausländern selbst waren Rückkehrperspektiven und Heimatorientierung aufenthaltsbestimmend; Aufstiegserwartungen blieben in der Regel an die Herkunftsgesellschaft gebunden." (Angenendt 1992, S. 155)

Als Folge der Anwerbeprogramme nahm die Zahl der Ausländer, die in Deutschland lebten und arbeiteten zwischen 1968 und 1973 zu (Angenendt 1992, S. 155). Die sozialliberale Regierung verlieh Ausländern, die seit fünf Jahren in der Bundesrepublik waren, Arbeits- und Bleibeerlaubnis für weitere fünf Jahre. Aber im Zuge der Ölkrise verwarf Deutschland die etwas liberaler werdende Haltung und stoppte die Rekrutierung von Gastarbeitern 1973.

Zuzugsbeschränkungen und widersprüchliche Maßnahmen (1973 – 1989): Zu Beginn der siebziger Jahre kam es auch zu heftigen öffentlichen Diskussionen über die 'angemessene' Anzahl von Ausländern in der Bundesrepublik. Die Regierung reagierte mit der Reduzierung der Anzahl der Arbeits- und Bleibeerlaubnisse und mit Versuchen, Einwanderungsanreize zu verringern. Diese Politik führte jedoch zu einer Reihe nicht-intendierter Folgen: Soziale Spannungen wurden produziert durch die Verweigerung der Arbeitserlaubnis für Jugendliche, die einreisten, um bei ihren Eltern zu leben. Auch die Maßnahme, das volle Kindergeld nur für Kinder, die mit ihren Eltern in Deutschland lebten, auszuzahlen war ein Einwanderungsanreiz. Vor allem aber war eine Konsequenz des Rekrutierungsstopps, daß Gastarbeiter, die ursprünglich in ihre Heimatland zurückkehren wollten, jetzt gezwungen waren, in Deutschland zu bleiben, da sie sonst nie wieder die Chance hatten, nach Deutschland zurückzukehren (vgl. hierzu Angenendt 1992, S. 158). Alles in allem trugen die Politiken dazu bei, eine Art selbst-erhaltenden Migrationsfluß zu generieren und verringerten staatliche Kontrollmöglichkeiten.

---

67 Zu dieser und den folgenden Phasen vgl. Meier-Braun 1988, S. 10-74, siehe auch Bade 1992, Kapitel 7.1-7.3.

Auch die Implementation neuer Ausgrenzungsmechanismen, etwa die Kopplung der Arbeitsmarktpartizipation mit dem Bleiberecht, hatte nur begrenzten Erfolg. Eine Strategie, diese Kontrollverluste aufzufangen, waren sicherlich die Versuche der deutschen Regierung, über bilaterale und multilaterale Verträge (wie etwa das Schengener-Abkommen) Migration zu beeinflussen und regionale Integration zu fördern.

Mit Beginn der achtziger Jahre – geschuldet der ökonomischen Krise, hohen Arbeitslosenquoten und einer steigenden Anzahl von Asylsuchenden – erklärte die neue konservative Regierung die »Ausländerproblematik« zu einem ihrer zentralen Anliegen. Tatsächlich führte die Regierung die Politik ihrer Vorgänger praktisch ungebrochen fort, und die Ausländerproblematik verschwand in den achtziger Jahre fast völlig aus der öffentlichen Diskussion.

Vereinigung und ansteigende Flüchtlingsströme (seit 1989): Der Zusammenbruch der politischen Regime des Ostblocks und die deutsche Vereinigung 1989 veränderten die Situation vollkommen. Eine zunehmende Zahl von Aussiedlern verließ Osteuropa und kam nach Deutschland. Eine Revision der Einwanderungsregelungen 1990 (»Aussiedleraufnahmegesetz«) reduzierte die jährliche Einwanderung von Aussiedlern auf eine Zielquote von ca. 225.000. Herausgefordert durch eine negative öffentliche Meinung und den Erfolg extrem rechter Parteien beschloß die Regierung 1991 ein neues »Ausländerrecht«. Es wurden Maßnahmen zur Kontrolle illegaler Beschäftigung getroffen (OECD-SOPEMI 1993). Eine der letzten Änderungen des Immigrationsrechtes war das neue Asylgesetz von 1993. Nach einer intensiven öffentlichen Debatte änderte das deutsche Parlament das Grundgesetz und beschränkte die Möglichkeiten des Antrags auf Asyl.

1.3 Migration und Steuerungsmöglichkeiten offener Gesellschaften

Die Steuerungsmöglichkeiten offener Gesellschaften in bezug auf Migrationsströme werden meist als sehr gering eingestuft (vgl. Freeman 1994): Migrationsströme seien gleichsam ein Naturereignis, dem Gesellschaften machtlos gegenüberstehen. Tatsächlich ist das Bild jedoch weit komplizierter. Die Steuerungsmöglichkeiten unterscheiden sich nach dem jeweiligen Strom von Menschen, der beeinflußt werden soll. Aber immer sind es spezifisch implementierte oder auch nicht vorhandene Migrationspolitiken, die Selektionskorridore für Migrationsströme etablieren, d.h. es wird zumindest darauf Einfluß genommen, unter welchen Kriterien Menschen Einreiseerlaubnis erhalten oder nicht. Negativ werden damit auch alle anderen Möglichkeiten, in das Land zu kommen, als illegal bestimmt.

1.3.1   Die Definition von Selektionskorridoren: legale und illegale
Immigranten[68]

Immigrationspolitiken können als basale Grenzleistung des Nationalstaates
gesehen werden. Dabei wird hier politisch nicht nur einfach die Permeabilität
hinsichtlich eines Öffnens oder Schließens festgelegt. Vielmehr bildet sich in
den USA, Frankreich und Deutschland ein vielschichtiges Gefüge von Selektionskorridoren aus, die vielfach miteinander interagieren. Es zeigt sich
dabei, daß Steuerungspolitiken sowohl dazu beitrugen, einzelne Staaten noch
fester in das Netz internationaler Migrationsströme zu integrieren, als auch
Abschottungen durchzuführen und den Staat aus dem internationalen Wande-
rungsgeschehen zu desintegrieren.

Zur *Kategorisierung von Migranten* werden viele Kriterien verwendet,
so kann zum einen versucht werden, Wanderungsgründe einzusetzen. Hier
sind einfache Unterscheidungen aber sehr schwierig. Die Wanderungsentscheidung fällt – von manchen Arten von Flüchtlingen einmal abgesehen –
selten nur aus einem einzigen ökonomischen, politischen oder sozialen
Grund, und kann viel besser verstanden werden als die Folge eines komplexen sozialen Prozesses, der zwar im Ursprungsland abläuft, aber auch stark
durch Vorgänge im Zielland beeinflußt ist (vgl. hierzu Tilly 1990b, S. 84 ff.).

So ist z.B. die Unterscheidung nach politischen oder ökonomischen Migranten meist viel eher ein Produkt der Bürokratie des Gastlandes, der
»labeling« Prozeß ist dabei selbst auf das Höchste politisch (vgl. Mitchell
1992). Bei »befreundeten« autoritären Regimen neigen Staaten dazu, die
ökonomische Seite der Wanderungsentscheidung zu betonen, während der
Migrant und ihm Wohlgewogene auf den politischen Aspekt besonderen
Wert legen. Relevant ist dies deshalb, weil es das öffentliche Ansehen von
Migranten stark beeinflußt.

Hier soll nur grob zwischen *legaler Migration, illegaler Migration und
Flüchtlingsströmen* (zu diesen vgl. II.1.3.2) unterschieden werden. Dies sind
Dimensionen, die direkt für die Steuerung bei Grenzübertritt relevant sind.
Für interne Grenzleistungen können auch andere Dimensionen relevant sein.
Die Darstellung der Immigrationspolitiken hat gezeigt, daß es prinzipiell vier
(legale) Wege gibt, in ein Land zu kommen: (1) Familienzusammenführung,
da Familienmitglieder Menschen sind, die in einer besonderen Weise zu
Menschen im Land gehören; (2) koloniale oder »ethnische« Einwanderer, also Menschen, die als in irgendeiner Weise dem ganzen Land zugehörig betrachtet werden; (3) Siedler und ökonomische Einwanderer, also Unternehmer, bestimmte Berufsgruppen und Gastarbeiter, Menschen, die von beson-

---

68   Die administrativen Kategorien der hier verglichenen Länder sind sehr komplex, so daß
hier nur auf eine vereinfachte Kategorisierung in bezug auf Steuerungsmöglichkeiten eingegangen werden kann. Für eine genauere Beschreibung für die USA und Deutschland
vgl. Bös/Wenzel 1996.

derem Interesse für ein Land sind. Eine besondere Gruppe sind (4) Flüchtlinge und Asylsuchende, also Menschen, die aufgrund von Menschenrechtsverletzungen Aufnahme finden.

Die Steuerung *legaler Migration* ist sicherlich eine Hauptaufgabe jedes Staates. Deshalb ist es um so erstaunlicher, daß hier gerade europäische Staaten oft nur minimale institutionelle Regelungen implementiert haben.

„The most basic migration policy tasks of states are to establish the terms under which persons may legally enter the national territory for long-term or permanent residence and to plan and manage inflows to contribute to national economic, social, demographic, and security objectives. This involves not only setting numerical targets but also determining the criteria by which migrants will be recruited or selected." (Freemann 1994, S. 19)

Familienzusammenführung stellt heute in jedem der hier untersuchten Länder einen der wichtigsten Selektionskorridore dar. Die Versuche Frankreichs, Familienzusammenführung zu unterbinden (1974 und 1978) – die allerdings dann vom höchsten Verwaltungsgericht aus humanitären Gründen vereitelt wurden – sind ein Beispiel dafür, daß diese Kategorie nur schwer direkt vom Staat zu beeinflussen ist, da die Trennung von Familien heute als Menschenrechtsverletzung angesehen wird. Gerade Frankreich und Deutschland versuchen, hier durch möglichst rigide Regelungen Familienzusammenführung zu bremsen, ohne in die Gefahr von Menschenrechtsverletzungen zu geraten. Familienzusammenführung stellt somit in alten und neuen Einwanderungsländern einen der wichtigsten Mechanismen zur Einwanderung dar.

Darüber hinaus ist er der wichtigste Mechanismus, der Gastarbeitersysteme in permanente legale Einwanderungssysteme umwandelt. Familienzusammenführung ist dabei nicht nur der Ausdruck eines spezifischen Wertesystems, das es als illegitim erachtet, nahe Verwandte zu trennen. Die Politik der Familienzusammenführung hat sicher auch die Funktion, den Migrationszyklus des Haushaltes zu schließen und so den Geldabfluß in das Herkunftsland der Migranten zu reduzieren (vgl. Palmer 1990).

Eine weitere Gruppe von Einwanderern sind *koloniale und ethnische Einwanderer*. Hier gibt es sicher historische Phasen, in denen ein Land aufgrund der Gefahr für Leib und Leben dieser Menschen nur schwer steuernd eingreifen kann, etwa im Falle Frankreichs nach dem Algerienkrieg oder in Deutschland für Vertriebene nach dem Zweiten Weltkrieg, der Rekurs auf nationalstaatliche Solidarität ist hier üblich. Gerade diese beiden Ströme zeigen jedoch, wie diese Solidarität weniger zwingend wird, wenn der Druck auf die Migranten sinkt bzw. innenpolitisch der »Gegendruck« steigt. So hat Frankreich schon Mitte der siebziger Jahre begonnen, Einwanderung aus Algerien durch Gesetze zu kontrollieren, und Deutschland hat in den neunziger Jahren Höchstquoten für Aussiedler eingeführt.

Alle drei Länder haben in verschiedenen Formen *Gastarbeitersysteme* implementiert. Gastarbeitersysteme bedeuten immer, daß Staaten aktiv Migrationsgeschehen anregen. Hier ist der Verweis auf die »Naturwüchsigkeit«

von Migration besonders absurd. Für alle Gastarbeitersysteme gilt, daß sie meist, wenn auch oft unter hohem administrativen Aufwand, erfolgreich Migrationsströme implementiert haben.[69]

Das intendierte Ziel, die geholten Arbeitskräfte wieder zur Rückwanderung zu bewegen, wurde nur teilweise erreicht. Es wurden aber relativ stabile Migrationsströme implementiert, die nach Abschaffung des Gastarbeitersystems durch Familienzusammenführung und illegale Migration weiterbestehen. Sicherlich ist hier von Steuerungsproblemen zu sprechen. Zu behaupten, daß hier Industriestaaten zu den hilflosen Opfern der Geister wurden, die sie riefen, unterstellt jedoch, daß je ein politisches Interesse daran bestand, Gastarbeiterströme z. B. zu Beginn der siebziger Jahre in Europa wirklich völlig zu stoppen. Letzteres wird besonders im Falle von Frankreich und den USA bezweifelt (siehe hierzu Miller 1993 in seinem Kommentar zu Hollifield 1992). Immer besteht ein Interesse von Unternehmern an billigen Arbeitskräften, und gerade die laxe Durchführung von Kontrollpolitiken kann als elegantes Mittel gesehen werden, einerseits öffentlichem, oft von Arbeitnehmerseite formuliertem Druck, nachzugeben, trotzdem aber Einwanderung besonders flexibler und billiger – eben weil illegaler – Arbeitskräfte zu gewährleisten.

International werden Gastarbeiterströme hauptsächlich über eine Unzahl bilateraler Verträge geregelt (für eine detaillierte Analyse vgl. Miller 1992). Nur das ILO mit seinen beiden Konventionen kann als Keimzelle eines internationalen Rechtsregimes interpretiert werden. Sowohl die vielen bilateralen Verträge, als auch die ILO könnten aber durchaus auch als normsetzend verstanden werden. Wichtig ist hier die Zulassung durch Prozeduren, denen sowohl Ziel- als auch Herkunftsland zustimmen und die Bereitstellung eines direkten Vertrages für den Migranten. Der Versuch der USA 1986, Gastarbeiterströme wieder einseitig zu regeln, hat deshalb zu heftiger Kritik geführt, und die NAFTA kann auch als ein Versuch gewertet werden, diese Prozesse multilateral zu steuern.

Andere Kategorien wirtschaftlich begründeter Einwanderung sind spezielle Berufe oder auch Investoren. Gerade solche Einwanderung wird in Europa erstaunlich »unbürokratisch« gehandhabt. Japanische Topmanager, kanadische Hockeyspieler – solchen Gruppen werden nur selten Aufenthaltserlaubnisse verweigert.[70] Ein Typ von Migranten, der für die USA von besonderer Bedeutung war und wohl heute noch die öffentlichen Vorstellung von Migranten stark beeinflußt, sind Siedler, obwohl sie heutzutage nur noch einen sehr geringen Anteil ausmachen. Diese ökonomisch zur Landnahme ge-

---

69 Das bedeutet nicht, daß jeder Versuch der Implementation erfolgreich war, so ergaben Verträge mit Algerien für Deutschland keinen Migrationsstrom, genauso wie auch Ströme aus Italien und Griechenland im Falle Frankreichs wieder versiegten.

70 In diesem sehr groben Überblick kann dem interessanten Phänomen der Wanderung sehr reicher Personen kein Raum gewidmet werden.

wollte Einwanderung fand zur Beginn auch nahezu unreguliert bzw. über ein Anwerbesystem statt. Die Situation änderte sich jedoch, nachdem kein fruchtbares Land mehr zu Verfügung stand.[71]

Zusammenfassend kann in allen drei Ländern bezüglich legaler Einwanderung wohl von Steuerungsgewinnen gesprochen werden. Dies vor allem deshalb, weil sich überhaupt erst differenzierte Instrumente der Immigrationspolitik in den letzten 150 Jahren bildeten, dies jedoch in sehr unterschiedlichem Maße. Bei den USA, die sich genuin als Einwanderungsland beschreiben, kann von einer effektiven Steuerung bei der Gesamtzahl der legalen Einwanderung gesprochen werden – Zielwerte, die in Frankreich oder Deutschland selten formuliert werden. Alle Länder haben ganz erhebliche Probleme, die Struktur der Einwanderung zu steuern. In den USA sind, trotz Steuerungsversuchen, nur schwache Rückbindungen an ökonomische und andere Erfordernisse an Immigration vorhanden. In Frankreich und Deutschland gibt es zwar spezifische Struktursteuerungsmechanismen, die aber eher als historisch gewachsen interpretiert werden müssen und meist nicht Ausdruck direkter Zielformulierung sind.

Per Definition sind *illegale Ströme* schwerer zu steuern als legale, da sie definiert sind durch die Tatsache, daß die Wandernden versuchen, administrative Eingriffe zu umgehen. Das Vorhandensein von illegalen Einwanderern in jedem Land ist allerdings kein Beleg für die Nicht-Steuerbarkeit von Strömen. Mit illegaler Migration verhält es sich genauso wie mit Verbrechen: kein Land der Welt ist bereit, die immens hohen Anstrengungen zu unternehmen, um Verbrechen auch nur näherungsweise ganz zu unterbinden, und es ist ein gesellschaftlicher Aushandlungsprozeß, wieviele Ressourcen zur Verbrechensbekämpfung verwendet werden. Es kann hier also nur um die Frage gehen, was als angemessene Maßnahmen zur Reduktion von illegaler Einwanderung gelten kann. Logisch liegen diese Maßnahmen in zwei Bereichen – einerseits externe Kontrollen, also Maßnahmen zu Grenzkontrollen, die versuchen, den illegalen Zutritt von Einwanderern zu verhindern, und andererseits interne Kontrollen, die versuchen, Menschen, deren Visa abgelaufen sind, wieder auszuweisen oder zu verhindern, daß nicht erlaubte Arbeit aufgenommen wird. Die Praxis, daß in europäischen Länder Personalausweise mit sich zu tragen sind, erleichtert hier die Kontrolle gegenüber den USA. In allen drei Ländern wird versucht, über negative Sanktionen von Unternehmern steuernd einzugreifen. Trotzdem treten hier auch Kontrolldefizite gerade in bezug auf den europäischen Binnenmarkt auf. Eine weitere Maßnahme besteht darin, Illegale und deren Kinder unter bestimmten Bedingungen zu legalisieren – eine administrative Maßnahme, von der die Bundesrepublik allerdings noch keinen Gebrauch gemacht hat.

---

71   Siehe hierzu z.B. die Gesetzgebung in Kalifornien gegenüber Japanern Anfang dieses Jahrhunderts, Portes/Rumbaut 1990.

Mit Sicherheit hängt die Effektivität der externen Kontrolle besonders von der geographische Lage und Formung des Landes ab: lange Grenzen zu benachbarten Ländern sind dabei bevorzugte Übergangsregionen. Auch wenn die Zäune und Grenzbebauungen an der mexikanischen und US-amerikanischen Grenze gerade schon zum Sinnbild des nutzlosen Kampfes gegen Einwanderung geworden sind, heißt das nicht, daß sie nicht eine gewisse Effektivität besitzen (Freeman 1994).[72]

In allen Ländern hat auch das versuchte Abschneiden von Wanderungs-strömen zu einer Zunahme von illegaler Wanderung geführt. So stabilisieren sich die, durch Gastarbeitersysteme oder koloniale Wanderung einmal etablierten Ströme teilweise selbst – auch nach der formalen Schließung dieser Korridore. Wie die Wanderung zwischen den USA und Mexiko besonders eindrucksvoll zeigt, wird einfach auf illegale Einwanderung umgestellt, die zusammen mit der Familienzusammenführung den Strom stabilisiert.

1.3.2   Asylsuchende und Flüchtlinge

Das Netz internationaler Regelungen zum Problem von Flüchtlingen und Asylsuchenden ist vergleichsweise engmaschig. Desbarats (1992) zählt neben den UN-Konventionen und Protokollen zum Flüchtlingsstatus[73] etwa 30 internationale Übereinkünfte und 20 weitere regionale Verträge, die internationales Recht setzen und an denen nationale Maßnahmen gemessen werden können. Darüber hinaus gibt es zahlreiche Angestellte internationaler Organisationen, ebenso wie verschiedener Organisationen nicht-staatlicher und zwischenstaatlicher Natur, die permanent das Flüchtlingsgeschehen beobachten.

Für westliche Industriestaaten kann gesagt werden, daß sie über die meisten Flüchtlingsströme erheblich mehr Kontrolle haben als über andere Migrationsströme. Dies liegt daran, daß Flüchtlinge meist nicht aus direkt angrenzenden Länder flüchten und oft schon relativ konzentriert in Flüchtlingslagern außerhalb des eigenen Landes leben. Es gibt auch »nicht-steuerbare« Ströme, hierfür ist die Flüchtlingsbewegung von DDR-Bürgern über Ungarn nach West-Deutschland ein Beispiel, das wohl durch den Sonderfall entstand, daß sich die BRD durch die bewußte Nichtreform des Staatsbürgerrechts sozusagen in das »administrative Aus« manövriert hat. Der generelle Eindruck der Nicht-Steuerbarkeit wird auch dadurch hervorgerufen, daß Flüchtlings-

---

72 So hat zum Beispiel der Erfolg der Aktion »Hold the Line« in El Paso hinsichtlich der Schließung der mexikanischen Grenze dazu geführt, daß nicht nur die Interessenvertretung der Immigranten, sondern sogar die lokalen Unternehmerverbände dagegen demonstrierten. Allerdings wird bezweifelt, ob die höheren Kosten für die Maßnahmen auch weiterhin aufgebracht werden können (Freeman 1994).

73 Es muß jedoch angemerkt werden, daß diese internationalen Verträge von ca. 50 Staaten nicht ratifiziert wurden, meist Staaten aus Osteuropa, dem Mittleren Osten und Südostasien.

bewegungen meist mit krisenhaften Ereignissen verbunden sind, die dann zu einem starken punktuellen Anstieg von Flüchtlingsströmen führt. Die Differenz zwischen internationalen Standards und internen Regelungen zu Flüchtlings- und Asylfragen resultiert auch aus dem Interesse jedes Landes, andere Länder dazu zu bewegen, möglichst offen gegenüber Flüchtlingsströmen zu sein, um den Druck auf das eigene Land zu verringern. Betrachtet man die Regelungsdichte, so kann für Flüchtlinge durchaus von einem internationalen Rechtsfundus ausgegangen werden, der allerdings sehr an Effektivität zu wünschen übrig läßt.

Eine der beliebtesten »Lösungen« im Flüchtlingsbereich ist hier das »Drittländerkonzept«. Der erhoffte Mechanismus ist es, die Ströme in Ländern zu halten, die niedrige oder schlecht implementierte rechtliche Standards hinsichtlich Immigration haben, denn diese haben es leichter, diese Menschen wieder zu deportieren.

Allen Länder ist gemein, daß Flüchtlingspolitiken notorisch restriktive Zulassungsverfahren implementieren. Auch wenn für Flüchtlingsströme Steuerungskapazitäten bestehen, bedeutet dies jedoch nicht, daß Staaten hier völlig frei in ihrer Entscheidung sind. Gerade für den Fall von Flüchtlingsströmen besteht, wie schon gesagt, ein relativ dichtes Netz internationaler Regelungen, deren Einhaltung von UN-Institutionen zumindest eingeklagt wird. Darüber hinaus ist gerade Flüchtlingspolitik auch immer ein Instrument der Außenpolitik, was sich besonders klar in der »parol«-Macht des amerikanischen Präsidenten zeigt.

Ein besonders in Europa auftretendes Problem ist die Konfusion von Asylsuchenden und Flüchtlingen. Der Unterschied zwischen beiden kann einfach darin gesehen werden, daß Asylsuchende schon an der Staatsgrenze, bzw. innerhalb des Staatsgebiets sind (Freeman 1994, S. 28). Besonders wenn Asylsuchende sich schon auf dem Staatsgebiet befinden, müssen Entscheidungen nach eindeutigen rechtsstaatlichen Standards gefällt werden. Asylverfahren haben dabei mindesten drei Funktionen, erstens sollen Menschen, deren Einreisewunsch »unbegründet« ist, abgeschreckt werden, zweitens sollten Menschen, die begründet um Asyl ersuchen, zugelassen werden, und drittens sollen Menschen, die als nicht-berechtigt eingestuft wurden, wieder ausgewiesen werden. Alle drei Ziele führen zu extrem komplexen Verfahren, die immer wieder zu einem starken Rückstau unbearbeiteter Fälle führen.

Typisch für Flüchtlinge und Asylsuchende ist dabei die Gemengelage aus politischer Unterdrückung und extremer Armut. Diese Bedingungen auf dem Makrolevel werden jedoch in extrem unterschiedlicher Weise von jedem einzelnen Migranten erlitten.[74]

---

74 Mit dem Hinweis auf diese Gemengelage soll freilich nicht suggeriert werden, daß Anträge von Asylsuchende in weiten Teilen »unbegründete« wären: so besagt eine UNHCR-

„Viewed from a theoretical perspective, the ambiguous situation of these migrants exemplifies the divorce between general macro-level conditions in a given country and the individual experience of its citizens. ... [I]t underscores the need to separate analytically the underlying causes of migration from their immediate precipitants. Viewed from a humanitarian perspective, this situation suggests that it might be just as inequitable to return forcibly all such migrants as to grant them all refugee status." (Desbarats 1992, S. 297)

So klar die Probleme heutiger Flüchtlings- uns Asylregelungen ins Auge stechen, so gering sind hier die politischen Optionen. Eine einfache Politik der Offenen Tür würde sicherlich innerhalb kürzester Zeit völlig den Flüchtlingsstatus demontieren, was wiederum vielen Flüchtlingen selbst zum Nachteil werden würde. Die partiell durchaus sinnvolle Maßnahme, ganzen Gruppen den Flüchtlingsstatus einzuräumen, führt zu einer extremen Politisierung der Entscheidungsprozeduren, wie gerade das Beispiel der USA zeigt. Der andere Weg, nämlich Kontrollprozeduren noch weiter zu verschärfen, ist nicht nur aus Kostengründen kaum mehr gangbar. Ströme von Flüchtlingen und Asylsuchenden werfen nicht deshalb so große Probleme auf, weil die jeweiligen Migranten besonders schwer vom Eintritt in ein Land abzuhalten bzw. wieder auszuweisen sind. Das Problem liegt in den Entscheidungskriterien, die »klare« Fallagen fordern, die nur in einem geringen Prozentsatz der Fälle wirklich eindeutig sein können.

Auf genau diese Entscheidungsproblematik in der Grenzdefinition antworten Nationalstaaten mit einer Ausdifferenzierung ihrer Grenzinstitutionen. Gerade der kaum überschaubare deutsche Institutionen-Komplex, der gepaart mit relativ großer administrativer Entscheidungsfreiheit zu vielen Nischen, aber auch zu mindestens ebenso vielen unmenschlichen Härten führt, ist hier ein beredtes Beispiel.

1.4 Die Dynamik von Migrationssystemen und Migrationspolitik

Migrationssysteme und Nationalstaaten sind gekoppelt über zwei Gruppen grenzdefinierender Prozesse, zum einen die externe Grenzproduktion des Nationalstaates – hier beschrieben am Beispiel von Migrationspolitiken – und zum anderen die vielfältigen internen Grenzprozesse – hier kurz angerissen am Beispiel der Entwicklung ethnischer Gruppen, deren geographischer Verteilung und deren ökonomische Folgen.

1.4.1   Migrationsströme und die Grenzsteuerung von Nationalstaaten

Eines der *Hauptcharakteristika weltweiter Migration* besteht sicher darin, daß Wanderungsbewegungen eher zunehmen. Im Vergleich zu den Menschen, die in ihren Heimatländern bleiben, ist dies jedoch ein verschwindend

---

Studie, daß nur etwa 10-15% der Asylanträge in westlichen Ländern nach den jeweiligen Standards als nicht zulässig gelten müßten (Desbarats 1992, S. 297).

geringer Anteil. Wanderungsbewegungen sind sehr unterschiedlich in verschiedenen Regionen der Erde. Es kommt weltweit zu einer Beschleunigung, Diversifizierung und Ausweitung von Migrationsbewegungen.

Innerhalb des *nordamerikanischen und des westeuropäischen Migrationssystems* sind ähnliche Wanderungsmuster zu beobachten. Die Zentren des nordamerikanischen Migrationssystems zeichnen sich durch eine hohe Diversifizierung der Migrationsströme aus, während die Zentren des westeuropäischen Migrationssystems ihre Migranten meist nur aus drei bis vier wichtigen Ländern rekrutieren. Für beide Zentren ist jedoch eine De-Europäisierung und eine zunehmende Diversifizierung der Immigration zu verzeichnen.

Für die USA sind nach 1965 vor allem Mexiko, die Philippinen und die Karibik Hauptherkunftsländer. Während der Anteil der Schwarzen relativ stabil bei etwas über 10% liegt, hat der Anteil von Asiaten (jetzt 3%) und Hispanics (jetzt 9%) stark zugenommen. Frankreich sieht sich in jüngster Zeit vor allem einer Einwanderung aus Nordafrika gegenüber, während Deutschland vor allem Menschen aus dem ehemaligen Jugoslawien und aus der Türkei anzieht. In beiden Staaten kommt es zu einem Anstieg der Flüchtlingsströme. Aufgrund der besonderen Ausgesetztheit Deutschlands für Ost-West-Wanderungen steigen diese hier überproportional an. Während die USA und Frankreich relativ stabile Einwanderungsraten besitzen, ist die Einwanderung in Deutschland sehr schwankend. In allen drei Ländern jedoch hat die Migration einen zunehmenden Anteil am Bevölkerungswachstum, der in Deutschland besonders hoch ausfällt.

Kategorisierungen von Migranten sind eher durch politische Prozesse als durch Merkmale des Migranten bestimmt. In der *Steuerung legaler Einwanderung* besteht eine der Hauptaufgaben der Einwanderungspolitik; dabei kommt es hinsichtlich der Gesamtmenge sicher eher zu Erhöhungen der Steuerungskapazität der offenen Gesellschaften in den Zentren der Migrationssysteme. Die Struktur ist dabei weniger beeinflußbar, sei es aufgrund von Familienzusammenführung oder von historischen Strukturkomponenten wie Kolonial- oder ethnischer Einwanderung. Es führt nicht jeder Anwerbeversuch zu Gastarbeitersystemen, wenn diese Ströme aber implementiert sind, entwickeln sie oft eine stabile Eigendynamik.

Per Definition ist *illegale Einwanderung* schwer zu steuern, und darüber hinaus sind die meisten Steuerungsmaßnahmen sehr kostspielig. Flüchtlingsströme treten zwar in krisenhaften Situationen auf, sind aber durchaus zu steuern. Asylsuchende sind administrativ schwer zu behandeln.

Als generelle Regel kann wohl gelten, daß einmal erfolgreich implementierte Ströme praktisch kaum noch durch administrative Maßnahmen zu unterbinden sind. Wie man es in Deutschland z.B. nach dem Anwerbestopp von Gastarbeitern und der Kürzung von Kindergeld für im Ausland lebende Kinder gesehen hat.

Ein weiteres Problem der Steuerung von Migrationsströmen zeigt sich an der *Familienzusammenführung*, hier kollidieren ebenso wie bei manchen Flüchtlings- und Asylregelungen staatliche Steuerungsversuche mit Menschenrechtsvorstellungen, was innerstaatlich oft zu einer Suspendierung dieser Regelungen durch Gerichte führt.

1.4.2 Globale Migration und die Binnenstruktur von Nationalstaaten

Die aufgrund der Interaktion von Migrationspolitiken und Migrationsströmen entstandene Einwanderung hat verschiedene Folgen für die Binnenstruktur offener Gesellschaften.

Einwanderer sind *geographisch* nicht homogen über ein Land verteilt. Gerade in den USA ist es die geographische Nähe bzw. Ähnlichkeit eines Gebiets mit dem Herkunftsland, die die Ansiedlung von Einwanderern beeinflußt hat bzw. immer noch beeinflußt. So siedeln Europäer oft an der mittel- und nordatlantischen Küste, Mexikaner im Südwesten und Asiaten am Pazifik. Auch der Anwerbemechanismus z.B. über bestimmte Industrien beeinflußt die Siedlungsentscheidung. Einwanderungsgruppen, die als Siedler landwirtschaftlich tätig werden wollten – wie z.B. die Deutschen – dominieren heute noch weite Gebiete des mittleren Westens. In Deutschland und Frankreich sind die Konzentrationen von ethnischen Gruppen viel kleinräumiger. In Deutschland gibt es Anzeichen, daß die räumliche Segregation steigt. In Frankreich wurden Teile der ethnischen Minderheiten, die in den heruntergekommenen Innenstädten wohnten, in Neubaugebiete außerhalb der Stadt umgesiedelt.

Die Ziele von Umzügen im Gastland zeigen aber auch deutlich den Einfluß von Netzwerkstrukturen. In Europa kann nicht von einer Ghettobildung gesprochen werden, wie etwa in den USA. Die Idee, daß der mit der Assimilation einhergehende ökonomische Aufstieg von Einwanderern auch zu einer räumlichen Diffusion führt, ist empirisch kaum belegbar. In den USA ist die ethnische Zusammensetzung vieler Staaten relativ konstant, dies heißt nicht, daß ethnische Gruppen nicht einer Binnenwanderung unterworfen wären, aber sie geschieht nach spezifischen Regeln. Angehörige einer ethnischen Mehrheit in einem Gebiet haben eine niedrigere Wanderungsneigung als Angehörige einer ethnischen Minderheit. Umziehende ziehen meist in Gebiete, wo schon Angehörige der eigenen ethnischen Gruppe wohnen. Es ist schwierig zu generalisieren, da es in allen Ländern je unterschiedliche Einwanderungsgruppen mit unterschiedlichen Aufenthaltsmotiven und unterschiedlichen Wohnungsmärkten gibt.

Der politische Konsens in Europa besteht darin, daß Migranten ökonomisch notwendig, aber sozial unerwünscht sind. Das Gespenst der Ghettoisierung nach amerikanischem Muster ist dabei immer wieder Gegenstand der politischen Diskussion, so daß in allen Ländern die Sozialgeographie der Immigration auch politischer Gegenstand ist.

Die *ökonomische Situation* von Immigranten in den Aufnahmeländern ist sehr heterogen. Allgemein gesprochen, haben Immigranten immer noch die höchsten Arbeitslosenraten und ihre Teilhabe an der Lohnarbeit ist stark an den Konjunkturzyklus gebunden. Es gibt viele marginalisierte Gruppen, die als billige und flexible Arbeitskräfte dienen. Gerade wegen dieser Exklusionsmechanismen sind Einwanderer häufig dazu bereit, Kleinunternehmer zu werden. Obwohl das ökonomische System offiziell auf individuellen Kriterien wie Leistung und Qualifikation beruht, gibt es immer noch eine klare ethnisch-ungleiche Verteilung von Einkommen, Wohlstand und Arbeitsplätzen. Die Monopolisierung von Chancen auf Märkten führt zu einer Formierung von Netzwerken und Clan-Strukturen innerhalb ethnischer Gemeinden.

Strukturveränderungen der Migrationsströme selbst führen zu einer *Stabilisierung ethnischer Gruppen*. Hauptfaktoren hierbei sind: bessere Reisemöglichkeiten, bessere Möglichkeiten, Produkte oder Informationen aus dem Herkunftsgebiet zu erhalten, verstärkter Minderheitenschutz. Migration ist dabei kein Phänomen »entwurzelter Einzelner«, sondern vielmehr ein Haushaltsphänomen, indem aufgrund klarer Bindungstrukturen Migration zur Sicherung der Familie eingesetzt wird. Immer stärker kommt es so zu regelrechten »transnationalen Netzwerken«. Darüber hinaus wird es jedoch immer wichtiger, sich im weltweiten Spiel der Identitätsdefinitionen zu verorten. Immer stärker geschieht dies über Ethnizität und Nationalität.

Betrachtet man die *ethnische Binnenstruktur* der hier untersuchten Staaten, so waren Haupthomogenisierungsfaktoren in den USA der Bürgerkrieg und die Abgrenzung gegenüber den Schwarzen (Horowitz 1992). Die grundsätzlich positive Einstellung gegenüber Einwanderern wird immer negativer, verstärkt gerade in den Achtzigern. Die Dichotomie Schwarz/Weiß löst sich auf in eine multiple ethnische Binnendifferenzierung mit WASPs, Schwarzen, Hispanics, Asiaten und Native Americans. Frankreich macht nach der Französischen Revolution starke Homogenisierungsprozesse durch. Danach ist es vor allem seine Rolle als Kolonialmacht, die ethnische Außengrenzen definiert, die jedoch durch die Entkolonialisierung nach dem Zweiten Weltkrieg nach innen verlagert werden (z.B. Algerien). Dabei schwindet gerade in den letzten Jahrzehnten der Glaube an die Assimilationskraft der französischen Kultur. In den deutschen Ländern kommt es vor der Reichsbildung, gerade in der Abgrenzung zu Frankreich, zu einer homogeneren kulturellen Selbstdefinition, die sich nach der Reichsgründung auch immer stärker gegenüber Polen zeigt. Danach sind es die konstanten Integrationsanstrengungen für Aussiedler und die Heterogenisierung mit kleinen ethnischen Minderheiten während der Implementation der Gastarbeitersysteme, die die ethnische Binnenstruktur Deutschland bestimmen.

Da moderne Industriegesellschaften sich über die Konfliktminimierung durch Überschneidung von Konfliktlinien stabilisieren, ist die *Ethnisierung* dieser Gesellschaften immer gefährlich. Ethnizität parallelisiert alle Konfliktbeziehungen des Individuums über die ethnische Zugehörigkeit und entwikkelt damit eine überproportionale Sprengkraft (siehe hierzu auch I.2.2.3). Der moderne Staat teilt Probleme, Interessen und Konflikte, um zu herrschen, bzw. um sie politisch zu bearbeiten – Ethnizität bündelt Interessen und Konfliktlinien, um sich gegen reale oder vorgestellte Ungerechtigkeit zu wehren. Dabei ist es völlig gleichgültig, ob die Binnen- und Außenethnisierung des modernen Staates nun als spezifisch modern oder als anachronistisch von den Akteuren interpretiert wird, so oder so findet sie statt und bringt neben Risikobegrenzungen auch neue Risiken mit sich. Entscheidend ist hier also die Frage, inwieweit es modernen Staaten möglich ist, ethnische Grenzziehungen im politischen System nicht nur zu produzieren, sondern auch wieder klein zu arbeiten. Daß dies gelingen kann, belegen die vielen Möglichkeiten der Interessenvertretung ethnischer Gruppen in den USA aber auch in Europa.

In jedem Land ist das *Verhältnis zu immigrierten Minoritäten* ambivalent. In jedem Land leben Minderheiten, die als besonders problematisch gelten, z.B. früher in den USA die asiatischen Immigranten, heute eher die Flüchtlinge aus der Karibik. In Deutschland und Frankreich waren es in früheren Zeiten Polen auf der einen Seite und Belgier und Italiener auf der anderen, während es heutzutage Türken und Maghrebiner sind. Oft ist es die größte der zuletzt gekommenen Gruppen von Einwanderern, die zum Problem stilisiert wird.

Jede Gesellschaft hat ihre typischen »Migrations-Ereignisse«, die das ambivalente Verhältnis zur Einwanderung aufzeigen. In den USA sind es vor allem die Einwanderungswellen asiatischer Volksgruppen, sowie bestimmte Flüchtlingsbewegungen, wie etwa der Mariel-Boatlift. In Deutschland und Frankreich sind es bestimmte Arbeitsmigranten: Belgier und Italiener dort, Polen hier, oder heutzutage die Türken bzw. die Maghrébiens. Die neueste Gruppe, die als Problem beschrieben wird, ist die der Asylsuchenden. Gegenüber dem gesamten Migrationsgeschehen sind diese »Migrations-Ereignisse« höchst selektiv. Sie sind es jedoch, die die immer begrenzte Aufmerksamkeit der Öffentlichkeit erlangen, und damit oft auch Reaktionen und Politik bestimmen.

1.4.3 Migrationssysteme als Globalisierungsprozeß

Moderne Nationalstaaten sind Teil von Migrationssystemen, die schwierig von jedem einzelnen Staat zu beeinflussen sind, aber ihre eigene Dynamik entwickeln. Das bedeutet, daß jeder Staat sich andauernd an neue Anforderungen anpassen muß. Die Dynamik von Migrationssystemen ist teilweise bedingt durch push-Faktoren, sei es politischer Aufruhr, ökonomischer Niedergang oder anderes. Gerade die Bedingungen in *Sendeländern* sind nur unter sehr begrenzter Kontrolle der industrialisierten Zentren.

Der zweite Teil des Systems, der seine eigene Dynamik hat, sind *die Migrationsflüsse*. Besonders Flüchtlingsströme können aus Sicht des Zentrums »spontan« entstehen. Meist jedoch, und das auch im Falle von Flüchtlingsströmen, sind Migrationsströme immer auch auf politische Entscheidungen des Zentrums zurückzuführen. Der Hauptpunkt hier ist, daß Ströme, die meist zu Beginn nur für einen bestimmten Zeitraum etabliert wurden, zu der Entstehung von »selbst-erhaltenden« Strömen führen. So haben etwa das deutsche Gastarbeitersystem und das US-amerikanische bracero-Programm, die beide für ein spezifisches Arbeitsmarktproblem auf begrenzte Zeit entworfen wurden, zur Entstehung konstanter Migrationsströme und in der Folge zu konstanter Einwanderung geführt. Der wichtigste gesetzliche Mechanismus, der solche Flüsse stabilisiert, ist das Prinzip der Familienzusammenführung. Gerade das bracero - Programm zeigt auch, daß Versuche, etablierte Ströme zu stoppen, einfach zur Erhöhung illegaler Einwanderung führt.

Der dritte Teil des Systems, *die Zentren*, haben verschiedene Möglichkeiten, Migrationsströme zu beeinflussen, allerdings haben diese Maßnahmen oft unintendierte Folgen. Alle drei Länder haben verschiedene Abschiebungs- oder Deportationsverfahren, um Menschen außer Landes zu schaffen, die nicht als bleibeberechtigt angesehen werden. Dies bezieht sich sowohl auf Arbeitsmigration, etwa im Falle Deutschland die progrediente Verschlechterung des Aufenthaltsstatus bei einsetzender Arbeitslosigkeit, aber vor allem auch auf Flüchtlinge. Das Flüchtlingsproblem entsteht aus der bemerkenswert großen Differenz zwischen den internen administrativen Regelungen einerseits und den meist weit gefaßten internen humanitären Überlegungen andererseits, die mit den ebenso weit gefaßten internationalen Abkommen korrespondieren. Dieses Spannungsverhältnis führt sowohl zur teilweisen Blockade von Abschiebesystemen, als auch zur Verletzung humanitärer Prinzipien und internationaler Abkommen.

Bezüglich westlicher Industrienationen und ihrer Einbettung in Migrationssysteme, sollen im folgenden die wichtigsten Punkte zusammengefaßt werden:

1. Trotz der sehr großen Zahl von Migranten ist *Migration eine Ausnahme* bezogen auf die Gesamtbevölkerung. Migrationsprozesse sind keine diffusen Wanderungen »aller Armen« in jede Industriegesellschaft. Migrationsströme teilen sich in verschiedene Migrationssysteme und sind *strukturiert nach historisch-gewachsenen Beziehungen* zwischen Ziel- und Herkunftsland.
2. Verursacht durch die *Beschleunigung* von Migrationsströmen und durch die sich *wandelnde Struktur* von Migrationsströmen, kommt es zu einer Intensivierung der strukturellen Kopplung zwischen Herkunfts- und Zielländern, besonders auf der Mikroebene.

3. Durch die *Ausweitung* von Migrationssystemen kommt es für die industrialisierten Zentren zu einer zunehmenden *Diversifizierung* von Migrationsströmen und zu einer *Stabilisierung ethnischer Identitäten*.

4. Die *geographische Verteilung* von Migranten in den Zielländern ist relativ stabil. Wobei ethnische Enklaven einen zentralen Integrationsmechanismus in der Gastgesellschaft darstellen.

5. Migration gilt aus *ökonomischer Sicht als wünschenswerter Faktor* für Nationalstaaten.

6. Migrationspolitiken sind eine der *zentralen Grenzleistungen* des Nationalstaates. Das *Volumen* legaler Wanderung ist durchaus teilweise steuerbar, die *Zusammensetzung* der Ströme kaum. Einmal implementierte Ströme sind kaum direkt zu unterbinden, Versuche dies zu tun, führen eher zu einer Erhöhung der schwer zu steuernden *illegalen Einwanderung*. *Flüchtlingsströme* treten zwar meist in krisenhaften Situationen auf, sind aber durchaus steuerbar, hinsichtlich *Asylsuchender* bestehen in allen Ländern administrative Steuerungsprobleme.

2. Die Dynamik politischer Schließung

> *„It was the nation-state itself,*
> *with its drive toward uniformity,*
> *the substance of the nation-building effort,*
> *that first raised the banner of universalism;*
> *but there was no clear reason why*
> *that banner should not beckon the troops*
> *beyond the state-guarded boundaries.“*
> (Zygmunt Bauman, Searching for a Centre that Holds, 1995)

Der Nationalstaat als partikulares Phänomen in der Moderne hat globale Verbreitung gefunden (vgl. Robertson 1992). Nationalstaatliche Inklusionsprozesse, wie etwa die Entwicklung der Staatsbürgerschaft, sind Prozesse innerhalb des Nationalstaates. Umgekehrt sind Migrationssysteme transnationale Prozesse, die Nationalstaaten übergreifen und beeinflussen. Beide Prozesse sind in jeweils spezifischer Weise grenzgenerierend und grenzüberschreitend, oder in Begriffspaaren soziologischer Diskussion ausgedrückt: partikular und universal, lokal und global, homogenisierend und heterogenisierend. Beide produzieren und beantworten die Probleme struktureller Spannungen innerhalb der Weltgesellschaft im Prozeß der Moderne.

Die Entwicklung des Staatsbürgerrechtes als ein Prozeß politischer Inklusion und Exklusion (zu konzeptionellen Überlegungen vgl. Abschnitt I.2.3) zeigt, wie politische Schließungsprozesse rechtlich kodifiziert werden und welche Eigendynamiken sie haben. Skizzenhaft kann gezeigt werden, daß die gesamte Entwicklung von Nationalstaaten als Grenzziehungsprozeß innerhalb der Weltgesellschaft zu beschreiben ist. Da wichtige institutionelle Dynamiken der Nationalstaatenbildung schon im letzten Jahrhundert in Gang gesetzt wurden, verläßt dieser Teil den im vorhergehenden Teil gesetzten Zeitrahmen.

2.1 Staatsbürgerschaft als Menschenrecht

Das Staatsbürgerrecht ist die Rechtsfigur, die die formale Mitgliedschaft in einem Staat regelt. Im folgenden werden vor allen Dingen die Wandlungsprozesse dieser Rechtsform in den Ländern Deutschland Staatsbürgerrecht, Frankreich, Großbritannien[75] und den USA beschrieben. Die Frage, welche Kriterien der internen Grenzziehung es gibt, und wie sie sich verändert haben, wird vor allem deshalb durch eine Beschreibung des Staatsbürgerrechts beantwortet, weil hier ein direkter Zugang zu den Vorstellungen besteht, die dem Öffnen und Schließen einer Gesellschaft zugrunde liegen. Während ein Ausländer, zwar kontrafaktisch aber vielen einleuchtend, als nicht zur Gesellschaft gehörend definiert werden kann, muß im Staatsbürgerrecht expliziert werden, wer Mitbürger ist, wer dazugehört.[76]

Art. 15 Abs. 1 und 2 der Allgemeinen Erklärung der Menschenrechte vom 10. Dezember 1948 lautet:

„Jedermann hat Anspruch auf eine Staatsangehörigkeit. Niemandem darf seine Staatsangehörigkeit willkürlich entzogen noch ihm das Recht versagt werden, seine Staatsangehörigkeit zu wechseln."

Das Recht auf Zugehörigkeit zu einer partikularen Struktur wie dem Nationalstaat ist also universal. In allen Staaten wird ein ganzer Katalog von Rechten an den Besitz der Staatsbürgerschaft gebunden. Während der Gaststaat einem Ausländer bestimmte Rechte gewährt, also Aufenthalt, in selteneren Fällen Niederlassung, Arbeitserlaubnis, Bildung, soziale Sicherung, jedoch praktisch nie politische Partizipation, hat ein Staatsbürger einen Anspruch auf all dies. Außerstaatlich hat er ein Recht auf diplomatischen Schutz und Völkerrechtsvertretung. Ein Staatsbürger darf im Normalfall nicht aus-

---

75 Großbritannien wurde in diesem Abschnitt genauer analysiert, da sonst nur ein unvollständiges Bild der Entwicklung von Staatsbürgerschaft hätte gezeichnet werden können.
76 Wichtig ist, zu bedenken, daß es sich hier um eine Untersuchung von Rechtsnormen handelt, die zwar Ausdruck bzw. Resonanz bestimmter kollektiver Vorstellungen im Rechtssystem sind, aber sicher nicht ungebrochen die Vorstellungen aller Menschen eines Staates widerspiegeln. Genauso wenig ist es möglich, direkt auf die Durchsetzung dieser Normen zu schließen. Rechtsnormen sind also nur ein Aspekt kollektiver Vorstellungen und spiegeln auch nur einen Teil der Realität wider.

139

gewiesen werden und muß immer wieder in das Staatsgebiet aufgenommen werden (vgl. Wiessner 1989).

Das Völkerrecht stellt jedem Staat die Regelung der Staatsangehörigkeit frei, solange er damit nicht in die Rechte anderer Staaten eingreift. Die Definition der Staatsangehörigkeit als auch ihr Erwerb leitet sich im wesentlichen aus zwei Prinzipien ab: (1) das ius sanguinis vom lateinischen »sanguis« Blut oder Blutsverwandtschaft, also das Abstammungsprinzip und (2) das ius soli aus dem lateinischen »solum« für Boden, also das Territorialprinzip. Beide Prinzipien leiten sich aus der völkerrechtlichen Definition eines Staates ab, der aus Volk, Gebiet und Staatsgewalt besteht.

Damit ist einerseits begründet, daß jeder Staat die Vorgänge auf seinem Territorium regeln darf, z.b. also auch eine »Einbürgerung« mit der Geburt auf dem Staatsgebiet. Andererseits wird durch den Begriff des Volkes auch eine personale Seite der Bindung an den Staat eingeführt, d.h. daß auch ein im Ausland lebender Staatsbürger noch zum Staat gehört, und dessen Handlungen (Zeugung und Geburt) vom Ursprungsland geregelt werden können, z.B. dessen Kinder mit ihrer Geburt aufgrund ihrer Abkunft zum Staatsbürger werden. Logischerweise kann die gleichzeitige Anwendung beider Prinzipien zu rechtlichen Problemen führen, d.h. zu Staatenlosigkeit bzw. zu Doppelstaatsbürgerschaft.

Neben dem Erwerb der Staatsbürgerschaft mit der Geburt kann ein Mensch auch durch Einbürgerung zum Mitglied eines Staatsvolks werden. Dieses Problem der Einbürgerung als internes Grenzproblem stellt sich massenhaft, im Vergleich zu den 98% der Weltbevölkerung, die im Lande ihrer Geburt und Staatsangehörigkeit leben, ist Einbürgerung jedoch eine »Ausnahme«. Bei der Einbürgerung kann eine Modifikation des ius soli – genauer gesagt sogar dessen ursprünglicher Form – zur Anwendung kommen: das ius domicilii (lat.: domicilium – Wohnsitz). Hierbei handelt es sich um das Prinzip, den dauernden Wohnort einer Person als Kriterium der Staatszugehörigkeit zu verwenden.

Die Einbürgerung kann auch wieder autonom von jedem Staat geregelt werden. Im sogenannten Noteboom-Urteil vom 6. April 1955 entschied der Internationale Gerichtshof (IGH), daß Einbürgerungen nicht beliebig geschehen dürfen.

„Der aus Deutschland nach Guatemala übergesiedelte N. hatte im Oktober 1939, also kurz nach Ausbruch des Zweiten Weltkriegs, auf einer Europa-Reise kurzfristig und gegen Zahlung einer bestimmten Geldsumme die Staatsbürgerschaft Liechtensteins erworben und diejenige Deutschlands verloren. Nach Guatemala zurückgekehrt, wurde er dort 1943 verhaftet und später interniert. Seine dortigen Besitzungen wurden 1949 [als Besitz eines Deutschen, Anm. d. A.] konfisziert. Liechtenstein klagte vor dem IGH gegen Guatemala auf Schadenersatz." (Menzel/Ipsen 1979, S. 166)

Im ergangenen Urteil wurde die Einbürgerung durch Liechtenstein als nichtig erklärt, wobei in der Begründung angeführt wurde, daß Staatsbürgerschaft

„eine echte Verbundenheit von Existenz, Interessen und Empfindungen" als Grundlage haben muß (vgl. Kimmnich 1990). Auch wenn dieses Urteil von vielen Völkerrechtlern kritisiert wurde (Rechtsunsicherheit, falsche Anwendung des Effektivitätsprinzips), wurde hier auch auf internationaler Ebene ein »genuine link« postuliert, das jeder Staatsbürgerschaft zugrunde liegen muß (vgl. Menzel/ Ipsen 1979; Kimminich 1984). Um diese Definition des »genuine link« drehen sich letztlich alle Rechtsnormen, die jetzt im einzelnen untersucht werden sollen, d.h. um die Rechtsnormen, die bestimmen, wer Mitglied eines Volkes ist und wer nicht.

2.2 Staatsbürgerschaftsnormen im Wandel

2.2.1   Das französische Staatsbürgerrecht[77]

Das französische Staatsbürgerrecht kann als der Ursprung der Rechtsfigur der Staatsbürgerschaft auf dem Kontinent angesehen werden. Schon in den französischen Verfassungen von 1791, 1793, 1795 und 1799 war die Staatsbürgerschaft geregelt. Prinzipiell erfolgt der Erwerb durch Geburt über ein ius soli bzw. ein ius domicilii. Darüber hinaus war es möglich, die französische Staatsbürgerschaft durch Bekenntnis zur französischen Verfassung zu erlangen (vgl. Smith 1993, S. 136 f.).

Vor allem für den romanischen Raum rechtsprägend war der 1804 in Kraft getretene Code Civil (später Code Napoléon, seine Einführung wurde auch in vielen deutschen Städten und Staaten beschlossen: z.B. Westfalen, Baden, Frankfurt, Bayern, Würzburg, Hessen-Darmstadt, Nassau). Elemente eines ius soli zeigen sich in Art. 9 des Code Civil, wo jedem in Frankreich geborenen Kind innerhalb eines Jahres nach der Volljährigkeit ein Optionsrecht auf die französische Staatsbürgerschaft gewährt wird. Aber in Art. 10 ist klar das ius sanguinis a patre unabhängig vom Ort der Geburt festgelegt. Französische Rechtshistoriker begründen dies mit den damals geführten Kriegen und einem dadurch immer stärker werdenden Nationalgefühl, das nach einer Legitimierung durch Blutsbande strebte (vgl. de Groot 1989, S. 76). Außerdem war dies die Möglichkeit, für das damals bevölkerungs-

---

77   Die Darstellung des französischen, deutschen und britischen Staatsbürgerschaftsrechts folgt in weiten Teilen de Groot (1989, S. 54-112), dort sind nicht nur ausführliche Darstellungen der Gesetze zu finden, sondern auch die Verweise auf die jeweiligen Quellen. Einen zusammenfassenden Überblick über die aktuellen Regelungen gibt Brubaker 1989a. Die hier gegebene Darstellung umfaßt nicht alle die Staatsbürgerschaft betreffenden gesetzlichen Regelungen und Änderungen, es wurde jedoch versucht, ein möglichst gutes Abbild der Vielschichtigkeit der Regelungen jedes Landes zu bieten. Da es hier um die wichtigsten historischen Trends geht, wurden auch nicht die vielen Verschiebungen im Diskurs über Staatsbürgerschaft in den letzten Jahren thematisiert. Für weitere Details sei auf die zitierte Literatur zu diesem Thema verwiesen.

reichste Land Europas, Bevölkerung an sich zu binden (zu den nationalistischen Strömungen in Frankreich vgl. z.B. Weiss 1977, Kap. 4.7). Die französische Staatsbürgerschaft wurde verloren durch öffentliche Ämter, Niederlassung oder Wehrdienst im Ausland und bei Französinnen durch Heirat eines Ausländers. Eingebürgert wurde auch noch nach Art. 3 der Verfassung von 1799. Voraussetzung war ein zehnjähriger Aufenthalt mit der Erklärung, in Frankreich bleiben zu wollen. Nach einem Senatskonsult von 1802 war eine Einbürgerung in bestimmten Fällen schon nach einem Jahr möglich. 1851 kam ein weiteres wichtiges ius soli-Element hinzu, Kinder von in Frankreich geborenen Männern waren automatisch Franzosen. Mit anderen Worten, war die Einbürgerung der zweiten Einwanderer-Generation noch von dem Willen des Einzelnen und des Staates abhängig, so wurde die dritte Generation automatisch eingebürgert.

1889 wurde das Staatsangehörigkeitsrecht grundsätzlich revidiert: alle Kinder von in Frankreich Geborenen, ob Mann oder Frau, sind Franzosen. Dies führte zu ausländischen Protesten, da mit einer Französin verheiratete Väter aus ius sanguinis-Ländern – die oft keine Doppelstaatsbürgerschaft erlaubten – ihrem Kind ihre Staatsangehörigkeit nicht weitergeben konnten. Deshalb konnten diese Kinder nach der Volljährigkeit auf ihre Staatsangehörigkeit verzichten, um die des Vaters anzunehmen. Im Normalfall waren jedoch alle von Ausländern in Frankreich geborenen Kinder eo ipso französisch, wenn sie nach der Volljährigkeit weiter in Frankreich wohnten.

Im 1927 erlassenen »Code de la nationalité française« kulminierte der Versuch Frankreichs, möglichst viele Menschen zu Franzosen zu machen. Dies vor allem deshalb, weil durch ein sehr geringes Bevölkerungswachstum aus dem einst volkreichsten Land Europas im Laufe des 19. Jahrhunderts eines in den mittleren Rängen geworden war. 1927 wurde eine sich schon vorher abzeichnende Kombination von – durch Optionsregelungen abgeschwächten – ius soli mit ius sanguinis etabliert. Bemerkenswert an diesem Gesetz sind zwei Aspekte: (1) Obwohl sich Kinder kaum vor einer französischen Staatsbürgerschaft retten konnten, wurde ein gewisses Mißtrauen gegenüber Erwachsenen im Ausland Geborenen kodifiziert; innerhalb von 10 Jahren nach der Einbürgerung durften keine öffentlichen Ämter bekleidet werden, und es drohte die Gefahr der Aberkennung. (2) Zum ersten Mal wurde das »système unitaire« aufgegeben: Französinnen, die einen Ausländer heirateten, konnten Französinnen bleiben und Ausländerinnen hatten bei Heirat nur ein Optionsrecht auf die französische Staatsbürgerschaft.

Danach entstand durch unzählige Änderungen ein immer unübersichtlicheres Konglomerat. Deshalb wurde der »Code de la nationalité française« (CNF) von 1945 erlassen, der 1973 eingehend revidiert wurde, aber praktisch auch heute noch gilt. Unter der Regierung Chirac wurde auf eine Novellierung hingearbeitet, die das ius soli-Element abschwächen sollte (Optionsrechte), die Vorlagen wurden aber nie ratifiziert.

Das französische Recht ist heute hauptsächlich hinsichtlich des Erwerbs der Staatsangehörigkeit mit der Geburt ein ius sanguinis-Recht, angereichert durch starke ius soli-Elemente. Die ius sanguinis-Elemente zeigen sich in der Regelung, daß jedes Neugeborene Franzose wird – als eheliches oder nichteheliches Kind mindestens eines französischen Elternteils. Die ius soli-Elemente bestehen darin, daß jedes in Frankreich geborene Kind, das keine Staatsbürgerschaft von seinen Eltern herleiten kann, Franzose ist. Jedes in Frankreich geborene Kind wird mit der Volljährigkeit Franzose, wenn es die letzten fünf Jahre dort lebte und auch weiterhin dort seinen Wohnsitz hat. Jedes Kind eines in Frankreich Geborenen ist Franzose, auch wenn noch eine weitere Staatsbürgerschaft vorliegt.

Die Einbürgerungsrichtlinien sind kompliziert und vielfältig, grundsätzlich gilt, daß man fünf Jahre in Frankreich gelebt haben muß, die Sprache spricht, einen Willen zur Integration zeigt und nicht straffällig wurde. Davon gibt es viele erleichternde Ausnahmen. Die französische Staatsbürgerschaft wird nie automatisch verloren, nicht durch Erwerb einer anderen, nicht durch Heirat. Man muß entweder direkt auf sie verzichten, oder sie wird aberkannt.

2.2.2   Das deutsche Staatsbürgerrecht

In den Ländern, die später zum Deutschen Reich werden sollten, bestand gemeinhin ein ius soli, Staatsangehörige waren im Land Geborene. Nicht im Land Geborene erwarben die Staatsbürgerschaft mit der Niederlassung und einer polizeilichen Erlaubnis. Fehlte diese Erlaubnis, so konnte die Staatsangehörigkeit durch eine bestimmte Dauer der Niederlassung erworben werden, z.B. nach 10 Jahren gemäß der diesbezüglichen preußischen Verordnung von 1818 (vgl. Franz 1992). Viele süddeutsche Staaten hatten die Regelungen aus dem Code Napoléon[78] übernommen. Erst im »Gesetz über die Erwerbung und den Verlust der Eigenschaft als preußischer Untertan sowie über den Eintritt in fremden Staatsdienst« von 1842 geht Preußen zu einem ius sanguinis über, §2 dieses Gesetzes bestimmt:

„Jedes eheliche Kind eines Preußen wird durch die Geburt preußischer Untertan, auch wenn es im Auslande geboren ist. Uneheliche Kinder folgen der Mutter."

§13 besagt dann ebenso folgerichtig wie lapidar:

„Der Wohnsitz innerhalb Unserer Staaten soll in Zukunft für sich allein die Eigenschaft als Preuße nicht begründen." (zitiert nach Franz 1992, S. 238)

In Preußen galt also seit 1842 ein ius sanguinis a patre und im Fall eines unehelichen Kindes ein ius sanguinis a matre. Der Vorgänger des heute noch

---

78 Laut Huber (1987b, S. 182) fand das Abstammungsprinzip zum ersten Mal im deutschen Sprachraum im bayrischen Edikt über das Indigenat aus dem Jahre 1818 seinen Niederschlag.

gültigen Reichs- und Staatsbürgerschaftsgesetzes vom 22. Juli 1913 war das »Gesetz über die Erwerbung und den Verlust der Bundes- und Staatsangehörigkeit« aus dem Jahre 1870. Es galt für den preußisch dominierten Norddeutschen Bund. Mit der Reichsgründung 1871 wurde das Bundesgesetz für den neuen Geltungsbereich modifiziert und als »Reichs- und Staatsangehörigkeitsgesetz« übernommen. Aufgrund der föderalistischen Struktur wurde die Reichsangehörigkeit durch die Staatsangehörigkeit in einem Bundesstaat erworben und verloren. Eheliche und vom Vater anerkannte Kinder unterlagen dem ius sanguinis a patre, d.h. sie erwarben aufgrund ihrer Blutsverwandtschaft die Staatsbürgerschaft des Vaters. Frauen verloren bei Heirat mit einem Ausländer die deutsche Staatsbürgerschaft. Ausländer, die in Deutschland in den Dienst von Staat, Gemeinde, Schule oder Kirche traten, wurden Deutsche. Verloren wurde die Staatsbürgerschaft z.B. freiwillig oder bei nicht beachtetem Rückruf durch deutsches Militär oder Justiz. Mit der Einführung der alleinigen Reichsgesetzlichkeit hinsichtlich der Einbürgerung trat 1914 das noch heute gültige Reichs- und Staatsangehörigkeitsgesetz (RuStAG) in Kraft.

Im Nationalsozialismus wurden einschneidende Änderungen am RuStAG vorgenommen und neue Gesetze verabschiedet. 1933 wurde ein zusätzliches Gesetz zum Widerruf von Einbürgerungen erlassen. Es ermöglichte, Personen, die deutschen Interessen zuwiderhandelten, die Staatsbürgerschaft zu entziehen (vor allen Dingen Juden). Einbürgerungen der Weimarer Republik konnten als »unerwünscht« rückgängig gemacht werden (vgl. Franz 1992, S. 242). 1934 wurde aus der Bundes-Staatsbürgerschaft die Staatsbürgerschaft als reine Reichsangehörigkeit, die Staatsangehörigkeiten der Länder fielen weg. 1935 wurden die in der Weimarer Republik noch erweiterten vielfältigen Sonderfälle für Einbürgerungsansprüche getilgt. Verordnungen von 1941 und 1942 ermöglichten es generell, auch deutschen Juden im Ausland die Staatsbürgerschaft zu entziehen. 1942 wurde das RuStAG geändert: Im Ausland lebende Wehrpflichtige blieben weiter deutsch, auch andere zu Deutschen erklärte und im Ausland Lebende konnten eingebürgert werden.

Mit der Gründung der Bundesrepublik Deutschland 1949 wurden zwar alle Verordnungen und Zusatzgesetze aufgehoben, das RuStAG blieb aber in Kraft. Die Staatsangehörigkeit schlug sich in mehreren Artikeln im Grundgesetz nieder. Art. 16 Abs. 1 regelt, als Reaktion auf die Gesetze im Nationalsozialismus, daß die Staatsbürgerschaft nicht entzogen werden darf, bzw. nur aufgrund eines Gesetzes und gegen den Willen des Betroffenen, nur wenn keine Staatenlosigkeit eintritt. Art. 116 Abs. 1 stellt eine Erweiterung des Begriffs des Deutschen dar (vgl. Weidelener/Hemberger 1991, S. 14-19). Deutscher mit deutscher Staatsangehörigkeit ist nach einer Vereinbarung zwischen dem Bund und den Ländern derjenige, „der nachweist oder zumindest glaubhaft macht, daß er und seine Vorfahren seit dem 1.1.1914 immer als Deutsche behandelt wurden ..." (Weidelener/Hemberger 1991, S. 14).

Deutsche ohne deutsche Staatsangehörigkeit sind Flüchtlinge und Vertriebene deutscher Volkszugehörigkeit, sowie deren Ehegatten und Kinder: diese haben einen Anspruch auf Einbürgerung. Dies war eine politisch motivierte Entscheidung: die Flüchtlingsströme nach dem Dritten Reich sollten nicht als Ausländer behandelt werden. Aber noch heute stellen diese »Anspruchseinbürgerungen« den größten Teil der Einbürgerungen. Diese Regelung kann somit als die einzige Einwanderungsregelung des deutschen Rechtssytems betrachtet werden.

Die weiteren Änderungen im Staatsangehörigkeitsrecht wurden vor allem durch Art. 3 Abs. 2 des Grundgesetzes „Männer und Frauen sind gleichberechtigt" beeinflußt. Laut Übergangsregelung (Art. 117 Abs. 1) sollte dies bis 1953 auch im Staatsbürgerrecht verwirklicht sein, was aber nicht erreicht wurde. Durch das Bundesverfassungsgericht wurden noch 1953 alle widersprechenden Artikel des RuStAG außer Kraft gesetzt. Im Dritten Gesetz zur Regelung von Fragen der Staatsangehörigkeit von 1957 sollte die Gleichberechtigung explizit durchgesetzt sein; trotzdem hatten ausländische Ehemänner deutscher Frauen nicht die gleichen Rechte bei der Einbürgerung wie ausländische Ehefrauen deutscher Ehemänner. Auch gab es für Kinder einer deutschen Mutter, die mit einem Staatenlosen verheiratet war, immer noch das ius sanguinis a patre, d.h. diese Kinder wurden Staatenlose. Dies wurde jedoch 1962 durch Gerichtsbeschluß geändert. 1969 wurde das Optionsrecht für ausländische Frauen abgeschafft, ausländische Ehepartner hatten jetzt nur noch die Möglichkeit einer erleichterten Einbürgerung. Nichteheliche Kinder wurden nur über die Mutter Deutsche, deutsche Väter hatten Probleme, ihre Staatsangehörigkeit weiterzugeben, wenn das Kind nicht in Deutschland lebte, da in diesem Fall keine sozialen Bande bestünden. 1974 wurde das ius sanguinis a patre et a matre beschlossen. Versuche um 1980, länger hier lebenden Ausländer einen Einbürgerungsanspruch zu verleihen, scheiterten. Seit 1991 haben heimatlose Ausländer, die sich sieben Jahre rechtmäßig in Deutschland aufhalten und nicht erheblich vorbestraft sind, ein Recht auf Einbürgerung.

Wie in der kurzen historischen Rekonstruktion dargestellt, ist nicht zuletzt durch die Einflüsse des Dritten Reiches das gesamte RuStAG als ius sanguinis formuliert. Die deutsche Staatsangehörigkeit wird erworben durch Geburt, Legitimation und Annahme als Kind von einem deutschen Vater oder einer deutschen Mutter (bei gerichtlich bestimmten Vaterschaften müssen Kinder 3 Jahre in Deutschland leben). In nicht zu übertreffender Konsequenz zeigt sich das deutsche ius sanguinis an der Regelung für Findelkinder, diese sind nicht etwa deutsch, weil sie auf deutschem Boden gefunden wurden, sondern weil bis zum Beweis des Gegenteils davon ausgegangen wird, daß jedes Findelkind das Kind deutscher Eltern ist.

Die (Ermessens-)Einbürgerung hat laut §§ 8-16 RuStAG folgende Mindestvoraussetzungen: unbescholtener Lebenswandel, Wohnung im Inland, eigener Unterhalt; die äußerst ausführlichen Ausführungsbestimmungen regeln Näheres. Oberste Regel ist, daß jede Einbürgerung immer im Interesse der BRD erfolgen soll, es wird also nicht, wie in anderen Ländern üblich, ein mehr oder minder klar formulierter Rechtsanspruch auf Einbürgerung erworben. So kann die (Ermessens-) Einbürgerung wohl am treffendsten als »verwaltungstechnischer Gnadenakt« beschrieben werden. Üblich ist, daß alle ausländischen Ehepartner deutscher Staatsangehöriger eingebürgert werden, wenn sie ihre bisherige Staatsbürgerschaft aufgeben. Grundsätzlich ist eine einheitliche Staatsangehörigkeit der Familie anzustreben. Die deutsche Staatsangehörigkeit wird durch den Erwerb einer anderen verloren, eine Doppelstaatsbürgerschaft wird nur bei Kindern von Mischehen erlaubt.[79]

2.2.3 Das britische Staatsbürgerrecht[80]

Historisch gründet sich die britische Staatsangehörigkeit – die sicherlich auf die längste kontinuierliche kodifizierte Geschichte zurückblicken kann – auf die »allegiance to the Crown« (Treue zur Krone): wer sie schuldete, war »British Subject« und hatte das Recht der Einreise und der Niederlassung. Schon vor der normannischen Eroberung 1066 galt hier ein kodifiziertes ius soli (»within His Majesty's dominions« geboren). Ab 1351 galt für den britischen Thronfolger das ius sanguinis, auch im Ausland geborene Angehörige des Königshauses konnten so KöniginInnen werden. Darüber hinaus wurde noch im selben Jahr festgelegt, für welchen Personenkreis im Ausland ein ius sanguinis galt (»De natis ultra nave«). Wichtiger Bezugspunkt für das stark an Präzedenzfällen orientierte britische Recht war der sogenannte Calvin's Case von 1608, er stellt im Kontext der absolutistischen Monarchie eine frühe und klare Formulierung des ius soli dar: die Herrschaft und der Schutz des Königs verpflichtet das Individuum zur Treue und macht es zum »subject«. Dieser passive Gehorsam wurde von jedem im Herrschaftsgebiet verlangt, ebenfalls von ansässigen Fremden. Auch mit der »Glorious Revolution« von 1688 mußte dieses Konstrukt nicht ersetzt werden, da das Parlament zum obersten Souverän erklärt wurde, nicht etwa das Volk (vgl. Dummett/Nicol 1990, S. 59 ff.). Eine Ausnahme bildeten folgerichtig jedoch in England geborene Kinder feindlicher Ausländer: sie waren keine Briten; sowie im Ausland geborene Kinder des Königs und Kinder von Diplomaten bzw. Soldaten: sie waren Briten. 1708 erließ Queen Ann den »Naturalisation of Foreign Protestant Act«, in dem bestätigt wurde, daß Abkömmlinge von »British Subjects« im Ausland auch Briten wurden, es war aber unklar, ob dies auch

---

79 Diese Gesetzeslage wird zwar öffentlich oft betont, aufgrund zahlreicher Ausnahmeregelungen bzw. bilateraler Abkommen gibt es jedoch eine große Anzahl von »Sonderfällen«, z.B. für viele arabische Länder, sowie Türken und Griechen der zweiten Generation. Nach Expertenschätzungen wird bei etwa einem Drittel der Einbürgerungen eine Doppelstaatsbürgerschaft in Kauf genommen (Brubaker 1989a, S. 116).

80 Eine umfassende rechtshistorische Übersicht geben Dummett/Nicol 1990.

galt, wenn nur einer der beiden Elternteile britisch war. Danach wurden viele oft sehr eigenartige Änderungen und Zusätze gemacht, z.b. durften Eingebürgerte nicht gewählt werden und keine Schiffe besitzen.

1870 wurde eine wichtige Änderung durch den Naturalization Act eingeführt. Die »perpetual allegiance« konnte bis dahin nur durch den Tod erlöschen. Wegen Schwierigkeiten mit den USA, die dann im Bancroft-Vertrag gelöst wurden, konnten ab jetzt im Ausland lebende volljährige Untertanen, sowie im Ausland Geborene auf ihre Staatsbürgerschaft verzichten, Frauen verloren sie bei Heirat. Nach dieser Änderung konnte auch zum erstenmal eingebürgert werden, allerdings immer nur regional in den »dominions«, also meist in den britischen Kolonien.

Nach dem Zweiten Weltkrieg entstand aufgrund immer größerer Schwammigkeit des überkommenen Rechts und dem größeren Nationalbewußtsein einiger Länder des Commonwealth der British Nationality Act von 1948. Es wurde ein vom Grundsatz her auf der Geburt in den Mitgliedstaaten gegründetes ius soli verabschiedet, das jedoch verschiedene Differenzierungen des »British Subject« kannte: »Citizens of the United Kingdom and Colonies«, »Citizens of independent Commonwealth countries« (Sonderstellungen gab es für »British Subjects without Citizenship«, »British Protected Persons« und Iren). Neben dieser generellen »acquisition by birth«, einer Art des ius soli, gab es auch die »acquisition by descent«. Die erste Generation im Ausland bekam durch den Vater die Staatsbürgerschaft durch Abstammung. Weitere Generationen konnten sich registrieren lassen. Dieses Recht hatten ebenso Ehefrauen von Briten und Personen, die ein Jahr auf britischem Hoheitsgebiet lebten. Dieses Recht war zwar kein Optionsrecht, aber durchaus ein vereinfachtes Einbürgerungsverfahren. Einbürgerungen konnten erst nach fünf Jahren Aufenthalt beantragt werden. Ab 1962 wurde den Briten die kontinuierliche Einwanderung aus dem Commonwealth zuviel. Sie wurde durch mehrere Änderungen hin zum impliziten ius sanguinis eingedämmt. Die Einschränkung bestand darin, daß Menschen nur noch frei einreisen durften, deren Eltern oder Großeltern in Großbritannien selbst geboren waren. Im BNA (British Nationality Act) von 1981 wurde dies alles geändert.

Die 1351 einsetzende und sich seit Mitte dieses Jahrhunderts verstärkende Tendenz zum ius sanguinis hat sich im BNA von 1981 voll durchgesetzt. Es ist prinzipiell ein ius sanguinis a patre et a matre. Der ius soli-Aspekt bleibt jedoch durch Einschränkungen für Geburten im Ausland erhalten: Nur Kinder der ersten Generation sind automatisch britische Staatsbürger, oder ein Elternteil muß in dienstlichen Beziehungen zu Großbritannien stehen. Daneben gibt es noch viele Einzelregelungen, interessant ist nur, daß in Großbritannien geborene staatenlose Kinder nicht automatisch Briten werden.

Einbürgerungen können vorgenommen werden bei Personen, die sich seit fünf Jahren in Großbritannien aufhalten, sich keinen Gesetzesbruch zuschulden kommen ließen, Englisch, Walisisch oder Schottisch sprechen, »of good character« sind und beabsichtigen, in Großbritannien zu wohnen. Die Ausführungsvorschriften sind sehr schwammig. Bei der Einbürgerung muß die bisherige Staatsbürgerschaft nicht abgelegt werden. Die Staatsbürgerschaft verlieren kann man im Prinzip nur durch Verzicht.

2.2.4   Das amerikanische Staatsbürgerrecht[81]

Zu Beginn der Besiedelung Amerikas, also etwa zwischen 1600 und 1775, herrschte britisches Kolonialrecht. Als britische Kolonie wurde Nordamerika vor allem durch Anreize von Großbritannien besiedelt. Danach (1776-1875) folgte mit den Unabhängigkeitskriegen und der Verfassung von 1787 eine »Politik der offenen Tür«. Laut Verfassung durften im Ausland Geborene nur nicht Präsident werden. (Senator nach neun, Mitglied des Repräsentantenhauses nach sieben Jahren US-Bürgerschaft). 1790 folgte der »Naturalization Act«: Freie weiße Personen konnten nach zwei Jahren US-Bürger werden, dies wurde bevölkerungspolitisch begründet. 1866 wurde das ius soli für alle eingeführt, außer für Indianer und Personen, die noch eine ausländische Staatsangehörigkeit besaßen. 1868 wurde im 14. Amendment der amerikanischen Verfassung das ius soli für alle begründet. 1870 wurde dieses Gesetz auf „aliens of African nativity and Persons of African descent" ausgeweitet.

1875 wurde die Einbürgerung durch den Bundesstaat als verfassungswidrig erklärt. In Gesetzen von 1875 und 1882 wurde Kriminellen, Prostituierten, Verrückten und Personen, die zur öffentlichen Bürde werden konnten, der Zugang in das US-Gebiet verweigert. Das erste Einwanderungsproblem der Amerikaner waren die Chinesen: da sie während des Goldrausches und zum Eisenbahnbau gebraucht wurden, hatte Amerika chinesische Handelskonzessionen durch Einwanderungsrechte erkauft. 1882 wurde die Einwanderung von Chinesen auf 10 Jahre durch den »Chinese Exclusion Act« verboten (1892 verlängert, 1902 permanent eingeführt, 1943 aufgehoben).

Im Gegensatz zu Kontinentaleuropa wurden Restriktionen vor allem durch Einwanderungsregelungen erlassen: 1891 Gesundheitsprüfung, keine Polygamisten, 1903 keine Anarchisten und Saboteure, 1917 Schreibfähigkeit, weite Teile Asiens wurden ausgeschlossen. 1921 begann die Zeit der Quotierungen. Jährlich durften nur so viele Einwanderer kommen, daß die Anzahl 3% der betreffenden Volkszugehörigen im Lande nicht überschritt. 1924 wurde dies durch das Visumsystem ergänzt: Einwanderer mußten im Herkunftsland ein Visum besorgen. Es wurde nicht zwischen Einwanderern und Flüchtlingen unterschieden. Der War Brides Act von 1946 erlaubte Ehefrauen und Kindern amerikanischer Soldaten die unquotierte Einreise.

---

81   Zu der folgenden Darstellung des Einwanderungs- und Staatsbürgerrechts vgl. Bass 1990.

Mit dem Immigration and Nationality Act (McCarren-Walter Act) von 1952 wurden 85% der Einwanderungsquoten für nord- und westeuropäische Länder reserviert, die Diskriminierung für Japaner und Chinesen abgeschafft, sowie eine Restquote (etwa 150.000) für unmittelbare Verwandte von US-Bürgern eingeführt. Im Hart-Celler Act von 1965 gab es keine Quotierung nach Volkszugehörigkeit mehr: 290.000 Einwanderer wurden zugelassen, aus amerikanischen Staaten 120.000, aus anderen Staaten 170.000, jedoch pro Land nicht mehr als 20.000. 1980 wurde im Refugee Act festgelegt, daß Flüchtlinge außerhalb der Quote einreisen können. Das immer größer werdende Problem der illegalen Einwanderung schlug sich im Immigration Reform and Control Act von 1986 nieder, in dem eine Bestrafung von Arbeitgebern von Illegalen festgelegt wurde. Der Immigration Act von 1990 ist der vorläufige Endpunkt der Bemühung der USA, ein differenziertes Instrument zur Steuerung der Einwanderung zu entwickeln, die der eigentlichen Naturalisierung vorgelagert ist. Hauptkriterien sind Familienzusammenführung und wirtschaftliche Anforderungen (vgl. OECD - SOPEMI 1992).

Die Regelungen zur Einbürgerung basieren heute auf dem Nationality Act von 1952:

„The right of a person to become a naturalised citizen of the United States shall not be denied or abridged because of race or sex or because such a person is married." (nach Wiessner 1989, S. 128).

Einbürgerungsbewerber sollten Englisch können, Grundzüge der Geschichte und der Verfassung kennen, keine Anarchisten, Kommunisten, Umstürzler oder Deserteure sein, fünf Jahre in den USA gelebt haben, of »good character« sein und der guten Ordnung Amerikas wohlgesonnen. Als besonders starke ius soli-Regelung kann die Tatsache gelten, daß auch illegal eingewanderte Eltern ihrem Kind die Staatsbürgerschaft verschaffen können. Ius sanguinis-Element ist, daß Kinder von US-Bürgern Amerikaner sind, aber nur, wenn die Eltern sich vorher in den USA aufgehalten haben.

2.3 Die wichtigsten Entwicklungslinien

Betrachtet man die rechtlichen Regelungen zur Staatsbürgerschaft in verschiedenen Staaten, so sind es vor allen Dingen sechs Kriterien oder Prinzipien, die zur Definition der Zugehörigkeit zum Staatsvolk verwendet wurden oder werden: das Geschlecht, die Familienzugehörigkeit, die Blutsverwandtschaft, das Territorial- oder Wohnsitzprinzip, das Prinzip der »kulturellen Verbundenheit« und evtl. die Zugehörigkeit zu einer anderen Nation. Die veränderte Relevanz dieser Kriterien ist dabei Ausdruck von Zusammenarbeit und Konflikten zwischen Staaten, Reaktionen auf Migrationsbewegungen, auf bevölkerungspolitische Anforderungen und Folge des zunehmenden Identitätsmanagements der Gesellschaften.

Die Kriterien Geschlecht, Familienzugehörigkeit, Blutsverwandtschaft und das Prinzip der »kulturellen Verbundenheit« können insofern partikularistisch genannt werden, als sie auf Kriterien beruhen, die innerhalb eines Nationalstaates entwickelt wurden und sich spezifisch auf eine bestimmte Gruppe von Menschen richten, also per definitionem keine universelle Anwendung auf die ganze Menschheit finden können.[82] Dies bedeutet allerdings nicht, daß nicht innerhalb der Gesellschaft universalistisch formulierte Normen und Kriterien verwendet werden; die effektive Reichweite dieser universalistisch formulierten Normen wird aber durch die partikularistische Definition der Staatsbürgerschaft und vor allem durch die territoriale Beschränkung des Rechtssystems begrenzt. Die eben genannten Kriterien sind auch eher zugeschriebene und nicht, wie nach differenzierungstheoretischen Überlegungen zu erwarten gewesen wäre, erworbene (ausgenommen sind nur Territorial- oder Wohnortsprinzip, inwieweit »kulturelle Verbundenheit« und die Staatsbürgerschaft selbst erworben sind, soll weiter unten diskutiert werden). Gemäß der struktur-funktionalistischen Systemtheorie ist »zugeschrieben/erworben« die Charakterisierung eines sozialen Sachverhaltes, bzw. von Kriterien und Normen, die zu bestimmten Verhaltensweisen führen:

„*[A]scription/achievement* (also referred to as the *quality/performance*) – judgements about »social objects«, including actors according to their membership or not of specified social categories *as against* judgements made in terms of more general criteria which apply to the actual performance of actors ...“ (Jary/Jary 1991, S. 458)

Es steht jedoch zu vermuten, daß es sich bei dem Begriffspaar »zugeschrieben/erworben« ebenso wie bei »partikularistisch/universalistisch« nicht um jeweils eine Dimension handelt, sondern um insgesamt vier, die unabhängig voneinander und in verschiedenen Mischungsverhältnissen vorkommen können. Darauf hat übrigens schon Wood (1968) für den Fall der Pattern-Variables hingewiesen, und dies auch mit aussagenlogischen Argumenten begründet (Wood läßt nur für das Paar »diffus/spezifisch« die Eindimensionalität gelten).

Um das eben Gesagte auch für den Fall der Staatsbürgerschaft deutlich zu machen, sollen die bestehenden Trends in der Verwendung der Kriterien zur Verteilung nationaler Mitgliedschaften im folgenden kurz beschrieben werden (zu einer etwas anderen Akzentuierung der Entwicklungslinien vgl. auch de Groot 1989, S. 308-21).

---

82 „*[P]articularism,* [is] the orientation of any culture or human grouping in which the values and criteria used in evaluating actions are internal to the group, without any reference to values or criteria which apply to human beings universally.“ (Jary/ Jary 1991, S. 455)

2.3.1   Zunehmende Gleichberechtigung und abnehmende Bedeutung der Familienzugehörigkeit

Die zunehmende Gleichberechtigung und die sinkende Relevanz der Familie zeigt sich auf zwei Gebieten: (1) Der Bewegung weg vom familienrechtlichen »système unitaire« hin zum »système dualiste«; (2) in der Weitergabe der Staatsangehörigkeit an eheliche und nichteheliche Kinder.

In allen Staaten war die Staatsangehörigkeit der Familienmitglieder an die des Mannes gebunden, es wurde die staatsangehörigkeitsrechtliche Familieneinheit betont. Um die Jahrhundertwende schien es politisch wünschenswert, daß die gesamte Familie eindeutig einer Nation zuordenbar ist. Dies führte aus der Tradition des römischen Rechts heraus zu einer patriarchalen Definition der Staatsangehörigkeit von Frauen und Kindern. Dies lockerte sich durch die Zielvorstellung, daß Staatenlosigkeit zu vermeiden sei, denn Frauen und Kinder von Staatenlosen wurden auch staatenlos. 1930 wurde im Haager Abkommen festgelegt, daß bei Staatenlosigkeit die Staatsangehörigkeit der Frau zum Tragen kommt. Dieser Einbruch in die männlich definierte Familieneinheit wurde erst im New Yorker Abkommen von 1957 weiter vorangetrieben, der automatische Erwerb der Staatsangehörigkeit des Mannes bei Heirat durch die Frau und der Verlust der eigenen wurden verurteilt. Das »Système dualiste« setzte sich nach und nach durch, allerdings mit wichtigen Optionsrechten für die Frau, so daß die freie Wahl der Staatsangehörigkeit formal für die Frau gegeben war, für den Mann nicht. Damit wurde nicht nur der Mann diskriminiert, sondern auch die Frau gezwungen – falls beide dieselbe Staatsangehörigkeit haben wollten – die Staatsangehörigkeit des Mannes anzunehmen. Inzwischen ist dies in den meisten Staaten abgeschafft. Der erleichterte Erwerb der Staatsangehörigkeit für beide wird jetzt nicht mehr durch die Ehe begründet, sondern durch die im Zusammenleben entstandenen Bindung. Den daraus logisch folgenden Schritt, auch nichtehelichen Lebensgemeinschaften die Einbürgerung zu erleichtern, haben bis jetzt allerdings nur die Niederlande getan.[83]

Eine zunehmende Gleichberechtigung zeigt sich auch in der Staatsangehörigkeit der Kinder, dies allerdings nur, wenn diese in irgendeiner Form über ein ius sanguinis geregelt wurde. Ursprünglich wurde die Staatsbürgerschaft des Kindes meist mit dem ius sanguinis a patre definiert. Mit der zunehmenden Unabhängigkeit der Frau wurde auch gefordert und bis heute auch durchgesetzt, daß es ein ius sanguinis a patre und a matre gibt. Die damit vermehrte Doppelstaatlichkeit wird von manchen Ländern bzw. Staatsrechtlern als Problem betrachtet, so daß einige Länder dies durch bestimmte Entzugsgründe zu umgehen versuchen. In ius soli-Ländern ist die Gleichstel-

---

83   Als Argument wird hier oft genannt, daß mit der Einbürgerung auch das Recht auf ein „soziales Minimum" verbunden ist. Bei Ehegatten wird damit im Normalfall aber nicht der Staat, sondern die Familie belastet.

lung ehelicher und nichtehelicher Kinder kein Problem, da jedes dort geborene Kind die Staatsbürgerschaft erhält, anders in ius sanguinis-Ländern. In den Staaten des germanischen Rechtskreises wird die Staatsbürgerschaft des nichtehelichen Kindes durch die Mutter festgelegt. Regelungen, die für diese Fälle einen automatischen Verlust der Staatsbürgerschaft mit der Legitimierung durch einen ausländischen Vater vorsahen, sind inzwischen aufgehoben.

Gemeinhin werden heute sowohl Geschlecht als auch Familienform von Juristen nicht mehr als brauchbares Unterscheidungskriterium für die Mitgliedschaft in Staaten angesehen. Bei beiden Kriterien ging man implizit davon aus, daß die staatsbürgerliche Bindung der Frau weniger stark bzw. bedeutend ist wie die des Mannes. Mit der Geschlechtszugehörigkeit wurde also eine bestimmte Qualität verbunden, die einer Frau unterstellte Staatsbürgerschaft – als etwas auch Politisches – sei für sie eher äußerlich (vgl. hierzu die Entwicklung des Frauenwahlrechts). Diese askriptive Argumentation wurde durch die universalistische Forderung – zuerst gedacht für den eigenen Nationalstaat – der Gleichheit von Mann und Frau ausgehebelt (besonders gut ist dies am Beispiel der Bundesrepublik Deutschland zu sehen). Durch diese Umstellung der Abgrenzung auf andere Kriterien wurde bei funktionaler Äquivalenz ein höheres Solidaritätspotential nach innen geschaffen. Auch wenn dieser Optimierungsprozeß für die rechtliche Normierung weitgehend abgeschlossen ist, bedeutet dies jedoch nicht, daß in den oft sehr spezifisch formulierten Anwendungsregelungen solche Kriterien nicht auch zum Tragen kommen können.

2.3.2 Entwicklung zum ius sanguinis?

Betrachtet man die Entwicklung der staatsbürgerschaftlichen Kriterien der Blutsverwandtschaft, des Wohnsitz- und Territorialprinzips sowie der kulturellen Verbundenheit, so sind neben den Haupttrends einer Zunahme der Bedeutung des ius sanguinis und der kulturellen Verbundenheit viele Verwicklungen und Turbulenzen zu beobachten.

Da sich die Staatsangehörigkeit aus dem Untertanentum entwickelt hat, war sie an den Wohnsitz geknüpft (Schätzel 1962), sie konnte also – zumindest potentiell – von jedem Menschen erworben werden. Die historische Entwicklung jeder der hier betrachteten Staatsbürgerschaften geschah aus einem ius soli oder genauer einem ius domicilii heraus. Erst nach der Bildung von politischen Einheiten wurde die Staatsbürgerschaft zumindest teilweise an Blutsverwandtschaft gebunden. Dabei wird, u.a. von französischen Rechtshistorikern, betont, daß diese rechtliche Kodifizierung einer Blutsverwandtschaft vor allem auch politisch wünschenswert schien, um die Besonderheit des Eigenen gegenüber dem Fremden, z.B. im Krieg, zu betonen. Die Blutsverwandtschaft als Kriterium der Staatsbürgerschaft zu verwenden, ist Ausfluß der Bestrebungen, einem allgemeinen Blutsverwandtschaftsglauben des Staatsvolkes Vorschub zu leisten. Huber (1987b, S. 182) weist in seinem

Kommentar zu den Beratungen des Reichs- und Staatsangehörigkeitsgesetzes von 1913 im Deutschen Reichstag zu Recht darauf hin, daß das Abstammungsprinzip zumindest im gesamten 19. Jahrhundert als das »modernere« angesehen werden konnte. Am stärksten durchgeformt ist dieses Rechtselement sicher im germanischen Rechtskreis. Schon früh ist also in ganz Europa die Idee auch im Rechtskodex verbreitet, die gemeinsame politische Zukunft durch die Vorstellung der gemeinsamen kulturellen Vergangenheit zu festigen (vgl. Smith 1993).

Mitte des letzten Jahrhunderts gingen praktisch alle kontinentaleuropäischen Staaten im Kern vom ius sanguinis aus. Unterschiede gab es nur in den mehr oder minder zahlreichen Ausnahmen. So hatten in vielen Staaten die im Land geborenen Kinder Optionsrechte (Belgien, Frankreich, Italien, Spanien). Eine weitere Ausnahme war Art. 8 Abs. 3 des französischen Code Civil (1889), in dem festgelegt war, daß Kinder von einem in Frankreich geborenen Elternteil selbst Franzosen sind. Grund hierfür war die bevölkerungspolitische Prämisse, daß lange in Frankreich Lebende zu Franzosen gemacht werden sollten. Ausnahmen sind immer auch aufgefundene Kinder und rechtlich nicht anerkannte Kinder gewesen. Durch die zunehmende Gleichberechtigung von Mann und Frau nehmen gemäß dem ius sanguinis Doppelstaatler zu.

„Bezüglich der Ausnahmen zugunsten des ius soli können wir einen Gegensatz zwischen den traditionellen Staaten des germanischen Rechtskreises (Deutschland, Österreich, Schweiz) und den Staaten des romanischen Rechtskreises (Belgien, Frankreich, Italien, Niederlande, Spanien) konstatieren. In den germanischen Staaten wird das ius sanguinis streng durchgeführt. Seit Realisierung des ius sanguinis a patre et matre gilt die einzige (Pseudo-)Ausnahme zugunsten aufgefundener Kinder." (de Groot 1989, S. 315)

Gänzlich anders ist der angelsächsische Rechtsraum, hier wird traditionell von einem ius soli ausgegangen, bei Auslandsgeburt gab es ein eingeschränktes ius sanguinis. Seit 1981 ist in Großbritannien das ius sanguinis für Auslandsgeburten eingeführt und das ius soli für Inlandsgeburten eingeschränkt, nur noch Kinder von Briten und von dauerhaft niedergelassenen Ausländern erwerben hier die britische Staatsbürgerschaft.

Staatsbürgerrecht hat auch immer bevölkerungspolitische Aspekte, so wurde ein ius soli oft verwendet, um die einheimische Bevölkerung zu vermehren. Dies kann zum Teil völkerrechtswidrige Auswüchse haben, wie etwa – zu Beginn dieses Jahrhunderts – die lateinamerikanische Praxis, jedem, der Eigentum im Land erwarb, die Staatsbürgerschaft zu verleihen. Das ius sanguinis schließt zum einen neue Einbürgerungen aus, zum anderen bindet es ausgewanderte Personen und deren Kinder an den Staat. Dieser bindende Effekt des ius sanguinis kann auch einwanderungsfördernd wirken, wie Artikel 116 Abs. 1 des deutschen Grundgesetzes zeigt.[84] Im Normalfall muß jedoch die Einführung eines ius sanguinis als Schließung interpretiert werden. Gerade die völlige Novellierung des Staatsbürgerrechts in Großbritannien 1981 ist ein Paradebeispiel, wie durch das ius sanguinis eine Schließung gegenüber Einwanderern erzeugt werden soll.

Mit zunehmender Homogenisierung und Stabilisierung des europäischen Staatensystems wurde das Blutverwandtschaftsmotiv im Recht modifiziert, jetzt wurde immer stärkeres Gewicht auf »kulturelle« Merkmale gelegt, was sich nicht nur in den vielen Regelungen zur Einwanderung, sondern auch im Völkerrecht (Noteboom-Urteil) ausdrückt. Staatsbürger müssen eine tiefe und innige, eben eine besondere Beziehung zum Staat haben, die sich in Sprache, Lebensweise, ja sogar Interessen auszudrücken hat. Auch hier ist die Konsequenz des deutschen Rechts kaum zu überbieten. Idealtyp der deutschen Einbürgerungsrichtlinien ist eine Art »rückhaltloser kultureller Überläufer«, der mit der Ehrung, Deutscher zu werden«, nicht nur seine alte Staatsbürgerschaft abgibt, sondern auch deutlich demonstriert, ab jetzt in Sprache und Lebensweise ganz Deutscher zu sein. Der Ausländer sieht sich also der paradoxen Situation gegenüber, schon Deutscher sein zu müssen, ehe er es rechtlich sein darf.

2.3.3 Staatenlosigkeit und Mehrfachstaatsangehörigkeit

Eine Folge der Bildung europäischer Nationalstaaten und der zunehmenden monopolistischen Abschließung dieser Staaten war das Problem der Staatenlosen und der Doppelstaatler: Nicht eindeutig einer Einheit des internationalen Systems zuordenbar zu sein, erschien zunehmend problematisch. Die Begründungen, warum Doppelstaatler zu vermeiden seien, werden meist herrschaftspolitisch geführt: man kann nicht Diener zweier Herren sein (de Groot 1989, S. 320). Hier ist eine Parallele zur Religion nicht zu übersehen, weder zwei Staaten, noch zwei Glaubenssystemen kann man gleichzeitig treu sein. Der wichtige Aspekt der Interpretation der Staatsbürgerschaft als Treueverhältnis wird dabei immer stärker von der Treue zum Herrscher (vgl. das ursprüngliche britische Recht oder die früheren deutschen Ausnahmeregelungen bei der Einbürgerung) in eine Treue zur »Volksgemeinschaft« umdefiniert.

Um die Jahrhundertwende kam es vermehrt zu Staatenlosigkeit, dies vor allem deshalb, weil zur Bestrafung aufgrund von Untreue (z.B. fremder Wehrdienst) die Staatsangehörigkeit entzogen werden konnte und weil ein-

---

84 Ursprünglich ist Artikel 116 sicherlich eher als Wiedergutmachungsvorschrift zu interpretieren (vor allem Abs. 2), die einem Ausschluß aus der deutschen Staatsbürgerschaft durch die Gebietsneuregelungen entgegenwirken sollte. Diesen eigentlichen Sinn hat aber vor allem Abs. 1 verloren, und gerade dieser Absatz kann heute als implizite Einwanderungsregelung für eine bestimmte Gruppe von Menschen angesehen werden.

mal erworbene Staatenlosigkeit sich vererbte. Die Bekämpfung der Staatenlosigkeit war einer der wichtigsten Inhalte des Haagener Abkommens von 1930. Obwohl es nicht von vielen Staaten ratifiziert wurde, hatte es starke Auswirkungen auf die entsprechenden Regelungen einzelner Staaten und war der Beginn einer langen Reihe internationaler Abkommen zur Staatsangehörigkeit. Beendet wurde die Reihe internationaler Abkommen zur Staatenlosigkeit und Mehrfachstaatsangehörigkeit mit dem Abkommen zur Bekämpfung der Staatenlosigkeit von New York 1961, danach wurden fast alle Verlustregelungen so formuliert, daß Staatenlosigkeit in Europa nicht mehr eintreten sollte.

Daß die Doppelstaatlichkeit nicht so effektiv bekämpft werden konnte, lag an innerstaatlichen Opportunitätsüberlegungen. Länder, die Einwanderer an sich binden wollten, sahen eine Chance darin, zumindest teilweise diesen Menschen eine Doppelstaatsbürgerschaft zu gestatten. Wo es politisch opportun erschien, gab es keine Probleme, von sonst propagierten Homogenitätsvorstellungen abzuweichen. Erst 1963 erzielte die Auffassung, daß Doppelstaatlichkeit zu vermeiden sei, in Westeuropa durch das Straßburger Abkommen einen Erfolg. In vielen Ländern wird jedoch die Beibehaltung der ursprünglichen Staatsbürgerschaft als wünschenswert betrachtet und deshalb eine Änderung des Abkommens angestrebt. Die zwei zentralen Argumente gegen eine Zulassung der Doppelstaatlichkeit sind der Pflichtenwiderstreit und der diplomatische Schutz. Beide Probleme werden jedoch durch die Einführung einer aktiven und einer ruhenden Staatsbürgerschaft gelöst, wobei der tatsächliche Lebensmittelpunkt und die persönliche Deklaration als Kriterium verwendet werden. Eine Praxis, die zwar bilaterale Abkommen voraussetzt, aber ansonsten, (z.B. in Spanien) relativ problemlos praktiziert wird (vgl. Rau 1987).[85]

Gemäß den zahlreichen internationalen Abkommen ist die Staatsbürgerschaft ein universelles Menschenrecht. Dieses universelle Recht wird aber nach partikularistischen Kriterien gewährt. Der in der Globalisierung von Rechtsnormen zur Staatsbürgerschaft sich ausdrückende Modernisierungsprozeß ist also gleichzeitig durch Partikularisierung und Universalisierung gekennzeichnet!

2.3.4 Die Ethnisierung des Rechts

Betrachtet man die oben genannten Trends, so zeigt sich, daß die Staatsbürgerschaft immer stärker aufgrund von Herkunftsmerkmalen und spezifischen kulturellen Merkmalen definiert wird. Von einer Ethnisierung des Rechts kann deshalb gesprochen werden, weil das Recht bei der Definition der

---

85 Die Diskussion zur doppelten Staatsangehörigkeit kann hier nicht wiedergegeben werden (vgl. z.B. Hammar 1989b). Diese zuzulassen ist aber einer der wichtigsten Bausteine jedes sinnvoll anzuwendenden Einbürgerungsrechts.

Staatszugehörigkeit damit immer spezifischer auf die Merkmale zurückgreift, die soziologisch als Merkmale einer ethnischen Gruppe angesehen werden (vgl. Kapitel I.2.2.2).

Gemeinsame Kultur und Herkunft sind die beiden Elemente, die immer wieder zur Beschreibung von Ethnizität verwendet werden (eine Zusammenstellung von Definitionen vgl. Heckmann 1991, Anm. 8). Obwohl in allen Ländern Staatsbürgerschaft als eine spezifische Qualität eines Menschen definiert ist, die sich in der Erfüllung partikularistischer Normen zeigt, ist trotzdem in allen Ländern eine Einbürgerung möglich, d.h. in spezifisch zu regelnden Fällen ist ein »Erwerb« der Staatsbürgerschaft für prinzipiell jeden möglich.

Staatsbürgerschaft wird sowohl im internationalen Recht als auch im Rechtssystem einzelner Staaten eher zugeschrieben, d.h. als Qualität einer Person interpretiert. Unterschiede gibt es nur darin, wie »schnell« diese Qualität entsteht, bzw. wann aus dem festen Willen, die Zugehörigkeit zu erwerben, auf die Qualität, jetzt bestimmter Staatsbürger zu sein, geschlossen werden kann. In reinen Einwanderungsländern wie z.B. den USA müssen notwendigerweise spezifische Öffnungen in das Staatsbürgerrecht eingebaut werden. Dies wurde durch eine genaue Angabe kultureller »Mindestanforderungen« versucht, implizit basierte das System jedoch auf der ethnischen Homogenität der Herkunftsländer, und mit zunehmender Diversifizierung der Einwanderungsströme stieg dann auch der »ethnische Problemimport« (Kreckel 1989). Diesem Problem versuchen europäische Länder wie Großbritannien und Frankreich mit rigideren Einbürgerungsbestimmungen zu begegnen. Da Einbürgerung jedoch prinzipiell als wünschenswert betrachtet wird, und vor allem auch ein gewisser Glaube an die Assimilationskraft der eigenen Kultur gehegt wird (vgl. Brubaker 1990), wird zumindest im Land Geborenen das Recht zugesprochen, z.B. die Qualität des »Französischseins« zu besitzen. Als in Deutschland das Staatsbürgerrecht gesatzt wurde, war es ein Auswanderungsland und es schien politisch opportun, grundsätzlich das damals moderne ius sanguinis weitgehend durchzusetzen. Nach dem Zweiten Weltkrieg, als Deutschland zum Einwanderungsland wurde, hielt man es für nicht möglich, das von den Nazis völlig zum ius sanguinis »gereinigte« Staatsbürgerrecht zu ändern. Zum einen hätte jede Änderung des Staatsbürgerrechts in irgendeiner Weise die Teilung Deutschlands zur Kenntnis nehmen müssen, und damit den bewußt gewollten Charakter eines »Provisoriums« zerstört, zum anderen sollte die starke Einwanderung von Flüchtlingen und Volksdeutschen nach dem Krieg durch die extensive Ausweitung des Begriffs des Deutschen kaschiert werden.

Auch wenn also Staatsbürgerschaft immer nach ethnischen Kriterien definiert wird, ist der entscheidende Punkt, wie die »kulturelle Verbundenheit« inhaltlich gefüllt wird. Betrachtet man die verschiedenen Länder, so ähneln sich zumindest die rechtlich kodifizierten Kriterien auf erstaunliche Weise.

Eine »echte Verbundenheit von Existenz, Interessen und Empfindungen« wird unterstellt, wenn die Sprache gesprochen wird, ein Wille zur Integration (belegt z.B. durch Kenntnisse von Kultur und Verfassung) vorhanden ist und der Bewerber kein Straftäter ist. Diese Verbundenheit wird erworben, indem der Bewerber eine bestimmte Zeit (meist 5 bis 10 Jahre) in einem Land lebt oder im Land geboren wird. Deutschland bildet insofern eine Ausnahme, als bei Erfüllung all dieser Kriterien im Normalfall kein Recht auf Einbürgerung erworben wird, sondern die Einbürgerung von der mehr oder minder rigiden »Verleih«-Praxis der Behörden abhängig ist.

2.4 Zur Entstehung nationalstaatlich verfaßter Gesellschaften

In der Entwicklung des Staatsbürgerrechts ist die ständige Spannung zwischen endogenen und exogenen Faktoren bei Grenzziehungsprozessen zu sehen. Bei aller berechtigten Diskussion über ökonomische, kulturelle und ökologische Globalisierungsprozesse ist die Entwicklung des Nationalstaates einer der wichtigsten Globalisierungsprozesse innerhalb der Weltgesellschaft. Diesem fragmentierenden Globalisierungsprozeß kann auf dem Hintergrund der Idee der Weltgesellschaft nachgespürt werden (vgl. hierzu Abschnitt I.2.3).

Die strukturellen Kopplungen zwischen Weltgesellschaft und Nationalstaat lassen sich, wenn auch zu Beginn noch sehr abstrakt, einfach als basale Leistung sozialer Systeme beschreiben: der Produktion von Grenzen. Es handelt sich um ein Syndrom aus vielschichtigen Begrenzungs- und Entgrenzungsprozessen. Diese können zwar auf der Ebene der Weltgesellschaft und der Nationalstaaten analysiert werden, sind aber in ihrer Verlaufslogik dreiwertig: Grenzziehungsprozesse orientieren sich immer an der Begrenzung des Eigenen, der Ausgrenzung des Anderen und der über die Grenzen hinweggehenden Definition des Gemeinsamen (siehe hierzu Exkurs I.1.3).

Wie schon bemerkt, handelt es sich bei der Entwicklung von Nationalstaat und Weltgesellschaft um ein komplexes Syndrom verschiedener Entwicklungstendenzen, auf die alle einzugehen hier kaum möglich ist. Notwendig in diesem Zusammenhang wäre sicherlich die Untersuchung der Diffusion von technischen Innovationen in Verbindung mit der Stabilisierung von internationaler Ungleichheit durch weitergehende technische Entwicklung in der Weltgesellschaft. Zum festen Fundus soziologischer Erklärungsmuster gehören auch die wirtschaftliche und industrielle Revolution. Zum einen stabilisierten sie extern die Vormachtstellung des Westens innerhalb der Weltgesellschaft, so wie sie intern ein zentrales Movens der Wohlstandsgewinnung waren und sind. Intern wurde der Risikoreichtum kapitalistischer Wirtschaftsweisen durch die Entwicklung einer stabilen Bürokratie und des Wohlfahrtsstaates aufgefangen, extern war es die Effektivitätssteigerung des Militärs, die auch zur wirtschaftlichen Ressourcengewinnung und -absicherung verwendet werden konnte. Immer war es aber die Wohlstandsgewinnung, die als eines der Hauptziele des Nationalstaats gesehen wurde.[86] In diesem Zusammenhang ist sicherlich das grenzüberschreitende und neue Grenzen ziehende Potential der pädagogischen Revolution interessant, die das Bildungsmonopol der Kirchen brach und die typisch nationalstaatliche Organisation des Bildungswesens hervorbrachte.

2.4.1 Politische Inklusion: Herrschaft, Territorium und Bevölkerung

Die politische Inklusion der Bevölkerung eines Staatsgebiets durch die Neudefinition von Herrschaft, Territorium und Bevölkerung kann als eine der wichtigsten Grenzleistungen des Nationalstaates verstanden werden. Oder wie Stichweh es ausdrückt:

„Der Prozeß der Inklusion von jedermann in das politische System – mit einem zwischen Pflichten und Rechten oszillierenden Bedeutungsspektrum von »Inklusion« – ist vermutlich der eigentliche Schlüssel für die Entstehung der modernen Nationen." (Stichweh 1994b, S. 83).

Als Bezugspunkt dieser Entwicklung wird die Weltgesellschaft gedacht, als eine prinzipiell gleiche Menschheit, die auf den bewohnbaren Territorien der Welt lebt und ihre politische Herrschaft selbst ausübt. Die politische Inklusion vollzieht sich jedoch in jeweils als unterschiedlich gedachten Segmenten, wobei als traditionell definierte Unterschiede als konstituierende Faktoren hinzugezogen werden.

Blickt man auf das hochmittelalterliche Europa, so ist davon auszugehen, daß politische Macht, gekoppelt mit militärischer, eine Angelegenheit vor allem von Fürstenhäusern und einigen Handelsstädten war, für die Territorien weitgehend beliebig als machtpolitisches Instrument erworben oder erobert bzw. veräußert oder verloren wurden. Die Bevölkerung waren vor allem Untertanen, die sich in die Gruppe der Bürger (meist in Städten und mit spezifischen Rechten) und der Einwohner (ohne Rechte, manchmal mit Privilegien aber immer mit einem immensen Bündel an Pflichten) aufteilen ließen (vgl. Stichweh 1994b). Die Bindung an das Herrschaftssystem war erst vermittelt über lokale Fürsten und wurde später teilweise als direktes Verhältnis zu König oder Kaiser definiert. Immer war diese Bindung aber eine auf ständischen Kriterien beruhende oder eine mittelbar über das Territorium hergestellte. Insgesamt überwölbt wurden diese Strukturen durch das Christentum, das in Konflikten und Allianzen mit weltlichen Mächten eigene Zugehörigkeiten und Ausgrenzungen schuf. All diese vielschichtigen, teilweise

---

86 Auch wenn oft auf den inhärent transnationalen Charakter kapitalistischer Wirtschaftsweisen verwiesen wird, so wird übersehen, daß es gerade das Spiel zwischen Protektionismus und Freihandel war, das jeweils nationale Wirtschaften am Laufen hielt. So hat der Urvater der modernen Ökonomie, Adam Smith (1960/62), sein Hauptwerk auch »The Wealth of Nations« genannt und nicht etwa »The Wealth of Human Kind«.

unbestimmten oder überlappenden, immer aber vergleichsweise lockeren Bindungen werden im Prozeß der Bildung nationalstaatlich verfaßter Gesellschaften miteinander kongruent verknüpft. Wie läßt sich dieser Prozeß der Grenzstabilisierung erklären?

Der erste hier zu nennende Prozeß ist der der *Territorialisierung,* also der Verknüpfung eines staatliche Gefüges mit einem genau definierten Territorium. Innerhalb Kontinentaleuropas ist die Bildung vieler Nationalstaaten eine Folge vor allem der französischen Nationalstaatsbildung[87] und deren Expansionsdranges gewesen. Sie geschah also aus einem Gefühl und der handfesten Erfahrung der Rückständigkeit heraus. Später wurde weltweit die Nationenbildung vor allem ein Prozeß der Reaktion auf westlichen Imperialismus. Dieses Strukturmoment moderner nationalstaatlicher Identitätsbildung wird besonders von Bendix betont:

„Im Vergleich mit dem wirtschaftlichen und politischen Vorsprung außerhalb der eigenen Grenzen sehen die Menschen und insbesondere die Intellektuellen eines Nachzüglerlandes das volle Ausmaß der eigenen Rückständigkeit. (...) Die Stärke des Vorsprungslandes mag überwältigend erscheinen, aber sie wird durch falsche Werte, Korruption und geistigen Zerfall über kurz oder lang zugrunde gehen. (...) Folglich trägt die Übermacht der Vorsprungsländer schon die Keime der eigenen Zerstörung in sich, während die geheimen Fähigkeiten der Nachzugsländer ein Zeichen ihrer vielversprechenden Zukunft sind." (Bendix 1991, S. 54-55)

Daß diese Solidarisierung auf einem oft eher willkürlich zusammengesetzten Gebiet mit heterogener Bevölkerung geschieht, ist dabei eher sekundär.[88]

Nationalisierung ist immer eine Festlegung eigener Grenzen, meist mit dem Versuch, die Bevölkerung auf diesem Gebiet durch die Suggestion der gemeinsamen Leidenserfahrung und des gemeinsamen Erfolgsversprechens an das gemeinsam Projekt Nationalstaat zu binden. Auf dem Hintergrund der vergleichsweise geringen kulturellen Unterschiede in Europa (vgl. Tilly 1990a) war es auch nicht besonders schwierig, regionale Gemeinsamkeiten

---

87 Zwar wird immer gerne betont, daß die ideologische Affinität der europäischen Intelligenz (entweder zur Revolution oder zu Napoléon) zentrales Moment der Nationalstaatenbildung gewesen ist. Mindestens genauso wichtig ist aber die ungeheure Effektivität des kriegführenden Frankreich, das all seine Nachbarn zu Reaktionen zwang. Daß die bloße Existenz einer nationalstaatlichen Formation nicht unbedingt so starke Multiplikationseffekte hat, zeigt das Beispiel Englands, das früher und erheblich ungebrochener in die Nationalstaatsbildung eintrat.

88 Auf die notwendige Produktion abrupter kultureller Grenzen weist schon Weber hin: "Die universelle Macht der »Nachahmung« wirkt im allgemeinen dahin, daß ... die bloß traditionellen Gepflogenheiten von Ort zu Ort nur in allmählichen Übergängen sich zu ändern pflegen. Scharfe Grenzen zwischen den Verbreitungsgebieten von äußerlich wahrnehmbaren Lebensgepflogenheiten sind daher entweder durch eine bewußte monopolistische Abschließung, welche an kleine Unterschiede anknüpfte und diese dann geflissentlich pflegte und vertiefte, entstanden. Oder durch friedliche oder kriegerische Wanderungen von Gemeinschaften, welche bis dahin weit entfernt gelebt und sich an heterogene Bedingungen der Existenz in ihren Traditionen angepaßt hatten." (Weber 1985, S. 236)

zu finden und zu propagieren. Die Stabilisierung dieser Vorstellungen kultureller Homogenität geschah auch über die Bevölkerungsentwicklung. Im Aufstieg Europas kam es zu einer Bevölkerungsexplosion, die dazu beitrug, Menschen in die gesamte Welt zu exportieren, die dann als Europäer selbstverständlich auch die Ideen europäischer Nationalstaatenbildung überall verbreiteten. Viel wichtiger war aber, daß so in den europäischen Zentren[89] der Nationalstaatenbildung der durch den ansteigenden Wohlstand immens steigende Arbeitskräftebedarf intern gedeckt werden konnte, und es nicht notwendig war, Einwanderer aus weit entfernt liegenden Kulturen zu integrieren. Erst nach dem Zweiten Weltkrieg setzte eine Einwanderung auch aus weit entfernten Gebieten ein und generierte damit massive Probleme für nationalstaatliche Homogenitätsphantasien (vgl. McNeill 1986).

Der zweite Grenzziehungsprozeß neben der Verknüpfung von Territorium und Herrschaft ist die *Verknüpfung von Kultur und Herrschaft* (zu diesem Prozeß vgl. insbesondere Smith 1993). Im Nationalstaat wird die im Regelfall demokratisch vorgestellte Herrschaftsausübung oft als traditionell, immer aber als kulturell spezifisch gedacht. Kulturelle Übereinstimmungen, meist in den Kerngebieten des werdenden Nationalstaates, werden als typisch definiert. Es entsteht eine Bürgerschaft, die über Feindbilder, wie etwa die überkommene Oberschicht oder andere Länder mobilisiert wird. Diese nationale Mobilisierung führt zur Zusammenführung von Kultur und Politik, erst jetzt beginnen zentrale Ethnien in das Leben peripherer einzugreifen. Ist dies einmal geschehen, gibt es keinen Weg zurück (feedback-effect). Dörfliche Gemeinschaften unterlegen ihr Selbstverständnis mit gesellschaftlichen Elementen, Zugehörigkeitskriterien zentralisieren und rationalisieren sich. Es findet eine Mobilisierung statt, die in einigen Fällen auch zum Widerstand gegen den zentralen Nationalstaat werden kann.

Dritter Prozeß ist die personale Verknüpfung zwischen Personen und der politischer Herrschaft über die *Staatsbürgerschaft*. Auf das gleiche Problem gedachter Gemeinsamkeit und Unterschiedlichkeit wird auf der personalen Ebene mit dem Konzept der Staatsbürgerschaft reagiert. Die Bildung von Nationalstaaten kann als institutionelle Antwort auf die Forderung nach der Verwirklichung universaler Menschenrechte interpretiert werden. Nur der Nationalstaat erlaubt einerseits, beim Festhalten an der allgemeinen Wertorientierung den jeweils regionalen Bedingungen Genüge zu leisten, und andererseits eine Risikobeschränkung für das gesamte Projekt der Moderne – trotz Scheiterns einzelner Nationalstaaten – zu gewährleisten. In dieser Zerlegung des Problems der Institutionalisierung universaler Rechte ist es dann gelungen, innerhalb von Nationalstaaten – aber eben nur dort – askriptive und par-

---

89 Interessant wäre an dieser Stelle sicher die Interpretation des Sklavensystems als Mechanismus, der zwar sehr weitreichende Zwangswanderungen induziert, aber in der konsequenten Externalisierung der schwarzen Bevölkerung Homogenitätsvorstellungen eher beförderte.

tikulare Zuschreibungen als Binnenstrukturierung abzubauen und Bindungen zum »Nationalstaat« zu generieren. Die Differenzierung in Nationalstaaten zieht somit eine Ebene segmentärer Differenzierung nach askriptiven und partikularen Merkmalen zwischen Individuum und Weltgesellschaft ein. Dies widerspricht zwar teilweise der Forderung z.b. nach universalen Menschenrechten, ermöglicht damit aber erst ihre Einführung, zumindest in einigen Teilen der Welt.

2.4.2 Kulturelle Inklusion: Menschen, Gemeinschaften und Gesellschaften

Genau dieselbe Entwicklungsdynamik spiegelt sich in den Prozessen der kulturellen Inklusion wider. Auch hier gibt es die zwei Legitimitätsressourcen, die der Tradition und der Innovation, die die Relationierung von Menschen, Gemeinschaften und Gesellschaften stabilisieren.

Der Nationalstaat entwirft sich selbst, d.h. es kommt zur *Traditionsbildung*[90]. Dies tut er jedoch meist fußend auf vielen mehr oder minder bekannten historische Fakten: die reiche Tradition älterer Ethnien ist oft Vorbild für neuere konstruierte Traditionen. Zwei Merkmale hat dabei jede Geschichtsrekonstruktion. Sie hat zum einen eine didaktische Funktion, sie soll längst Vergessenes vermitteln oder revitalisieren. Zum anderen produziert sie historische Dramen, Personen sind gleichsam die Inkarnation eines Nationalgefühls und handeln entsprechend (z.B. Wilhelm Tell).

Die Mythen, die zur Identitätsdefinition dienen, ranken sich dabei um poetische Räume und goldene Zeitalter. Gemeinsam ist allen nationalen Mythen, daß Geschichte als Tradition definiert wird. A.D. Smith gibt einen ganzen Katalog möglicher Mythen an: zeitlicher und räumlicher Ursprungsmythos, Abstammungsmythos, Wanderungsmythos, Befreiungsmythos, Mythos des goldenen Zeitalters, Mythos des Niedergangs, Mythos des Wiederaufstiegs. In poetischen Räumen wird die Gemeinschaft untrennbar mit einem Territorium verbunden. Geradezu idealtypisch ist der Rütli-Schwur der Kantone Uri, Schwyz und Unterwalden am Vierwaldstätter See 1291. Auch Monumente aus der Vergangenheit werden zum landschaftlichen Bezugspunkt, z.B. die Bretonen und ihre Dolmen. In diesen poetischen Räumen sind es Heroen, die in meist goldenen Zeitaltern agieren: König Artus und sein Tafelrunde oder König David (vgl. hierzu Smith 1993, Kapitel 8 »Legends and Landscapes«, S. 174 ff.).

Nationenbildung ist also nicht nur die einmalige Konstruktion von passenden Institutionen mit einer passenden Klassenstruktur und einer kommunikativen Infrastruktur, sie ist ein permanenter Prozeß der Selbstdefinition, der von Generation zu Generation wiederholt werden muß. Was Nationen

---

90 Dieser Begriff ist bewußt gewählt, weil er den inneren Widerspruch dieser Operation klar zutage treten läßt. Wie kann etwas neu gebildet werden, was seine Existenz auf eine lange Geschichte zurückführt?

modern und erfolgreich macht, ist viel weniger die Begründung in einer Kernethnie, als vielmehr die Fähigkeit, auf ethnischen Mythen beruhende lebende Vergangenheiten zu haben, die die Gegenwart und Zukunft anpassungsfähig strukturieren.

Eng verknüpft mit der Traditionsbildung ist die *Solidaritätsbildung*. Die eben erwähnten Mythen sind deshalb als Strukturmoment besonders wichtig, weil sie die Solidaritätszumutungen des Nationalstaates stützen. Auch wenn Solidarität[91] prinzipiell als die Solidarität mit allen Menschen gefaßt werden kann, wird ihre Implementierung vor allem plausibel, indem die Mitbürger im Nationalstaat durch weitere besondere Eigenschaften als besonders ähnlich stilisiert werden.

„Solidarity becomes a fundamental factor because every nation must, after all, begin historically. They do not simply emerge out of thin air, for example as universalistic, constitutional entities. Societies are founded by groups whose members share certain qualitatively distinct characteristics, traits around which they structure their solidarity." (Alexander 1980, S. 6-7)

Nationenbildung ist die ständige Lösung für das Problem der Produktion von Solidarität in relativ großen sozialen Einheiten. Inklusion bedeutet dabei die Hineinnahme – über subjektiv gefühlte Solidarität – in die »terminal community« (als größte mögliche gedachte Gemeinschaft): die Gesellschaft innerhalb eines Nationalstaates.

Die Inklusion über Solidarität in Nationalstaaten wird normalerweise in der Bewegung weg von primordialen hin zu zivilen Bindungen beschrieben. Obwohl viele der empirischen Beobachtungen richtig sind, daß sich diese zivile Integration erst im Zuge zunehmender Differenzierung und Modernisierung heranbildet, darf jedoch nicht vergessen werden, daß Solidarität neben Religion, Wirtschaft usw. eine eigene Entwicklungsdynamik hat. Ethnische Konflikte und Rassenkonflikte gehören nach gängiger Meinung soziologischer Theoriebildung einer Übergangsphase von traditionellen zu modernen Gesellschaften an. Das Problem liegt dabei im Fundament westlicher Entwicklungstheorien, sie entstanden mit der Aufklärung parallel zur industriellen und politisch-nationalen Revolution.

„As the analytic translation of these social developments, they have been rationalistic in the extreme, sharing an utilitarian distaste for the non-rational and normative and the illusion that a truly modern society will soon dispense with such concerns." (Alexander 1980, S. 6, ausführlicher zu diesem Problem siehe Tilly 1984).

Zentrales Moment der Prozesse der Traditions- und Solidaritätsbildung innerhalb des Nationalstaates ist *die zunehmende Reflexivität kultureller Mu-*

---

91   Als heuristische Definition von Solidarität soll gelten: „The concept of solidarity refers to the subjective feelings of integration that individuals experience for members of their social groups." (Alexander 1980, S. 6). Ausführlicher zu diesem Problem vgl. Hondrich/ Koch-Arzberger 1992.

ster. Erstes wichtiges Element war die Auflösung des Sinnmonopols der Kirche und deren Entkopplung von der weltlichen Macht (vgl. Albert 1986). Seit der Renaissance entsteht eine Intelligenz: In dem Versuch der kulturellen Unterfütterung staatlichen Handels müssen, fußend auf ethnischen Strömungen, kulturelle Identitäten neu definiert werden. Parallel hierzu werden normative Ideen entwickelt, die den Menschen gleichzeitig als generalisierten Staatsbürger und als Mitglied der Menschheit beschreibbar werden lassen. Die Bürgerschaft wird zum Subjekt stilisiert und über Medien integriert (unpersönliche Zeitung etc.). Innerstaatlich werden alle Unterschiede als privat und irrelevant, Gemeinsamkeiten als relevant stilisiert. Bestes Beispiel dieser Reorganisation von Privat und Öffentlich ist die Religion, zu Beginn des Nationalstaates per se öffentlich (entweder in ihrer bewußten Abschaffung in der französischen Revolution oder als Staatsreligion), gilt heute in Nationalstaaten Religion als etwas Privates.

2.5 Einige Überlegungen zur Dynamik des Nationalstaates

Nationalstaaten sind grenzgenerierende und grenzüberschreitende Strukturen. Mit dieser Überlegung wurde das Kapitel begonnen. Im Schlußkapitel werden dann diese Eigenschaften von Migrationssystemen und Nationalstaaten systematisch aufeinander bezogen. Vorher jedoch noch einige Bemerkungen zu den Dynamiken des Nationalstaates selbst. Zum einen seien beispielhaft einige Implementierungsparadoxien genannt, zum anderen soll noch einmal kurz die Dynamik von Staatsbürgerschaft interpretiert werden.

2.5.1 Dilemmata der Nationalstaatenbildung

Nationalstaaten besitzen eine *paradoxe Codierung von Inklusion.* Es ist die Mischung von gemeinschaftlichen und gesellschaftlichen Vorstellungsinhalten. Die Codierung der Inklusion wird dabei oft als Paradoxon beschrieben, etwa in Form der »societal community« (vgl. Stichweh 1994b). Der moderne Nationalstaat entparadoxiert sich selbst, indem er seine gesellschaftlichen Momente als neu und modern beschreibt, seine gemeinschaftlichen aber als Tradition. Eigentlich modern ist also die Verschmelzung von Tradition und Moderne im Nationalstaat, wobei bereits darauf hingewiesen wurde, daß das, was jeweils als Tradition und als modern angesehen wird, eine spezifische aktuelle kollektive Leistung ist. Besonders beliebt ist es, solche Aspekte des Nationalstaates, die askriptiv attribuiert werden, als vormodern anzusehen. Die von manchen Soziologen und Soziologinnen vertretene These der »unvollständigen Modernisierung« gerade der Nation macht also nur Sinn, wenn Modernisierung eher normativ in bewußter Abgrenzung zur Tradition verwendet wird. Dies entspricht zwar der Selbstbeschreibung moderner Gesellschaften, die sich gleichsam ihre Tradition täglich selbst erfinden, um sich

definieren zu können, macht aber die von diesen AutorInnen oft als schmerz-
haft empfundene Rückbindung an die eigene Gesellschaftsformation nur
noch deutlicher.

Das eben Gesagte leitet zu einer weiteren Struktureigenschaft des Nationalstaates hin, die ihm eine typische Beweglichkeit gibt: sowohl der Nationalstaat selbst als auch seine Kritiker speisen sich aus denselben intellektuellen Quellen: *einer Doppelfunktion der Ideen der Aufklärung zur Affirmation
und Kritik.* Wie eben ausgeführt, sind die liberalen Ideen universaler Menschenrechte und die Ideale der französischen Revolution kulturelle Werte-
standards der westlichen Welt. Sie fußen auf einer Anthropologisierung des
Menschenideals der Aufklärung und den Interessen eines aufkommenden
Bürgertums. Und so wie es das Bürgertum schaffte, in der Durchsetzung dieser Rechte auch seine Interessen in die neue Staatsform einzubringen, so
können genau diese Werte auch immer wieder zur Kritik eines spezifischen
Nationalstaates verwendet werden (vgl. hierzu z.B. schon früh Marx 1982,
S. 141-62).

Dabei ist nicht nur das klassische Problem gemeint, auf das schon To-
queville hingewiesen hat, daß Freiheit und Gleichheit sich strukturell nur
schlecht mit Brüderlichkeit vertragen. Die Probleme gehen noch weiter: damalige Freiheitsforderungen richteten sich gegen die Perpetuierung aristo-
kratischer Rechte in Amt und Würden, die durch den Rechtsstaat und vor allem dessen Rechtssicherheit ausgehebelt werden sollten. Dies durch die repräsentative Demokratie zu tun ist sicherlich, wie wir alle spätestens seit
Popper wissen, ein genialer Schachzug. Gerade aber diese repräsentative
Demokratie produziert durch Wahlakte und Kompromißnotwenigkeit wieder
Legitimationsprobleme, die existenzgefährdend werden können. Nicht viel
besser ist es mit der Gleichheit bestellt, rechtliche Gleichheit zu fordern und
herzustellen ist im verzerrenden historischen Rückblick des modernen Wohl-
fahrtsbürgers gerade zu banal, richtig schwierig wird es erst, wenn es um die
substanziellen Gleichheiten im täglichen Leben geht. Hier müssen Rechte
erweitert und gewährt werden, die permanent in dem Verdacht stehen, ungerecht zu sein. Die Umsetzung der Brüderlichkeit bleibt – glücklicherweise,
möchte hier der individualisierte moderne Mensch ausrufen – notwendig
schwach ausgeprägt. Sie dient immer wieder als Kritikfolie von Kritikern, die
sie in modernen Gesellschaften vermissen. Genauso wie Kriegsführer und
Demagogen auf sie rekurrieren, wenn es gilt, meist selbst produzierte Aus-
nahmeanforderungen an die Bürger zu legitimieren.

Auch die dritte Implementierungsparadoxie, die dem Nationalstaat seine
spezifische Dynamik und Flexibilität verleiht, klang in der Darstellung der
Inklusionsprozesse schon an. Der Vergleich der Auswirkungen des frühen
Christentums und der nationalstaatlichen Revolution des siebzehnten und
achtzehnten Jahrhunderts gibt Aufschluß über das Problem der *Implementation universaler Weltinterpretationen* (vgl. Bendix 1991). Beide haben einen

welthistorischen Einfluß gehabt, der ebenso durch Überzeugung wie durch nackte Gewalt vor sich ging. Vor allem aber sind die Strukturmuster der Weltinterpretation, die beiden ebenso Schlagkraft wie Paradoxien bescherte, von erstaunlicher Ähnlichkeit. Das Christentum versucht eine Überwindung der partikularistischen Binnenmoral wie sie in vorchristlicher Zeit üblich war. Für den gläubigen Christen werden traditionelle Unterscheidungen negiert:

„Ihr seid alle durch den Glauben Söhne Gottes in Christus Jesus.... Es gibt nicht mehr Juden und Griechen, nicht Sklaven und Freie, nicht Mann und Frau; denn ihr alle seid »einer« in Christus Jesus." (Brief an die Galater 3:26/28).

Eine Gleichheit aller im Hinblick auf den notwendig als allen gemeinsam geglaubten einen Gott, die noch heute ihre säkulare Durchschlagskraft besitzt.

Auf genau dieses Moment bauen jedoch auf, verstärken und säkularisieren das wissenschaftliche Erkenntnisstreben, das ökonomische Gewinnstreben, und das Streben nach Gleichheit, Freiheit und Brüderlichkeit.[92] Dies sind Ansprüche, die eine universalethische Bedeutung haben, wie immer man sie auch bewerten will. Dieses Streben wird dann gleichsam anthropologisiert und in die Rousseausche Argumentationsfigur gebracht, die heute noch von durchschlagender Überzeugungskraft ist: Der Mensch mit seiner Wissenssuche, seinem Gewinnstreben und seinem Gleichheitsideal ist gut, aber durch die Gesellschaft und deren böse Institutionen verdorben. Was beiden geistigen Erneuerungsbewegungen das Leben aber sehr schnell schwer machte, war das direkt eingebaute Gewahrwerden der eigenen kulturellen Gebundenheit. So wurde sich etwa das Christentum schnell über seinen Ursprung in einer etwas abseitigen Ecke der Antiken Welt gewahr, und mußte überall religiös-kulturelle Traditionen weiter bestehen lassen, die zweifelsohne das universale Glaubensbekenntnis im Kern in Frage stellten. Genauso war es nur möglich, den westlichen Fortschrittsglauben einerseits im Imperialismus zu korrumpieren und andererseits ein Gefühl einer Nachzüglerstellung in anderen Teilen der Ökumene zu erzeugen.

Hier ist der innere Widerspruch jeder Universalitätsforderung zu erkennen. Jede Forderung nach Allgemeinem ist nur dann überhaupt sinnvoll denkbar, wenn sie in der Negation das vorher Teilende mit anerkennt. Ja, man kann manchmal sogar sagen, daß es gerade die Universalitätsforderung mit ihren expliziten Feindbildern ist, die dem als feindlich partikular Gedachten permanent neues Leben einhaucht. Diese Dynamiken der Grenzstruktur, die gerade universale Weltinterpretation produzieren, wird uns in verschiedene Variationen auch im Schlußkapitel beschäftigen.

---

92 Begründungen dieser Kopplung sind ein zentrales Moment soziologischer und philosophischer Weltinterpretation. Hiermit ist etwa die »protestantische Ethik« von Weber (1973) genauso gemeint wie etwa »Sources of the Self« von Taylor (1989).

2.5.2   Staatsbürgerrecht, Nationalstaat und Weltgesellschaft

Der partikulare Nationalstaat hat sich globalisiert und spezifische interne Grenzstrukturen ausgebildet. Ein wichtiger Fall interner Grenzziehung ist die Entwicklung des Staatsbürgerschaftsrechts. In allen rechtlichen Regelsystemen der untersuchten Staaten ist immer auch eine Regelung über die Mitgliedschaft im Staatsvolk enthalten. Startpunkt war dabei immer das Territorial- oder Wohnortsprinzip gewesen. Erst im zunehmenden Prozeß der Abgrenzung nach außen und einer Homogenisierung nach innen wird das Abstammungsprinzip eingeführt. Die anfänglich stark patriarchal und familial beeinflußten Regeln werden vermehrt auf Blutsverwandtschaft abgestellt, dazu kommt eine stärkere Betonung der kulturellen Besonderheit des Staatsvolkes. Den damit auftauchenden Problemen der zunehmenden Differenz zwischen Staatsvolk und Bevölkerung auf einem Staatsgebiet, wird in einigen Staaten versucht, mit Territorialregelungen zu begegnen.

Es ist also deutlich zu sehen, wie im Abbau bestimmter primordialer Codes (Geschlecht, Familie) neue entwickelt werden (Verwandtschaft, Lebensart), die vielleicht archaisch anmuten, aber modernen Ursprungs sind. Die Abgrenzungskriterien von Nationen werden an die Selbstbeschreibung ethnischer Vergemeinschaftung angeglichen. Eine etwas andere Entwicklung zeigt das amerikanische Staatsbürgerrecht. Es ist hauptsächlich ein ius soli und ein ius domicilii mit leichten ius sanguinis-Elementen. Die inneren Beschränkungen der Mitgliedschaft sind aber im Vergleich zu Europa sehr schwach. Die eigentliche Barriere stellt hier die Einreise dar, in deren Quotierung sich die Schließungstendenzen der amerikanischen Gesellschaft zeigen.

Betrachtet man die einzelnen Kriterien, so lassen sich diese sehr gut durch die Begriffe zugeschrieben, erworben, partikularistisch und universalistisch beschreiben. Staatsbürgerrecht hat jedoch meist mit allen vier Arten von Kriterien gearbeitet, nur in unterschiedlichen Mischungsverhältnissen. Zwar hat schon Parsons – im Gegensatz zu vielen anderen – die doppelte Funktion der Staatsbürgerschaft für die Abgrenzung nach außen und die Solidaritätsbildung nach innen gesehen. Das eben Gesagte geht aber insofern über ihn hinaus, als behauptet wird, daß – selbst wenn Staatsbürgerschaft ursprünglich mit universalistischen und erwerbbaren Kriterien definiert war (was man für den Fall Frankreich behaupten könnte)[93] – die Definitionskriterien von Staatsbürgerschaft im Rechtssystem partikularisiert wurden und zwar über ethnische Kriterien, um nationale Solidarität stabilisieren zu können. Die Herausbildung des heutigen Konzepts von Staatsbürgerschaft, als ein die Moderne kennzeichnender Prozeß, entstand durch die Hervorhebung askriptiver und partikularistischer Definitionen und kann als ethnische Re-

---

93   Der französische Nationalstaat ist jedoch weder der erste noch der einzige dieses Typs (vgl. Tiryakian 1988, S. 5), deshalb ist es etwas unverständlich, warum gerade er so vielen Geisteswissenschaftlern als Prototyp dient (vgl. Brubaker 1990, S. 399 Anm. 8 u.v.a.).

konstruktion der segmentären Differenzierung in Nationalstaaten verstanden werden.

Ursprung des Staatsbürgerrechts auf dem Kontinent ist sicherlich Frankreich, dessen Prinzipien, entgegen seiner längeren Tradition, 1981 auch von Großbritannien übernommen wurden. Die Regelungen des Code Napoléon haben jedoch im germanischen Rechtsraum eine spezifische Transformation hin zum reinen ius sanguinis erfahren. Diese Regelungen konnten aufgrund des offensichtlichen Widerspruchs von Blutsverwandtschaftsglauben und Melting-Pot-Ideologien jedoch in den USA nicht übernommen werden, sondern hier wurde besonders starker Wert auf die kulturelle Verbundenheit schon bei der Einwanderung gelegt. Parallel zu der Diffusion von Rechtsnormen kam es auch im Rahmen völkerrechtlicher Bemühungen zu einer Globalisierung von Rechtsnormen, hier sind vor allem die Gleichberechtigung und die Vermeidung von Staatenlosigkeit zu nennen.

Das Zusammenwirken endogen und exogen induzierter Entwicklungstendenzen zeigt sich auch an der Wiege des europäischen Staatsbürgerrechts. Die Notwendigkeit des gezielten Identitätsmanagements nach der französischen Revolution und die notwendige Abgrenzung Frankreichs im kriegerischen Konflikt nach außen sind der Grund für eine typische Mischung aus ius soli- und ius sanguinis-Elementen. Einwanderung spielt dabei nur auf dem Hintergrund bevölkerungspolitischer Überlegungen eine Rolle: nur wenn eine »Aufstockung der Mitgliederzahl« politisch erwünscht war, wurde Migranten die Einbürgerung erleichtert.

Die Tendenzen ethnischer Schließung, wie sie besonders im europäischen Rechtssystem zum Ausdruck kommen, also die Schließung aufgrund eines Blutsverwandtschaftsglaubens und der Gewißheit eines besonderen Lebensstils, sind insofern sekundäre Erscheinungen, weil ihr Auftauchen erst durch einen vorgängigen politischen Prozeß ermöglicht und gefördert wurde. Das uns so archaisch anmutende Prinzip der Blutsverwandtschaft ist nicht Ausgangspunkt, sondern Folge der Definition des Staatsvolkes im europäischen Staatensystem.

Offen bleibt die Frage, warum das offensichtliche Spannungsverhältnis zwischen universalistischen Normen der Demokratisierung und den partikularistischen Regelungen staatlicher Mitgliedschaft nur selten thematisiert wurde. Da der Prozeß der »Ethnisierung« Europas mit Ausnahme Großbritanniens und Frankreichs vor der Demokratisierung ablief, konnte auch erfolgreich übersehen werden, daß diese Schließung nach innen eigentlich eine zutiefst undemokratische ist, da sie dem Recht auf Selbstbestimmung und politischer Partizipation eines jeden im Gemeinwesen Lebenden widerspricht.

Übersicht 1: Die wichtigsten Gesetze und Abkommen zum Staatsbürgerrecht

Frankreich	Deutschland	Großbritannien	USA	Internationale Regelungen
1791 Erste französische Verfassung (ius soli bzw. ius domicilii) Code Napoléon rechtsprägend in ganz Kontinentaleuropa		vor 1066 kodifiziertes ius soli ("within His Majesty's dominions") 1351 ius sanguinis für den britischen Thronfolger	1600- 1775 Britisches Kolonialrecht 1787 Verfassung ("Politik der offenen Tür")	1931 Haagener Konvention und Zusatzprotokolle (Gleichberechtigung, Doppelstaatler und Staatenlosigkeit)
	1842 Preußen:"Gesetz über d. Erwerb und den Verlust der Eigenschaft als preußischer Untertan..." (ius sanguinis)	1708 „Naturalisation of Foreign Protestant Act" (leichtes ius sanguinis)	1790 „Naturalization Act" (ius domicilii) 1868 14. Amendment (ius soli für alle)	1948 Allgemeine Erklärung der Menschenrechte
1889 Code Napoléon revidiert Kinder von in Frankreich Geborenen sind Franzosen	1871 „Reichs- und Staatsangehörigkeitsgesetz" (1914 novelliert, ius sanguinis)	1870 „Naturalization Act" (Staatsbürgerschaft konnte abgegeben werden)	ab 1875 Ausschluß der Einwanderung einiger Gruppen 1882 „Chinese Exclusion Act"	1957 New Yorker Konvention (Gleichberechtigung) 1961 New Yorker Abkommen (Umsetzung der Haager Konvention für die UN)
1927 „Code de la nationalité française" (ius sanguinis, Stärkung der ius soli und ius domicilii - Elemente)	ab 1933 viele zusätzliche Gesetze in der NS-Zeit, z.B. Widerruf von Einbürgerungen, Tilgung der Sonderfälle für Einbürgerungsansprüche)		1921 Einführung spezifischer Einwanderungsquoten (3% einheimischer Volksgruppen) 1924 Einführung des Visasystems	ab 1963 Im Rahmen der EU viele Abkommen und Vereinbarungen (z.B. Straßburger Europaratsabkommen 1963)
1945 Revision des „Code de la nationalité française"	1949 Grundgesetz (§16 Abs. 1, §116 Abs.1) 1957 Drittes Gesetz z. Regelung von Staatsangehörigkeitsfragen 1990 Neuregelung des Ausländerrechts	1947 „British Nationality Act" (differenziertes ius soli) 1962 Änderungen zum ius sanguinis 1982 BNA nach kontinentalem (romanischen) Vorbild	1952 „Nationality Act" (ius soli, ius domicilii, ius sanguinis) 1965 „Hart-Celler Act" (keine Quotierung nach Volkszugehörigkeit)	1966 Internationale Übereinkommen zur Beseitigung jede Form von Rassendiskriminierung 1979 Übereinkommen zur Beseitigung jeder Form von Diskriminierung der Frau

Die ursprüngliche Schließung nach außen produzierte, da Wanderungen nicht unterbunden werden konnten, ein Auseinandertreten von Bevölkerung insgesamt und politisch-partizipierendem Staatsvolk auf einem Staatsgebiet, also eine Schließung nach innen. Auch wenn es immer wieder zu öffentlichen Debatten geführt hat, zeigen sich hier der romanische und angelsächsische Rechtsraum im Vergleich zum germanischen ungleich pragmatischer: obwohl vom Prinzip des ius sanguinis ausgehend, wird hier zumindest für die zweite und dritte Generation von Migranten ein im ius soli begründetes Einbürgerungsrecht geschaffen. Damit wird der Einbürgerung das im germanischen Rechtsraum vorherrschende Flair eines Privilegs genommen, jeder Einzelne erwirbt ein persönliches Recht auf Mitgliedschaft und politische Partizipation. Im germanischen Rechtsraum ist also, im Gegensatz zu anderen Ländern, die Erwerbbarkeit der Staatsbürgerschaft unterentwickelt.

Die hin und wieder geäußerte Vermutung, daß Länder, die weiterreichende Einbürgerungsmöglichkeiten haben als Deutschland, »dem Fremden« offener gegenüber stehen, entspricht nicht nur nicht der Realität, sondern wäre nach dem hier dargelegten Konzept von Staatsbürgerschaft auch eher unplausibel. Auch in diesen Ländern ist vor allem der Fremde willkommen, der sich nicht als Fremder gibt, also nachweisen kann, daß er der kulturellen Integration willig und fähig ist. Die Einführung von ius soli-Elementen beruhte viel weniger auf einem Toleranzgedanken gegenüber anderen Kulturen, als vielmehr auf dem Glauben in die Assimilationskraft der eigenen Kultur. Sowohl der reine Assimilationsgedanke als auch die Ignoranz gegenüber Einwanderung sind zwei Möglichkeiten der gedanklich-ideologischen Schließung von real offenen modernen Gesellschaften. Diesen realen Diffusionsprozessen eben nicht nur von Waren und Ideen, sondern auch von Menschen gerecht zu werden, ist auch eine Herausforderung an das Rechtssystem.

Entgegen der Vermutung, daß die Bedeutung der Staatsbürgerschaft abnehme, ist diese gerade heute zentrales Merkmal zur Produktion von legitimer Ungleichheit zwischen Menschen auf der Erde. Zugangsrechte zur Mitgliedschaft sind tatsächlich Zugangsrechte zu Lebenschancen. Daß der Prozeß der internen Inklusion weiter Bevölkerungsgruppen in das politische System mit einer »Universalisierung« von Rechten verwechselt werden konnte, war nur durch die systematische Ausblendung der zunehmenden Partikularisierung der Mitgliedschaftskriterien von Nationalstaaten möglich. Ein Prozeß, der sich deutlich an der Ethnisierung des Rechts ablesen läßt.

Der Prozeß der Abgrenzung, wie er sich an der Ethnisierung von Staatsbürgerschaftsnormen ablesen läßt, steht in einem weiteren Kontext der segmentären Differenzierung in der Weltgesellschaft. Aus europäischer Sicht scheint dieses Konstrukt nicht zuletzt deshalb besonders eingängig, weil hier die Dialektik partikularer und universaler Implementationen sowohl durch die römische Reichskonstruktion wie auch durch das Christentum eingeübt wurde. Inzwischen dürfte hinlänglich klar geworden sein, daß sich Nationalstaaten zum einen in der Interaktion mit anderen Nationalstaaten, als auch in bezug auf eine Idee der Weltgesellschaft entwickeln. Aus diesen strukturellen Kopplungen lassen sich nun Erwartungen ableiten, die an Nationalstaaten gestellt werden.

Hier ist zum einen die aus dem Naturrecht stammende Menschenrechtsidee zu nennen, deren Institutionalisierungsmodus in der Weltgesellschaft primär der Nationalstaat ist. Zweites normierendes Moment ist die Herkunft nationalstaatlicher Gebilde aus Europa, die gleichsam – vor allem von Europäern – als normatives Modell an alle anderen Staaten herangetragen werden. Es gibt ein Institutionenbündel, das an den modernen Nationalstaat gekoppelt ist: Schulen und Hochschulen, Versicherungssysteme des Wohlfahrtsstaats, Militär und Dienstpflicht, nationale Kultur-, Wissenschafts- und Sprachpolitik.

Drittes normierendes Element ist, daß »Staaten eine Modernitätsverpflichtung haben und eine Verpflichtung zu wohlfahrtsstaatlichem Handeln«, diese deshalb, weil der Nationalstaat sich selbst als Instrument der Nation sieht, deren Interessen zu verwirklichen, dieses Selbstbild wird dann in der normativen Erwartung gespiegelt (Stichweh 1994b, S. 90 f.).

Auch wenn hier weitgehend mit der Trias Mensch, Nationalstaat und Weltgesellschaft argumentiert wurde, so ist zu bemerken, daß im Zuge der Integrationsbewegung von einigen Weltregionen (am weitestgehenden wohl in der EU), neue institutionelle Ebenen zwischen Mensch und Weltgesellschaft eingezogen werden. Dies geht übrigens gerade im Rahmen der Europäischen Union auch einher mit einer zunehmenden Wahrnehmung von subnationalen Gebietseinheiten. Auch wenn hier die Anfänge noch nicht sehr stark ausgeprägt sind, scheint es hier eine Ausdifferenzierung z.B. des Rechtekatalogs über die Bezugspunkte Mensch und Staatsbürger hinaus zu geben.

Trotzdem ist die Welt der Nationen heute Realität und meist auch politische Zielvorstellung. Nationalität ist das einzige voll akzeptierte politische Prinzip der Staatenbildung. Der Nationalstaat erlaubt die Dekonstruktion der Weltgesellschaft anhand diskreter, territorialer Einheiten. Diese Einheiten haben praktisch keinen Abstand und erlauben die zunehmende Verdiskontinuierlichung (Stichweh) von Grenzen zwischen Kulturen, die zumindest in der Vorstellung direkt an der Grenze wechseln. Nationalstaatlich verfaßte offene Gesellschaften haben also territoriale Grenzen, individuieren sich über ihre Kultur und verschmelzen beides in ihrer Herrschaftsform.

Kapitel III:
Offene Gesellschaft und sozialer Wandel: Implikationen und Trends

1. Weltweite Migration und Schließungstendenzen nationalstaatlich verfaßter Gesellschaften

„Wir wissen nicht mehr, wen wir achten und respektieren sollen und wen nicht.
In dieser Hinsicht sind wir gegeneinander Barbaren geworden.
Denn von Natur sind alle gleich, ob Barbaren oder Griechen.
Das folgt aus dem, was von Natur aus für alle Menschen notwendig ist.
Wir atmen alle durch Mund und Nase, und wir essen alle mit den Händen."
(Antiphon, Von der Wahrheit, 5. Jahrhundert v. Chr., nach Enzensberger 1992)

Offene Gesellschaften ziehen Grenzen, dies wird gerade in ihren internen und externen Reaktionsmustern auf Migrationsbewegungen deutlich. Offene Gesellschaften sind eingebettet in globale Migrationsprozesse, die konvergierende Problemstrukturen geschaffen haben, die dann auch zu relativ ähnlichen Reaktionsmustern in diesen Gesellschaften führten.

Die Performanz des kontinentaleuropäischen und des nordamerikanischen Migrationssystems ist gekennzeichnet durch Dynamisierung, Diversifizierung und Ausweitung der Menschenströme. Dieser seit dem Zweiten Weltkrieg ablaufende Prozeß verschärft sich seit Mitte der achtziger Jahre und durchbricht in Kontinentaleuropa die relativ ruhige Dynamik der Gastarbeitersysteme, die die sechziger und siebziger Jahre beherrschten.

Diese Prozesse interagieren mit verschieden Be- und Entgrenzungsprozessen in der Binnenstruktur von Gesellschaften. Die Segmentations- und Polarisierungsprozesse unterscheiden sich dabei für verschiedene gesellschaftliche Sphären (Kapitel III.1.1 und 1.2). Dabei strukturiert Migration den Bezug des Nationalstaates zur Weltgesellschaft neu. Schwerpunkte und Ungleichzeitigkeiten bilden sich heraus, die sich in Trends der Ethnisierung, Multiplikation und Verschiebung von Grenzen sowie der Stabilisierung der Grenzüberschreitung zusammenfassen lassen (Kapitel III.1.3).

Die Ergebnisse der Arbeit haben Implikationen für verschiedene Gebiete innerhalb der Soziologie. Für die Soziologie sozialen Wandels kann das Begriffspaar »exogen« und »endogen« neu gefaßt werden. Darüber hinaus kann gefragt werden, was das Konzept der Globalisierung für das Konzept des Fremden und die Thematisierung von Differenz bedeutet. Für die Beschreibungen von Turbulenzen in offenen Gesellschaften ist besonders wichtig, welche Schließungen skandaliert werden und in welcher Beziehung reflexive Ethnisierung, Staatsbürgerschaft und die multiplen Mitgliedschaften in modernen Industriestaaten stehen (Kapitel III.1.4).

Diese verschiedenen Aspekte eines vielschichtigen globalen Syndroms können aus der Perspektive von vier stark interagierenden Prozessen oder Prozeßkomponenten beschrieben werden.

Graphik 12: Migration und offene Gesellschaft: die Problemkomponenten

	Migrationssysteme	
National-staaten	'Eigengesetzlichkeit' national verfaßter Gesellschaften: zivile (politische) und soziale Dynamik, Wohlfahrtsstaat	Barrieren: Immigrationspolitik Staatsbürgerschaft
globale Systeme	globale bzw. transnationale Systeme: ökonomische, ökologische & Menschenrechts-Dynamiken	Ströme: Netzwerke, historische (hegemoniale) Verbindungen (push und pull- Faktoren)

Da sind zum einen *nationalstaatlich verfaßte Gesellschaften* mit ihrer inneren Dynamik, ihren Eigengesetzlichkeiten. Hiermit sind zum einen die Selbstdefinitions- und Selbststrukturierungsprozesse moderner demokratischer Staaten gemeint, wie sie in Kapitel II.2 angerissen wurden.

Zweitens existieren *globale und transnationale Systeme*, die besonders durch ökonomische Mechanismen bestimmt werden, sowie durch Machtprozesse im internationalen Staatensystem. Wichtig sind hier auch Prozesse, die über Menschenrechtsideen gesteuert werden und die zunehmende Wahrnehmung der Welt als ökologische Einheit (Kapitel II.1). Diese beiden nationalen und globalen Prozeßgruppen stellen die Dynamik im heutigen System der Nationalstaaten dar.

Betrachtet man Migrationssysteme, so sind besonders *Ströme von Menschen* wichtig. Sie entstehen durch Bindungen verschiedenster Art zwischen

Herkunfts- und Zielländern und werden erhalten durch Netzwerkstrukturen (vgl. Kapitel II.1.1 bzw. II.1.4).

Migrationsbarrieren als letzte Komponente sind Steuerungsversuche von Staaten, Migrationsbewegungen extern zu regulieren und sie intern zu verarbeiten (Kapitel II.1.2, 1.3 und 1.4).

1.1 Sphären der Schließung

Wie schon mehrmals betont, reagieren Nationalstaaten auf Migrationsbewegungen nicht als monolithische Blöcke. In bezug auf den ökonomischen, sozialen und politischen Bereich sollen skizzenhaft die Trends beschrieben werden, die besonders wichtig in den Mustern von Immigrationsprozessen und Schließungstendenzen in westlichen Industriegesellschaften sind.

1.1.1 Ökonomische Schließung

Die ökonomische Globalisierung vor allem von Produktion und Geldmärkten ist sicherlich ein oft thematisierter Bereich im hier beschriebenen Problemkontext. Im Zusammenhang mit Migration sind hier drei Diskussionsstränge dominierend, zum einen immer noch die Diskussion um Gastarbeitersysteme und ihre Folgen (Treibel 1990, S. 85 ff.), zum zweiten die Entstehung neuer Polarisierungen in »global cities« und zum dritten das Problem illegaler Einwanderung. In allen drei Forschungsbereichen wird die Funktionalität der jeweiligen Wanderungsbewegung betont, wobei immer hervorgehoben wird, daß ökonomische Funktionalität eben gerade nicht mit »reibungsloser Integration« verwechselt werden darf. Hier herrschen eher strukturkonservative Unter- und Überschichtungskonzepte vor (vgl. I.2.4.1), die dann in anderen Sphären meist eine Innen- /Außenorientierung betonen (siehe III.1.1.2).

Der Migrant als modernisierender Faktor im ökonomischen System ist zum Ausnahmefall geworden (etwas anders argumentieren hier Portes/Rumbaut 1990). Der modernisierende Effekt, wie ihn noch Sombart für Migranten für die Ökonomie des Gastlandes postuliert hat, scheint heute in Industriestaaten vernachlässigbar, da marktmäßiges Handeln weitestgehend als in Industriestaaten durchgesetzt gelten kann. Einen leicht dynamisierenden Einfluß haben jedoch sicherlich ethnische Unternehmer. Inwieweit durch Wanderung hoch professionalisierter Gruppen Innovationen zwischen den Industriestaaten ausgetauscht werden, muß in diesem Kontext eine offene Frage bleiben.

Die vielfältigen theoretischen Interpretationen decken sich – in ihrer Unterschiedlichkeit – mit den sehr komplexen empirischen Ergebnissen auf diesem Gebiet. Die ökonomische Situation von Immigranten in den Aufnahmeländern ist sehr heterogen. Trotz der Tatsache, daß die Positionierung in unserem Wirtschaftssystem offiziell auf individuellen Kriterien wie Leistung oder Bildung beruht, gibt es nichtsdestotrotz in jedem Land eine ethnisch ungleiche Verteilung von Einkommen, Wohlstand und Berufen.

Die Komplexität *internationaler Arbeitsteilung* ist ein Faktor, der die sehr unterschiedlichen globalen Wanderungsstrukturen bestimmt. Insgesamt ist der Effekt von Migration auf die Gesamtökonomie moderner National-staaten wohl eher positiv, die Kosten fallen jedoch ungleich in verschiedenen administrativen Ebenen an.

Betrachtet man die *nationalen Arbeitsmärkte*, so sind in allen Ländern stark segmentierte Arbeitsmärkte für Migranten zu beobachten, teilweise kommt es auch zu einer starken Polarisierung. Generell haben Ausländer ein höheres Risiko der Arbeitslosigkeit, allerdings mit starken Unterschieden in-nerhalb der jeweiligen Ausländerpopulation. Immer gibt es aber sehr stark diskriminierte Gruppen, die als Ressource für billige und flexible Arbeit die-nen.

Aufgrund dieser Exklusionsmechanismen ist es bei Ausländern wahr-scheinlicher, daß sie zu *Kleinunternehmern* werden. Dies zumeist, indem sie bestimmte ökonomische Nischen ausnutzen (»middleman minorities«). Die Monopolisierung von Chancen auf dem Markt durch die Mehrheit führt zu der Formierung von ethnischen Netzwerken und zu Clanstrukturen innerhalb ethnischer Gruppen.

Eine Beziehung zwischen der hohen *wirtschaftlichen Funktionalität von Migranten und sozialen Grenzen* wird auf unterschiedliche Weise behauptet. Am prominentesten ist hier sicher der Prozeß der Umsetzung der Spannun-gen zwischen ökonomischen Interessen in ethnische Grenzziehungen. Seien es die Einheimischen, die aus Gründen des Positionserhalts oder der Konkur-renzvermeidung ethnische Selbstbeschreibungen entwickeln, seien es die massiven ökonomischen Unterschiede zwischen Einwanderungsgruppen und der Mehrheit, die Ethnisierungen hervorrufen, immer ist Ethnisierung eine abgeleitete, sekundäre Schließung, aber eine Schließung, die vielfältige Ver-wendung findet.

Genau die umgekehrte Beziehung zwischen Ethnisierungsprozessen und Ökonomie besteht aber auch, und sie wird auch theoretisch reflektiert: durch den stark funktionalisierten Charakter von Wirtschaftsbeziehungen werden ethnische Grenzen aufgelöst. Dies zum einen, weil es dem Handeltreibenden gleichgültig ist, an wen er verkauft, zum anderen, weil der ökonomische Er-folg neue Schließungen und Zugehörigkeiten über Eigentum generiert, die quer zu ethnischen Gruppen stehen.

Eine dritte Möglichkeit wird auch beschrieben: ethnische Grenzen wer-den als wirtschaftsfremder Schließungsmechanismus zur Monopolisierung von Chancen verwendet, hier seien die ethnisch homogenen Führungsetagen (Murphy 1988) genauso genannt wie der ethnische Unternehmer mit seinen Usurpationsstrategien.

Die empirischen Ergebnisse legen nahe, daß alle drei Prozesse gleichzeitig ablaufen. Werden diese drei Dynamiken mit der Dynamik von Migrationssystemen verknüpft, ist zu vermuten, daß aufgrund der Dynamisierung und der Diversifizierung die Chancen für eine sekundäre Ethnisierung (erster Mechanismus) und die Stabilisierung primärer Ethnisierungen (dritter Mechanismus) strukturell steigen (zu primärer/sekundärer Schließung siehe I.1.4 vor allem Fußnote 18). Die strukturelle Erhöhung der Chancen zur Ethnisierung durch Globalisierungsprozesse ist ein Muster, das verstärkt auch bei sozialen Schließungen auftaucht.

1.1.2   Soziale Schließung

Soziale Schließung bezieht sich hier auf den Bereich des Lebens außerhalb von Politik und Wirtschaft. Dies ist der Bereich, in dem askriptive Merkmale durchaus legitim das Handeln beeinflussen dürfen, etwa bei der Freundes- oder Partnerwahl, andererseits ist es gerade die Vielzahl der wenig normierten Lebensäußerungen, die wieder zu Konflikten führen können. In Kapitel II.1 wurden soziale Schließungen am Beispiel der räumlichen Segregation, den privaten Netzwerken, sowie in den Einstellungen der Mehrheit gegenüber Migranten dargestellt.

Ein grober Indikator für soziale Schließung ist die *räumliche Verteilung* von ethnischen Gruppen.[94] Distanz reduziert die Chance von Kontakten, erst einmal ganz abgesehen von den Gründen der Segregation. In jedem Land gibt es Konzentrationen von Immigranten in den großen Städten. Aber auch die starken Abflüsse aus diesen Quartieren bedeuten nicht immer eine allgemeine Durchmischung der Bevölkerung. So zeigen z.B. Daten für die USA, daß die langfristige ethnische Zusammensetzung vieler Bundesstaaten mehr oder weniger gleich der Zusammensetzung der ersten Einwanderungswellen ist. Es gibt einige einfache Beobachtungen zu Umzugsentscheidungen, die diese erstaunliche Stabilität erklären. Erstens: Mitglieder einer ethnischen Mehrheit in einem gegebenen Gebiet neigen eher dazu, zu bleiben als Mitglieder einer ethnischen Minderheit. Zweitens: Wenn Menschen umziehen, neigen sie dazu, in ein Gebiet zu ziehen, in dem die eigene ethnische Gruppe stark ist oder sogar die Mehrheit bildet (vgl. Portes/Rumbaut 1990).

Diese räumliche Schließung wird begleitet von starken *privaten Netzwerken* in den meisten ethnischen Gemeinden. Migration ist kein Phänomen »entwurzelter Individuen«, sondern ein Netzwerkphänomen (vgl. zusammenfassend Tilly 1990b). Sie ist damit auch ein Haushaltsphänomen, in dem Migration dazu dient, die Lebensbedingungen des ganzen Haushaltes oder der Verwandtschaftsgruppe zu verbessern, jeweils im Ursprungs- wie auch im Zielland. Dies führt zu einem weiteren wichtigen Punkt, den sogenannten transnationalen Netzwerken oder »transnational communities«. Mit diesem

---

94   Hier sind natürlich noch viele andere Indikatoren denkbar, vor allem das Konnubium.

Begriff soll zum Ausdruck gebracht werden, daß es mehr und mehr dichte private Netzwerke gibt, die über nationale Grenzen hinausreichen. Menschen aus einem Dorf in der Dominikanischen Republik wandern nach New York und erweitern parallel dazu z.b. ihr System sozialer Kontrolle (Georges 1990).

Auch andere ganz lebenspraktische Bedeutungen von ethnischen Grenzziehungen zeigen sich in den Netzwerkstrukturen von Migranten. Ethnische Zugehörigkeiten können hier soziale Ressource sein, ebenso wie Zwang zur kulturellen Neudefinitionen.

„Lest anyone think that solidarity and mutual aid have nothing but gratifying results, we should recognize two things: (1) members of immigrant groups often exploited one another as they would not have dared to exploit the native-born, and (2) every inclusion also constitutes an exclusion." (Tilly 1990b, S. 92)

Diese Clanstrukturen werfen besondere Probleme gerade für Frauen auf. Natürlich differieren diese Schließungsstrukturen stark zwischen verschiedenen ethnischen Gruppen.

Vor allen Dingen muß aber die krude Vorstellung aufgegeben werden, daß sich die einzelne Einwanderin oder der Einwanderer an eine monolithisch-homogene Kultur des Gastlandes anpaßt. Tatsächlich bewegt sich jeder einzelne in einer Vielzahl von sozialen Kreisen, an die Anpassungsleistungen vollbracht werden müssen. Dazu gehört die Anpassung an das, was sich vorher Eingewanderte als Herkunftstradition vorstellen, genauso wie die Anpassung an spezifische Verkehrsformen in den verschiedenen Sphären der Gastgesellschaft.

Neben vielen Ähnlichkeiten gibt es einen wichtigen Unterschied in der *Einstellung gegenüber Immigration* zwischen Europa und Nordamerika. In Nordamerika existiert die Vorstellung des Migranten als einem positiven Faktor für den Wohlstand des Landes. Dieses Bild zusammen mit dem Wissen, daß ihre Großmütter und Großväter auf demselben Weg kamen, führt zu einer toleranteren Haltung gegenüber Migration.

Das Stereotyp kultureller Homogenität ist sehr stark in Europa. Dies ist wohl ein Grund der Ignorierung der Tatsache im öffentlichen Diskurs, daß etwa ein Drittel der französischen Bevölkerung ihre Herkunft auf mindestens ein eingewandertes Großelternteil zurückführen kann. Bedenkt man die starke Immigration nach dem Zweiten Weltkrieg, so ist der Anteil in Deutschland wohl kaum geringer. Trotzdem kann in jedem westeuropäischen Land von einer Art »kollektiver Amnesie« hinsichtlich der eigenen Wanderungsvergangenheit gesprochen werden (Horowitz 1992).

Immer ist das »*soziale Alter*« einer Gruppe wichtiger Faktor, wenn es darum geht, inwieweit Differenz gesehen wird oder nicht (vgl. hierzu auch Elias/Scotson 1990). Hierfür sind zwei Gründe zu nennen, zum einen weil sich Unterschiede angleichen, zum anderen, und vermutlich wichtiger, scheint aber die Gewöhnung zu sein, weil die schlichte Wiederholung von Signalen ein zentraler Mechanismus der Endogenisierung ist (vgl. I.1.2.4). Natürlich sind die Möglichkeiten sozialer Schließung ungleich vielfältiger als im ökonomischen oder politischen Bereich. Sich über reflexive Ethnizität steuernde Strukturen zeigen sich jedoch auch hier. Tendenziell kann eine Verschiebung von der Heimatgesellschaft als Bezugspunkt hin zur eigenen ethnischen Gemeinde im Zielland festgestellt werden. Es zeigt sich eine Perpetuierung ethnischer Grenzen, aber eben gerade nicht im Sinne eines Importes stabiler kultureller Differenzen, sondern im Sinne einer auf erlebter Differenz neu aufbauenden kulturellen Selbstdefinition, auch über Herkunftsmerkmale. Das Beispiel der räumlichen Verteilung in den USA zeigt wohl am besten, wie sich einerseits kulturelle Eigenheiten erhalten und andererseits für das neue Leben adaptiert werden. Neben der sicherlich wichtigen Pufferfunktion, die ethnische Enklaven für Neueingewanderte haben, dienen diese auch längerfristig zur symbolischen Identifikation für Eingewanderte. Obwohl dies hin und wieder in der Literatur behauptet wird (Treibel 1990, S. 163), scheint dies nicht unbedingt einer ebenso starken Identifikation mit dem Zielland entgegenzustehen. Plausibler scheint eher der von Portes/Rumbaut (1990) angedeutete Weg der Verschmelzung dieser Symbole zwischen Mehrheits- und Minderheitskultur. Eingewanderte Minderheiten generieren also integrative Binnengrenzen, die sie im komplexen Gefüge moderner Gesellschaften verorten.

1.2 Politische Schließung

Globalisierungsprozesse multiplizieren Grenzen. Ethnisch gefärbte Elemente der Selbstbeschreibung sind dabei im ökonomischen und sozialen Bereich vielfältig zu erkennen. Im politischen Bereich ist der globale Prozeß der Nationalstaatenbildung in der Moderne geprägt von ethnischen Grenzdefinitionen.

Politische Grenzziehungen verlaufen über die Kopplung und Kongruenz von Territorium, Herrschaft und Bevölkerung innerhalb des Staatsgefüges. Alle drei Elemente werden auf einem spezifischen kulturellen Hintergrund als Einheit gedacht: für sich selbst, gegenüber anderen gleichen Einheiten und gegenüber einem Weltverbund aller Menschen, der über diese Einheiten vermittelt wird. Der strukturelle Zwang zur Nachahmung dieses Modells führt zur territorialen Segmentierung und zur Verdiskontinuierlichung von kulturellen Mustern, eine Verdiskontinuierlichung, die auch zur kulturellen Unterfütterung von Herrschaftsmodellen verwendet wird.

Kulturelle Eingrenzungsprozesse sind gekennzeichnet durch die Definition autonomer Menschen, die sich in einem Nationalstaat zusammenfinden, in dem Gemeinschaftsvorstellungen und Gesellschaftlichkeit aufgehoben sind. Diese Mitgliedschaft wird zwar als politisch, territorial und kulturell

177

spezifisch empfunden, wird aber auch in ihrer Spezifität allen Menschen unterstellt. Basierend auf kulturellen Homogenisierungsbewegungen, die in einer verwissenschaftlichten Selbstbeschreibung reflexiv zur Inklusion verwendet werden, werden neue Legitimitätsressourcen für Solidaritätszumutungen geschaffen (z.b. in der Ausarbeitung der Beschreibung »nationaler« Geschichte und Kultur).

Der Nationalstaat ist ein Mittel der Machtausübung und des Machtgewinns, aber auch Ausdruck geteilter Vorstellungen über das Zusammenleben von Menschen. Es ist ein Allgemeinplatz in den Sozialwissenschaften, daß die Entwicklung westlicher nationalstaatlich verfaßter Gesellschaften mit dem Prozeß der Rationalisierung verbunden ist. Dieser Prozeß beinhaltet aber auch die Forderung moderner Gesellschaften, daß u.U. die rationale und für den jeweiligen sozialen Bereich funktionale Beziehung wichtiger ist als die personale Beziehung. Dies wiederum führt jedoch dazu, daß die Gesamtgrenze des sozialen Raumes stark emotionalisiert wird.

Dieser Prozeß ist gleichsam eingebaut in das Entwicklungsmodell moderner westlicher Gesellschaften, das universale Werte von Freiheit, Gleichheit und Brüderlichkeit in der partikularen Struktur des Nationalstaates verwirklicht, und die damit verbundenen Zumutungen zumindest auch über die Nation legitimiert. Durch seine innere logische Struktur strebt der Nationalstaat zu immer stärkerer Rationalisierung und Universalisierung. Dies bedeutet aber, daß jeder Zuwachs an Rationalität auch die Zumutungen an das Individuum erhöht und damit auch den Legitimationsbedarf. Immer öfter entscheiden »anonyme Instanzen« über den Einzelnen, sie oder er haben mit immer mehr Menschen zu konkurrieren. Aufgrund seiner rationalen Konstruktionsbedingungen ist der Nationalstaat ein Gesellschaftstyp, der den Fremden im Prinzip zuläßt. Aber aufgrund der Legitimitätsvorstellungen, mit denen dieser Universalisierungsanspruch durchgesetzt wird, wird der Fremde gleichzeitig auch wieder ausgeschlossen (vgl. hierzu Schiffauer 1993, S. 185-87 bzw. Kapitel I.2.3).

Wenn auch nicht so stark, werden jedoch auch Entgrenzungskonzepte und Gleichheitsvorstellungen im Weltmaßstab emotionalisiert. Ökologiebewegungen, Menschenrechtsorganisationen oder das Eintreten für die Gleichberechtigung zwischen Männern und Frauen führt zu Solidaritäten, die zwar erst im nationalstaatlichen Rahmen eingeübt wurden, aber in ihrer Forderung nach Universalität über den Nationalstaat hinausschießen. Für die Ebene der Nationalstaaten kann natürlich eingewandt werden, daß weder die Sonntagsreden vor dem Plenum der UN noch etwaige Unterschriften unter Menschenrechtskonventionen Staaten davon abhalten, diese globalen Solidaritätszumutungen zu ignorieren. Doch es sind gerade diese Äußerungen, die erst den harten Maßstab zu einer Kritik an »realpolitischen« Verletzungen dieser Ziele abgeben. Es kommt also auch auf internationaler Ebene zu einer Art »selbstbindender Kraft der Scheinheiligkeit«, die in dem Versuch, Solidaritätszumutungen durch Täuschung zu entgehen, diese Zumutungen weiter stabilisiert.

In dieser Arbeit wurden vor allen Dingen politische Prozesse der Grenzziehung innerhalb von Migrationssystemen untersucht: externe Begrenzungen in Form von Migrationspolitiken und interne Begrenzungen in Form von Staatsbürgerschaft. Immigrationspolitiken tragen in ihrer Doppelfunktion des Öffnens und Schließens dazu bei, Nationalstaaten immer stabiler in Wanderungsströme einzubinden. Die langfristigen Tendenzen innerhalb der Ausformung der Staatsbürgerschaft spiegeln die verschiedenen Inklusionsprozesse wider, denen die Bevölkerung im Zuge der Herausbildung von Nationalstaaten unterworfen wurde.

1.2.1 Migrationspolitiken

Nationalstaaten gewinnen über Immigrationspolitiken immer stärkere Steuerungsmöglichkeiten, die allerdings durch die – in weiten Teilen selbstproduzierte – zunehmende Komplexität des Wanderungsgeschehens (über-)kompensiert wird.

In Prozessen der *externen Schließungen* von Gesellschaften sind zwei Trends strukturbestimmend. Auf der einen Seite sehen wir über die letzten 200 Jahre eine zunehmende Schließung der Grenzen, bzw. es wurde eine erhöhte Kontrolle an Staatsgrenzen implementiert. Im Gegensatz dazu verursachen ökonomische Opportunitätsüberlegungen und Menschenrechtsideen eine zunehmende Permeabilität nationalstaatlicher Grenzen.

Dies zeigt sich an den Konstitutionsbedingungen der wichtigsten *Selektionskorridore,* die mittels Immigrationspolitik implementiert wurden. Historisch primäre Ströme sind meist *Siedler und ökonomische Einwanderer,* also Unternehmer, Investoren und Gastarbeiter, wobei es kaum möglich ist, diese Wanderungsgründe von Gründen zu trennen, die heute meist unter der Kategorie des Flüchtlings thematisiert werden: religiöse Flüchtlinge (z.B. die Pilgrim Fathers), Hungerflüchtlinge (z.B. Iren) etc. Wichtig für die Grenzleistung von Nationalstaaten ist, daß gerade bei Gastarbeitersystemen erfolgreich implementierte Stromstrukturen nicht mehr vom Nationalstaat selbst vollständig gestoppt werden können.[95]

Eine der wichtigsten Einwanderungskategorien moderner Industriestaaten ist die *Familienzusammenführung.* Hier produziert die direkte Wanderungsgeschichte eines Landes, gepaart mit der Idee der Familieneinheit, nach internationalem und nationalem Recht nicht abwendbare Einwanderungen. *»Ethnische« und koloniale Einwanderung* ist außer in historischen Ausnahmesituationen zumindest insofern steuerbar, als sinkender Vertreibungsdruck

---

[95] Was allerdings nicht heißt, daß diese Ströme nicht trotzdem in manchen Fällen verschwinden. Diese Gründe, etwa wirtschaftliche Prosperität im Herkunftsland oder konkurrierender Zielländer, sind aber von Zielland kaum beeinflußbar.

auf die Wandernden als auch sinkende Solidaritätspotentiale im Land genutzt werden können, um Beschränkungen wie etwa Quoten einzuführen. *Flüchtlinge und Asylsuchende* sind Menschen, die aufgrund von Menschenrechtsverletzungen Aufnahme finden. Klassische Flüchtlinge für westliche Nationalstaaten, also Menschen außerhalb des Staatsgebietes, sind zumindest technisch leicht abzuweisen. Asylsuchende, also Flüchtlinge auf dem Landesterritorium, müssen nach den rechtsstaatlichen Mindeststandards behandelt werden, was Abweisungen zumindest langwieriger macht. In beiden Fällen besteht das Hauptsteuerungsproblem in der Suggestion, es gäbe klare Fallagen, wie etwa politische Flüchtlinge und Wirtschaftsflüchtlinge. Die übliche Vermischung verschiedener Aspekte in der einzelnen Migrantenbiographie wird damit jedoch ignoriert. Ein Teil der *illegalen Einwanderung* sind insofern abgeleitete Ströme, als sie oft erst aus dem Versuch der Unterbindung etablierter Arbeitswanderung, ethnischer Einwanderung oder Kolonialwanderung entstehen.

Die Diskussion von Globalisierungsprozessen und Migrationspolitiken in modernen Industriegesellschaften zeigt kaum zu übersehende *Ähnlichkeiten* der einzelnen Staaten, sowohl in der Veränderung des Globalisierungsprozesses »Migration«, als auch in den verschiedenen Reaktionsmustern von Nationalstaaten. Selbst Deutschland, das sich immer noch weigert, ein explizites Einwanderungsgesetz zu erlassen, hat z.B. Einwanderunsquoten für Aussiedler und Quoten für Flüchtlinge eingeführt.

Diese Prozesse scheinen aber nicht nur ähnlichen Problemlagen geschuldet zu sein, sondern auch der zunehmenden Relevanz von *normativen Standards innerhalb der Weltgesellschaft*. Gerade die individuellen Rechte von Menschen sind geschützt durch eine Reihe von Verträgen und Organisationen, die meist direkt nach dem Zweiten Weltkrieg entstanden (etwa die Deklaration der Menschenrechte 1948, die Konvention des internationalen Arbeitsamtes 1949 und die Genfer Flüchtlingskonvention 1951). Alle diese Regelungen hatten immer auch Einfluß auf nationales Recht und somit einen »Standardisierungseffekt« bezüglich Familienzusammenführung und Flüchtlingen. Diese Effekte haben auch zu einer Öffnung hinsichtlich der politischen Partizipation von ethnischen Minderheiten geführt (in den USA im falle der »racial minorities«, für Frankreich und Deutschland z.B. über EU-Recht).

An der Grenzleistung des Nationalstaates mittels Immigrationspolitik zeigt sich deutlich die Doppelfunktion sozialer Grenzen. Zum einen trennen Grenzen, weil sie Innen und Außen definieren, zum anderen wird aber auch das gemeinsam Dritte definiert, das den grenzüberschreitenden Prozeß schon impliziert. Auf einer sehr allgemeinen Ebene wird durch die Definition von Inländern und Ausländern gleichzeitig auch anerkannt, daß beide Gruppen Menschen sind. Viel wichtiger ist jedoch für Immigrationspolitiken, daß – unter der Anwesenheit permanenter Migration – bestimmte Grenzübergänge institutionalisiert werden, die mit der Möglichkeit der Schließung auch gleichzeitig die Öffnung implementieren.

Staaten sind also nicht einfach »Opfer« von Globalisierungsprozessen, auf die sie dann reagieren, sondern sie sind Akteure, die nachweisbar selbst globale Strukturen produzieren und durch ihre Handlungsweisen immer stärker stabilisieren.

1.2.2 Staatsbürgerschaft

Der Ursprung des Staatsbürgerrechts auf dem Kontinent ist sicherlich Frankreich, dessen Prinzipien, entgegen seiner längeren Tradition, 1981 auch von Großbritannien übernommen wurden. Die Regelungen des Code Napoléon haben jedoch im germanischen Rechtsraum eine spezifische Transformation hin zum reinen ius sanguinis erfahren. Diese Regelungen konnten aufgrund des offensichtlichen Widerspruchs von Blutverwandtschaftsglauben und Melting-Pot-Ideologien jedoch in den USA nicht übernommen werden, sondern hier wurde besonders starker Wert auf die kulturelle Verbundenheit schon bei der Einwanderung gelegt. Parallel zu der Diffusion von Rechtsnormen kam es auch im Rahmen völkerrechtlicher Bemühungen zu einer Globalisierung von Rechtsnormen, hier sind vor allem die Gleichberechtigung und die Vermeidung von Staatenlosigkeit zu nennen.

Die Tendenzen *ethnischer Schließung*, wie sie besonders im europäischen Rechtssystem zum Ausdruck kommen, sind insofern sekundäre Erscheinungen, weil ihr Auftauchen erst durch einen vorgängigen politischen Prozeß ermöglicht und gefördert wurde. Das uns so archaisch anmutende Prinzip der Blutsverwandtschaft ist nicht Ausgangspunkt, sondern Folge der Definition des Staatsvolkes im europäischen Staatensystem. Es kann also, bei aller Differenz der Rechtstraditionen, von einer ethnischen Schließung des Staatsbürgerrechts gesprochen werden. In der Entwicklung des Staatsbürgerrechts spiegelt sich die segmentäre Differenzierung der Welt nach partikularen und erworbenen Kriterien in Nationalstaaten wieder.

Daß diese Prozesse so klar für einen institutionellen Grenzziehungsprozeß herausgearbeitet werden konnten, bedeutet nicht, daß es in der inneren politischen Sphäre von Nationalstaaten nicht auch teilweise zu einer *Inklusion durch multiple Grenzziehungen* kommen würde. Staatsbürgerschaft ist sicher ein wichtiger Mechanismus politischer Integration, da sie das Recht zu wählen und gewählt zu werden beinhaltet, dies heißt jedoch nicht, daß Menschen anderer Staatsangehörigkeit keinerlei Chancen zur politischen Partizipation hätten, etwa durch die Mitgliedschaft in Parteien oder Gewerkschaften. Die politische Partizipation über ethnische Interessenvertretungen haben sicher in den USA eine längere Tradition als in Europa.

Staatsbürgerschaft zeigt aber auch, daß *Öffnung und Schließung* keine sich ausschließenden Kriterien für die Beschreibung von Grenzen sind. Staatsbürgerschaft wird gerade in der klassischen Untersuchung Marshalls als Öffnung nach innen interpretiert, die Standes-, Klassen- und Geschlechts-unterschiede zumindest tendenziell unwichtiger werden läßt. Um national-staatliche Solidarität trotzdem noch zu stützen, wird jedoch auf die Kon-struktion von Herkunftsmerkmalen zurückgegriffen, was eine Schließung gegenüber Menschen anderer (nationaler) Herkunft produziert.

Globalisierungsprozesse haben vor allem zwei erodierende Einflüsse auf Konzepte der Staatsbürgerschaft. Zum einen führt eine Diversifizierung der Einwanderung, gepaart mit stabileren ethnischen Identitätsformationen zu poly-ethnischen Strukturen. Zum anderen kommt es auf internationalem Level zu einer Delegitimierung der Privilegierung durch Geburt, die Staats-bürgerschaft im internationalen Maßstab darstellt. In den Zentren der Migra-tionssysteme kommt es zu einer immer stärkeren Konturierung des »poly-ethnischen« Charakters dieser Gesellschaften, damit erscheint jede Art von Homogenitätsphantasien immer unplausibler. Staatsbürgerschaft ist zwar der Hauptmechanismus zur Legitimation sozialer Ungleichheit auf Weltniveau. Aber in bezug auf Menschenrechtsideen wird es immer fragwürdiger, Men-schen einfach aufgrund ihres Geburtsortes vom Wohlstand auszuschließen.

Genauso gibt es aber auch zahlreiche, den Nationalstaat stabilisierende Momente im Prozeß der Globalisierung. So ist auch Staatsbürgerschaft ein Menschenrecht; es sind also gerade internationale Rechtsformationen, die praktisch alle am Nationalstaat als strukturierendes Element orientiert sind. Das Menschenrecht der Staatsbürgschaft ist darüber hinaus auch kulturell ge-füllt, wird also als spezifisches kulturelles Band zwischen Bürger und Staat gedacht. Noch allgemeiner könnte man diesen stabilisierenden Effekt auch der Diversifizierung der Einwanderung unterstellen: das Gewahrwerden von kultureller Differenz stabilisiert die Idee einer durch politische Institutionen kulturell verdiskontinuierlichten Welt.

1.2.3 Migration und die interne Produktion von Ambivalenz

Nationalstaaten entwickeln interne Grenzziehungen und Institutionen, die spezifische Probleme und Ambivalenzen bei der Steuerung von Migrations-strömen und der politischen Inklusion lange im Land Lebender aufwerfen. Doch diese Produktion von Ambivalenz geschieht auch auf einer noch all-gemeineren Ebene politischer Vorstellungen. Dabei werden, unter der Anwe-senheit von Migranten, Probleme und Widersprüche politischer Vorstellun-gen nur klarer konturiert. Hier ist also viel weniger die Migration das Pro-blem, als vielmehr die Inkonsistenzen mehrheitlicher Vorstellungen (zu die-ser Argumentationsfigur vgl. auch Schiffauer 1993).

Dieser relativ abstrakte Punkt soll anhand dreier Beispiele verdeutlicht werden: Das erste bezieht sich auf die Relation kollektiver und individueller Rechte; das zweite auf die Trennung der privaten und der öffentlichen Sphä-re; und das letzte auf die Fragilität der Reziprozitätsunterstellung, die jede nationalstaatliche Solidaritätszumutung enthält.

Das Problem der Relationierung kollektiver und individueller Rechte kann auch als *Freiheitsparadox* bezeichnet werden. Freiheit meint zuerst individuelle Freiheit. Allgemeinwohl und individuelle Freiheit sind besonders stark in den USA aufeinander bezogen. Freiheit meint natürlich auch die Verantwortlichkeit eines jeden für sein eigenes Leben, dies gilt auch für Einwanderer. Individuelle Assimilation findet in diesem Modell idealtypisch über ökonomischen Erfolg statt. Für Mitglieder ethnischer Gruppen heißt das: »to move upward, means to move outward«. Das Problem liegt hier eben nicht nur – wie oft diskutiert – in einer kollektiven Diskriminierung von Einwanderern oder in der Zurückweisung des Ideals individueller Freiheit durch Immigranten, sondern in der vollen Durchsetzung individueller Rechte. Besonders schwierig werden diese Prozesse dann, wenn aufgrund dieser Argumentation neue »kollektive Rechte« in das Gesetz aufgenommen werden.

Zu Beginn dieses Jahrhunderts verboten einige Staaten der USA, Kindern zwischen acht und sechzehn Jahren Fremdsprachen zu lehren. Dieses Gesetz war vor allem gegen eine unterstellte Ethnisierung der Kinder der deutschen Minderheit durch deutsche Schulen gerichtet. Nach wenigen Jahren wurde dieses Gesetz durch den Supreme Court für nichtig erklärt. Dies geschah jedoch nicht, weil hier eine ethnische Minderheit diskriminiert wurde, sondern weil es das Recht jedes einzelnen ist, Fremdsprachen zu lernen. So ermöglicht die totale Fixierung auf Individualrechte im Rechtssystem die Stabilisierung ethnischer Gemeinschaften. Besonders problematisch aus der Perspektive eher individualistisch orientierter Rechtsauffassung ist es, wenn diese Prozesse selbst wieder Rückwirkung auf das Rechtssystem haben und zur Implementierung von kollektiven Rechten führen.

Derselbe Effekt wird deutlich, wenn man betrachtet, wie der öffentliche Diskurs in den USA unter der permanenten Referenz auf universale Menschenrechte in der Gefahr steht, durch ethnische Kollektivierungen usurpiert zu werden. Dabei ist natürlich richtig, daß diese Prozesse immer wieder heftige Gegenreaktionen hervorrufen, die immer wieder aufflammende »affirmative action«-Diskussion belegt dies. Position und Gegenposition müssen aber immer auf die internen ethnischen Grenzen Bezug nehmen und tragen damit oft unintendiert zu ihrer Stabilisierung bei.

Das zweite Problem bezieht sich auf die *Trennung von privater und öffentlicher Sphäre*. Gleichheit in modernen westlichen Industriegesellschaften meint Gleichheit gemäß universaler Kriterien. Frankreich ist wohl eines der besten Beispiele für die Verbindung des Einzelnen mit dem Ganzen über das Ideal der Gleichheit. Rationalität und Gleichheit sind die Prinzipien des »concours« – des Wettbewerbs aller. Universale Regeln verwirklichen die Gleichheit in der öffentlichen Sphäre, Differenz wird als etwas Privates gedacht. Das Problem für Immigranten ist deutlich: als privat definierte ethnische Differenz darf nicht in die öffentliche Sphäre durchbrechen. Jeder Anspruch auf »ungleiche« Behandlung in der öffentlichen Sphäre stellt die Trennung »öffentlich/privat« in Frage.

Dies ist z.b. an der »Schleieraffäre« in Frankreich zu sehen. Der Schleier – in diesem Falle zuerst getragen von drei maghrebinischen Schulmädchen in einem Vorort von Paris – wurde als eine Provokation für den Laizismus und die Gleichheit der Schulkinder gesehen (vgl. Silverman 1992). Das Tragen dieses Schleiers wurde interpretiert als ein Zeichen der »Re-Tribalisierung« der französischen Gesellschaft. Daß jedoch gerade die Reaktion auch als Zeichen der Tribalisierung – oder besser Ethnisierung – der französischen Gesellschaft als Ganzes gesehen werden kann, wurde ignoriert. Darüber hinaus hatte die »Front National« – obwohl das Tragen des Schleiers in französischen Schulen stark reglementiert wurde – nach dieser Affäre große Erfolge bei den Wahlen.

Das letzte Beispiel bezieht sich auf das Vertrauen in die Reziprozität von *Solidarität*.[96] Solidarität wird in bezug auf den Nationalstaat als Verinnerlichung des Allgemeininteresses gesehen. In Deutschland wird diese Art der Vermittlung des Gesamten mit dem Einzelnen ganz besonders betont. Dies führt zu dem extensiven Diskurs über die hohe Verantwortung jedes Einzelnen für das gesamte Staatswesen. Die Internalisierung des Allgemeinwohls findet idealtypisch durch Erziehung statt, d.h. durch Familie und Schule. Damit ist jedoch der Einwanderer – per Definition nicht sozialisiert in Deutschland – permanent unter dem Verdacht, daß er oder sie »nur« in ihrem oder seinem Eigeninteresse handelt und damit nicht loyal genug ist. Nur eine Art »kultureller Überläufer« wird als fähig betrachtet, sich genügend solidarisch zu verhalten. Dies läßt sich leicht an den Einbürgerungsrichtlinien zeigen.

Es sind also *interne Diskursstrukturen*, die durch Migration verunsichert werden. Zur Reduktion dieses unangenehmen Rauschens liegen Schließungsreaktionen gegenüber Migration sehr nahe. Es ist jedoch gerade hier deutlich, wie sinnlos solche gesellschaftlichen Strategien wären, weder würden schon Eingewanderte dadurch verschwinden, noch ist unter vertretbaren Kosten eine völlige Abschottung möglich, geschweige denn wünschenswert. Es liegt in der Struktur der eben genannten Probleme, daß schon prinzipiell ein einziger Migrant ausreicht, diese Paradoxien offen zu legen. D.h., diese Probleme müssen von offenen Gesellschaften intern bearbeitet werden und sind nicht direkt abhängig von einem – wie auch immer definiertem – »zu hohen Einwanderungsvolumen«.

---

96 Dies ist nur ein Aspekt von Solidarität als einer der wichtigsten Typen sozialer Beziehungen in modernen Gesellschaften, für eine genauere Betrachtung siehe Hondrich/Koch-Arzberger 1992.

1.3 Interne und externe Schließungen

Interne und externe Schließung können von zwei Ebenen aus betrachtet werden: einmal als innere Dynamik von Nationalstaaten, die zu Spannungen mit ihrer äußeren Grenzleistung führt, zum andern als Interaktion zwischen Nationalstaaten und globalen Dynamiken, die zu neuen inneren und äußeren Schließungen führen.

1.3.1   Interne und externe Schließungen von Nationalstaaten

Eine besonders wichtige Frage im Vergleich westlicher Industriegesellschaften ist die nach den verschiedenen Beziehungen zwischen interner und externer Schließung. Sicherlich gibt es einen, Vorstellungsinhalte universalisierenden Charakter der Anwesenheit des Fremden, weil die gespürte Gemeinsamkeit, als eine über bloße kulturelle Differenz hinausgehende formuliert werden muß. Befinden sich Gesellschaften in krisenhaften Situationen, so kann jedoch diese Öffnung als negativ empfunden werden, und Forderungen nach Schließung werden positiv bewertet.

Eines der beeindruckendsten Beispiele, in der innere Öffnung auch zu einer äußeren führte, ist sicherlich die Bürgerrechtsbewegung in den USA. Einerseits wurde innerhalb der USA die rechtliche Exklusion von Schwarzen auf verschiedenen Ebenen weitestgehend beseitigt. Anderseits wurde mit dem Hart-Celler Act eine Einwanderungsregelung gefunden, die nicht nur höhere Einwanderung zuließ, sondern auch die Präferenz europäischer Einwanderung abschaffte.

Betrachtet man allgemein die Relationierung zwischen Staatsbürgerrecht als Beispiel interner Schließung und Immigrationspolitik als Beispiel externer Schließung, so ist vor allem ein Unterschied zwischen den USA und Kontinentaleuropa markant. In den USA sind zumindest über lange Zeit starke Kopplungen zwischen den Überlegungen zur Einwanderung und Staatsbürgerrecht zu beobachten, was sich auch in der Idee ausdrückt, daß jeder Eingewanderte sich auch einbürgern läßt. Eine Idee, die in Frankreich und in Deutschland nicht so stark ausgeprägt ist. In Kontinentaleuropa steht ein mehr oder minder ausdifferenziertes Staatsbürgerrecht einem eher inkonsistenten Konglomerat von Einwanderungsregelungen gegenüber. In Europa sind beide Institutionsstrukturen durch ein relativ komplexes Bleiberechtssystem verbunden (vgl. Bös/Wenzel 1996).

Gerade der Öffnungsprozeß der US-amerikanischen Einwanderungspolitik wird aber auch oft als Beispiel für einen Prozeß der externen Öffnung und der dann aber folgenden internen sozialen Schließung genommen. Betrachtet man traditionelle Einwanderungsländer – wie etwa die USA – so könnte vermutet werden, daß die zunehmende Segregation und Schließung von Nachbarschaften der verhältnismäßigen Offenheit gegenüber der Immigration relativ verschiedener ethnischer Gruppen geschuldet ist (Walzer 1982).

Das Verhältnis von interner und externer Schließung ist dabei auch durch die interne Traditionsbildung einzelner Staaten beeinflußt. Länder wie Frankreich oder Deutschland tendieren dazu, Einwanderung im öffentlichen Diskurs zu negieren bzw. als Ausnahmesituation zu stilisieren. Die trotzdem rege stattfindende Einwanderung resultiert in Deutschland in einer Art interner politischer Schließung, die sich in der Weigerung ausdrückt, Eingewanderten und ihren Kindern die Staatsbürgerschaft zu geben.[97] In Frankreich wäre diese Art der politischen Ungleichheit kaum tolerabel, und wird über Optionsrechte und Bodenrechtsklauseln abgefangen.

Externe Schließung kann allerdings auch durch an und für sich nicht mit Einwanderung zusammenhängende Vorstellung gestützt werden. So könnte die Schließung von Grenzen als die Folge der Nichtakzeptanz von individueller ökonomischer Ungleichheit gesehen werden. In Deutschland leben viele Sinti und Roma in Verhältnissen, die die Mehrheit der Bevölkerung als inhuman ansieht. Dies führt zu einigen wenigen Maßnahmen, diese Verhältnisse zu verbessern, kann aber auch als Grund gelten, daß viele dieser Menschen repatriiert werden und so Grenzen geschlossen werden. In den USA scheint individuelle Armut eher akzeptiert zu sein, und die armseligen Lebensverhältnisse einiger Immigranten sind kein großes politisches Problem. Sogar illegale Immigration wird in einigen Regionen mit dem Argument toleriert, daß die schlimmen ökonomischen Bedingungen, in denen diese Menschen leben, erheblich besser sind als in deren Heimatland.

Darüber hinaus kann derselbe selbstreferentielle Prozeß ebenso Offenheit wie Geschlossenheit erzeugen. Die Idee der Höherwertigkeit französischer Kultur, die damit zwangsläufig zu Assimilation führt, war wohl einer der Gründe, warum Migration durchaus als gewünscht galt, genau diese Vorstellung ist es aber auch, die in Zeiten diffuser Krisen zur Schließung gegenüber Migration führte.

Diese wenigen Beispiele zeigen, wie vielfältig das Wechselspiel zwischen internen und externen Schließungen ist. Interne Grenzprozesse sind dabei eher auch durch endogene Faktoren bestimmt als externe Grenzleistungen. Während das Staatsbürgerrecht zwar immer »konsistenter«, aber kaum ausdifferenziert wurde, sind Immigrationspolitiken und verschiedene bleibe- und arbeitsrechtliche Bestimmungen für Migranten ganz erheblich ausdifferenziert worden. Sie bilden vor allem in Kontinentaleuropa ein komplexes internes und externes Begrenzungssystem. Allgemein kann gesagt werden,

---

97 In beiden Ländern wurden in letzter Zeit Veränderungen im Ausländer- und Staatsbürgerrecht vorgenommen. Besonders für Deutschland ist hier eine Gesamteinschätzung der Auswirkungen schwierig. Es wurde jedoch ein Recht auf Einbürgerung für bestimmte Gruppen geschaffen. In Frankreich kam es zu leichten Einschränkungen bei der erleichterten Einbürgerung.

daß endogen induzierte Öffnungen auch interne Schließungen zur Folge haben können, und verschiedene endogene Traditionen teilweise die Reaktion auf externe Schließungen bestimmen.

1.3.2 Die Interaktion zwischen globalen und nationalen Dynamiken

Die gemeinsame Struktur von Nationalstaat und Weltgesellschaft prozessiert und steigert universale und partikulare Muster. Darüber hinaus werden innerhalb des Nationalstaates paradoxe Codierungen von gemeinschaftlichen und gesellschaftlichen Elementen vorgenommen. Diese Situation wird entparadoxiert, indem Gemeinschaftliches als traditional und Gesellschaftliches als modern stilisiert wird. Da beide Konzepte aber in der Moderne gekoppelt sind, kommt es auch zur simultanen Prozessierung und Steigerung. Ungeachtet dieser strukturellen Kopplung wird aber wahlweise jeweils die eine Seite dieses Strukturmusters verwendet, um die andere zu desavouieren. Dies um so leichter, weil der Nationalstaat einerseits Produkt der Aufklärung ist, andererseits gerade in ihren Denkfiguren seine wichtigsten Kritiker findet.

Die Interaktion zwischen Weltgesellschaft und offenen Gesellschaften zeigt, daß die Produktion sozialer Grenzen gleichzeitig auch deren Überschreitung beinhaltet. Jede Identitätsdefinition zieht Grenzen, und definiert gleichzeitig den die jeweilige Identität transzendierenden Rahmen. So wie die logische Operation der Selbstbestimmung auch das Andere bestimmt, so bestimmt sie auch immer das gemeinsame Dritte. Sinnlogisch basiert jede soziale Grenzkonstruktion auf dem Eigenen, dem Anderen und dem Gemeinsamen.

Durch das Zusammenspiel von globalen und nationalen Dynamiken entstehen jedoch Widersprüche und Ambivalenzen. Das erste Problem kann als das »*Flüchtlingsparadox*« bezeichnet werden. Es verweist auf den Widerspruch, der in jedem Gesetzessystem moderner Staaten eingebaut ist. Einerseits hat jeder Mensch aufgrund ihres (oder seines) Menschseins ein ganzes Bündel von Rechten, das jeder Staat zu akzeptieren hat, z.B. das Recht auf Leben. Andererseits ist ein jeweiliger Staat per Definition nicht in gleicher Weise für die verantwortlich, die nicht zum Staatsvolk gehören oder auf seinem Territorium leben, wie für die, die dies tun.

Dieser sehr abstrakt formulierte Widerspruch produziert immer wieder Schließungstendenzen in industriellen Zentren von Migrationssystemen. Ein erstes Beispiel ist hier das Problem *der Unterscheidung zwischen regulärer und irregulärer Einwanderung*. Als Beispiel, wie die Reaktion auf eine ansteigende Anzahl von Flüchtlingen verstärkt Legitimationsprobleme für internationale Ungleichheit produziert, kann Kanada dienen. Indem Menschenrechtskonzepte dort immer stärker Teil der politischen Kultur und der Gesetzgebung wurden, wurde es immer schwieriger, zwischen legalen und illegalen Einwanderern zu unterscheiden. In Kanada hatten irreguläre Einwanderer das Recht, einen Anwalt zu nehmen und ihren Fall bis zum Supreme

Court zu bringen. Mit der Zeit bildeten sich Schlepperorganisationen, die für hohe Summen diesen quasi-legalen Eintritt in das begehrte Einwanderungsland ermöglichten. Die Individualprüfung, die fallweise die Schwere der Einschränkung aller Individualrechte der kanadischen Verfassung abwägen mußte, führte zum Kollaps dieses Systems zur Einwanderungskontrolle. Daraufhin stoppte Kanada den Einlaß, indem es alle zurückwies, die nicht schon den Flüchtlingsstatus außerhalb Kanadas bewiesen hatten und eine Einreisegenehmigung der kanadischen Behörden vorweisen konnten (Caldwell 1994). Ein ähnlicher Prozeß fand auch in Deutschland in den letzten Jahren im Rahmen der Verschärfung der Asylregelungen statt.

Neben dem Problem, zwischen regulären und irregulären Einwanderern zu unterscheiden, wird es auch innerhalb moderner Industriegesellschaften immer schwerer, zwischen *Immigranten und Staatsbürgern* zu differenzieren. In den Augen jener Staatsbürger, die diesen Status erworben haben und die Pflichten der Staatsbürgerschaft übernommen haben, scheint es frustrierend, daß praktisch dieselben Rechte und Privilegien auf Nichtstaatsbürger ausgeweitet werden. Dies bezieht sich natürlich kaum oder gar nicht auf »tatsächliche« Verpflichtungen, die Staatsbürger mehr hätten als Einwanderer. In den meisten industrialisierten Ländern bekommen Einwanderer ein ganzes Bündel sozialer und ziviler Bürgerrechte, zusammen mit einem ganzen Bündel von Pflichten bzw. Problemen. So müssen sie nicht nur wie jeder Staatsbürger Steuern zahlen, sondern laufen auch Gefahr, schon bei kleineren Delikten ausgewiesen zu werden. Tatsächlich bedeutet die Vergabe der Staatsbürgerschaft heutzutage hauptsächlich die Vergabe politischer Rechte, an die nur noch ganz wenige Verpflichtungen gebunden sind, z.B. der Militärdienst. All dies spiegelt sich jedoch nicht in der sozialen Konstruktion von Staatsbürgerschaft wider. In allen Industriestaaten bezieht sich das Konzept der Staatsbürgerschaft auf eine besondere Beziehung zwischen Staat und Individuum, das ein ausgewogenes Verhältnis von Pflichten und Rechten suggeriert (Brubaker 1989a). Nichtstaatsbürger – auch wenn sie ihre Steuern genauso akkurat wie alle zahlen – werden als tendenziell weniger verläßliche Mitglieder der Gesellschaft betrachtet (Roberts 1995). Die tatsächliche weitgehende Inklusion von Immigranten, vor allem auch in das Rechtssystem, führt zu einer Angleichung der Positionen von Immigranten und Staatsbürgern, die sich jedoch nicht in der strikten symbolischen Unterscheidung über das Staatsbürgerrecht und im öffentlichen Diskurs wiederfindet.

Die Spannung zwischen interner und externer Schließung generiert also zunehmend das Problem, zwischen illegalen und legalen Einwanderern zu unterscheiden, ebenso wie zwischen Einwanderern und Staatsbürgern. Beide Unterscheidungen sind jedoch konstitutiv für die Selbstkonstruktion des modernen Nationalstaates. Immigranten legen aber auch Ambivalenzen und Paradoxien offen in der internen Struktur und den Grenzziehungen des Nationalstaates: (a) die Forderung nach individuellen Freiheiten führt zu einer

Stabilisierung von Kollektiven; (b) die kulturelle Definition von privater und öffentlicher Sphäre wird in Frage gestellt; (c) das unterstellte Interesse aller in das Allgemeinwohl erscheint problematisch.

1.3.3 Soziale Schließung und Globalisierung: Die zentralen Aussagen des Buches

Durch die historische Formierung ihrer Grenzen werden offene Gesellschaften sich selbst im Zuge internationaler Migrationsbewegungen zum Problem. *Migrationssysteme* können als »global systems« bezeichnet werden (vgl. Friedman 1994), die relevante Strukturbedingungen für globale und nationale Identitätsräume in der Moderne bilden. Dabei sind historische Stabilitäten, aber auch Wandlungen dieser Systeme wichtig. Besonders relevant sind die Trends der Ausweitung, Dynamisierung und Diversifizierung von Migrationsströmen gepaart mit stabiler werdenden transnationalen Netzwerken, ebenso wie die Verschiebung von Arbeitswanderungen zu Flüchtlingswanderungen. Diese Prozesse führen zu neuen Problemlagen, aber auch neuen Lösungen hinsichtlich der internen und externen Grenzleistungen von Nationalstaaten.

Im Spannungsfeld verschiedener Globalisierungsprozesse (vgl. das Schema von Robertson in I.1.1.3) sind weltweit Migrationsprozesse Grund und Folge struktureller Dilemmata. In der Relation zwischen *nationalen Gesellschaften und dem Weltsystem der Gesellschaften* kommt es zur Relativierung und Stabilisierung nationalstaatlicher Formationen. Stabilisierend wirkt die weltweite Auffassung, daß Nationalstaaten die einzige legitime politische Organisationsform von Gesellschaften sind. Zu den so generierten Vorstellungen gehören auch Erwartungen hinsichtlich nationalstaatlicher Migrationspolitik. Im Verhältnis zwischen *nationalen Gesellschaften und Menschheit* kommt es zu einer Relativierung von Staatsbürgerschaft und spezifischen immigrationspolitischen Grenzleistungen. So wie Menschenrechtsvorstellungen diese Grenzleistungen teilweise delegitimieren, enthalten sie auch deren Legitimierung in Form des »Menschenrechts« Staatsbürgerschaft und deren kulturelle Definition. Betrachtet man *nationale Gesellschaften und einzelne Personen*, so ist vor allem aus der Sicht des Migranten von einer Multiplizierung externer und interner Grenzen zu sprechen. Diese Grenzen haben dabei auch integrierende Funktion. In bezug auf *das Weltsystem der Gesellschaften und Personen* kommt es zu Bezügen zu mehreren Gesellschaften.[98] Zwischen dem *Weltsystem der Gesellschaften und der Menschheit* kommt es zu kollektiven Selbstbindungen, die Normverstöße gegen normative Setzungen in der Weltgesellschaft immer schwieriger machen.

---

98 Den aufmerksam Lesenden wird nicht entgangen sein, daß eine weitere von Robertson angegeben Relation – Person/Menschheit – hier fehlt; diese war schlicht nicht Gegenstand der Arbeit.

Die Ergebnisse lassen sich noch einmal prägnant zu folgenden Punkten zusammenfassen:

1. *Grenzen ethnisieren sich*: Die über die letzten 200 Jahre zunehmende innere Abschließung von Nationalstaaten gegenüber Einwanderung verlief sehr stark über ethnische Kriterien. Ethnisierung kann also durchaus auch die Folge eines Modernisierungsprozesses sein. Die Entstehung nationalstaatlich verfaßter Gesellschaften ist gekennzeichnet durch politische und kulturelle Inklusionsprozesse, die zu einer Steigerung der segmentären Differenzierung der Weltgesellschaft führten. Durch eine zunehmende Stabilisierung ethnischer Identitätsformationen kommt es auch immer mehr zu als ethnisch definierten Konflikten.

2. *Grenzen multiplizieren sich*: Nationalstaaten bilden immer differenziertere interne und externe Grenzleistungen aus, die als Reaktion auf das Spannungsverhältnis zwischen Menschheit und Staatsvolk komplexe Inklusions- und Exklusionsprozesse generieren. Nationalstaaten bilden politische Selektionskorridore aus und integrieren sich so immer stärker in internationale Migrationssysteme. Eine aufgrund von Menschenrechtsvorstellungen versuchte Transformation der virtuellen Inklusion aller in eine tatsächliche, kann zu Problemen für nationalstaatliche Solidaritätszumutungen führen, wenn die partikularen Implementierungen des Grenzsystems moderner Nationalstaaten ignoriert werden.

3. *Grenzüberschreitungen stabilisieren sich*: Die Verschiebungen in der Struktur von Migrationssystemen führt einerseits zu einer stärkeren Abgrenzung in der Stabilisierung ethnischer Identifikationen (Nationalstaat, ethnische Minderheit), und andererseits zu einer immer stärkeren strukturellen Kopplung über Grenzen hinweg.

4. *Grenzen teilen und verbinden:* Die Produktion sozialer Grenzen beinhaltet gleichzeitig auch deren Überschreitung. Jede Identitätsdefinition zieht Grenzen und definiert gleichzeitig den die jeweilige Identität transzendierenden Rahmen. So wie die logische Operation der Selbstbestimmung auch das Andere bestimmt, so bestimmt sie auch immer das gemeinsame Dritte. Sinnlogisch basiert jede soziale Grenzkonstruktion auf dem Eigenen, dem Anderen und dem Gemeinsamen. Manifest werden aber meist nur Dichotomien thematisiert (z.B. Menschenrechte: das Eigene/das Gemeinsame; reflexive Ethnisierung: das Eigene/das Andere).

1.4 Schlußbemerkung

Die Analyse des Verhältnisses von offenen Gesellschaften und Migrationsbewegungen wirft an vielen Stellen Fragen auf, die über das Thema selbst hinausweisen. Drei Implikationen sind dabei besonders erwähnenswert. Zum einen die Konzeptionalisierung von endogenen und exogenen Faktoren sozialen Wandels in bezug auf soziale Grenzen; zum anderen die Neudefinition von sozialen Grenzen in bezug auf die Sozialfigur »des Fremden«; und schließlich das Problem der Ethnisierung sozialer Grenzen im politischen Diskurs.

1.4.1 Endogene und exogene Faktoren sozialen Wandels und das Konzept der Globalisierung

Grenzen und deren Überschreitung sind zentrale Grundprozesse sozialen Wandels (vgl. Kapitel I.1). Die Geschichte der Theorien sozialen Wandels kann rekonstruiert werden als eine Geschichte der Betonung von entweder innen oder außen als Zuweisungsmetapher für die Gründe sozialer Wandlungsprozesse. Eine Zuweisungsmetapher, die die zentralen Faktoren eines festgestellten Wandlungsprozesses innerhalb oder außerhalb der Grenzen einer sozialen Einheit verortet. Eine Möglichkeit, sich der Interaktionen zwischen Nationalstaat und Migrationssystem zu nähern, ist das Konzept der Weltgesellschaft. Dabei stellen Migrationssysteme nur einige der vielen Prozesse dar, die Nationalstaaten und Weltgesellschaft strukturell verknüpfen.

Obwohl das Problem alles andere als neu ist, werden die strukturellen Verknüpfungen zwischen Nationalstaat und Weltgesellschaft in den soziologischen Publikationen der letzten Jahre immer wieder als Anlaß für wohlinformiertes Staunen genommen. Da stellt eine eher kultursoziologisch orientierte Forschung unter dem Stichwort Globalisierung fest, daß zunehmende Globalisierung auch zu zunehmenden Fundamentalismen und Partikularismcn führt (Robertson 1992). Eher system- oder differenzierungstheoretisch inspirierte Autoren arbeiten sich an dem 'Problem' gleichzeitig wachsender funktionaler und segmentärer Differenzierung ab (vgl. hierzu zusammenfassend Hahn 1993). Klassische Vertreter des Paradigmas des sozialen Wandels sehen sich genötigt, die Lehrbuchunterscheidung zwischen exogenen und endogenen Faktoren sozialen Wandels zu überdenken (Smelser 1992).

Diese Prozesse auf transnationaler ebenso wie auf nationalstaatlicher Ebene sind »relativ« unproblematisch mit dem begrifflichen Instrumentarium soziologischer Theoriebildung zu fassen. Es handelt sich hier um ein Syndrom aus vielschichtigen Begrenzungs- und Entgrenzungsprozessen. Diese können zwar auf der Ebene der Weltgesellschaft und der Nationalstaaten analysiert werden, sind aber in ihrer Verlaufslogik dreiwertig: diese Grenzziehungsprozesse orientieren sich immer an der Begrenzung des Eigenen, der Ausgrenzung des Anderen und der über die Grenzen hinweggehenden Definition des Gemeinsamen.

Damit verschiebt sich auch der Blick auf die Definition endogener und exogener Faktoren sozialen Wandels. Eine Lösung für das »Problem« exogener und endogener Faktoren sozialen Wandels – so dies überhaupt je ein Problem war – wäre, die altbackene Unterscheidung in exogene und endogene Faktoren sozialen Wandels aufzulösen in eine *Analyse der Ebenen sozia-*

len Wandels. Theoriearchitektonisch ist dies problemlos mit einer systemtheoretischen Terminologie möglich (gesellschaftliche Subsysteme, Gesellschaftssysteme, Systeme von Gesellschaften, Weltgesellschaft), ein anderer nicht weniger fruchtbar erscheinender Weg könnte über die Reterritorialisierung soziologischer Theorieformationen laufen (etwa sozial-räumlich: Regionen, Staaten, Weltregionen, Welt).

Es dürfte jedoch klar sein, daß dies mehr ein terminologischer Trick ist, da jetzt alle Faktoren, je nachdem auf welcher Ebene sie verankert werden, als exogen oder endogen zu sehen sind bzw. im Extremfall der Weltgesellschaft einfach alles zum endogenen Faktor erklärt werden könnte. Viel erfolgversprechender scheint der Weg, der in den vorigen Kapiteln angedeutet wurde: genauer das in den Blick zu nehmen, was in der sozialen Konstruktion – sei es im Blick des Betrachters oder der Welt – exogen von endogen scheidet: *die Grenze.*

So vertraut wir auch damit sind, in den Kategorien innerhalb/außerhalb zu denken, werden soziologische Theorien sich wohl von diesen einfachen Einteilungen von Wandlungsprozessen verabschieden müssen. Nicht weil sie nicht zutreffend wären – natürlich kann von Entwicklungen gesagt werden, daß sie entweder endogen oder exogen induziert sind – damit ist jedoch über einen kategorialen Ursachenhinweis »draußen/drinnen« hinaus noch nicht viel gewonnen. Erst wenn wir lernen, zu sehen, was endogene Prozesse endogen macht oder umgekehrt exogene Prozesse zu exogenen werden läßt, werden wir in der Lage sein, über sozialen Wandel zu sprechen, ohne permanent über das Problem der gleichzeitigen ungeheuren Stabilität und Wandelbarkeit unserer Untersuchungseinheiten zu stolpern.

Unter diesem Aspekt scheint der Gestaltsprung von der Evolution zum Mosaik (Friedman 1995), wie er in vielen soziologischen Publikationen zu beobachten ist, als theoriearchitektonische Reaktion unterkomplex. Unbestreitbar ist es sinnvoll, von einem allgemeinen evolutionären Entwicklungsmodell von Gesellschaften Abstand zu nehmen, zumal wenn es zu stark an westlichen Entwicklungsmodellen orientiert ist. Das Bild der Welt als einfaches Mosaik verschiedener Kulturen greift aber genauso zu kurz, wenn es die zum Teil auch westlich dominierte Verknüpfung der »Mosaikteile« ausblendet – also die strukturelle Einbettung des Mosaiks in die Weltgesellschaft nicht in den Blick nimmt.

Das Konzept der Grenze ermöglicht es auch, Globalisierungskonzepte und Konzepte sozialen Wandels miteinander zu verbinden und für die Beschreibung dieses Mosaiks fruchtbar zu machen. Die Leitdifferenzen globalisierungstheoretischer Diskussion »lokal - global«, »heterogen - homogen«, »partikular - universal« sind als Grenzleistungen in Prozessen sozialen Wandels interpretierbar. »Lokal - global« verweist auf den räumlichen Bezug von Grenzbildungen, »heterogen - homogen« weist auf die Reduktion oder Multiplikation von Grenzen hin, und »partikular - universal« nimmt Bezug auf den Referenzpunkt der Grenzkonstruktion innerhalb oder außerhalb einer sozialen Einheit. Die Dynamiken von Migrationssystemen zeigen, wie die Produktion von Globalem und Lokalem parallelisiert ist. Die ethnische Binnenstruktur von offenen Gesellschaften zeigt eine Kopplung von Homogenisierungsprozessen und Heterogenisierungsprozessen. Und besonders die Entwicklung des Nationalstaates zeigt, wie Partikularisierungen selbst wieder Universalisierungen erzwingen und umgekehrt. Es geht also in allen drei Fällen gerade nicht um ein schlichtes Entweder-Oder.

Die Analyse des Begriffs der Grenze hat gezeigt, daß es die Separationsleistung einer Grenze ist, die Prozesse endogenisiert oder exogenisiert, und daß es die Produktion der Kommunalität ist, durch die dieselbe Grenze die strukturelle Kopplung von innen und außen herstellt. Für Theorien sozialen Wandels geht es darum, die Strukturmuster der wechselseitigen Bedingtheit von Entgrenzungs- und Begrenzungsprozessen zu analysieren.

1.4.2 Über den Fremden

»Der Fremde« ist ein klassischer Topos zur Beschreibung sozialer Grenzstrukturen in der Soziologie. Grundfigur des Fremden heute ist der Arbeitsmigrant und der Flüchtling. Die Biographie beider spiegelt Globalisierung und Fragmentierung wieder. Globalisierung, weil der grenzüberschreitende Akt der Wanderung Länder und Weltregionen verknüpft, ja unter Umständen permanente Verknüpfungsstrukturen zwischen Herkunfts- und Zielort produziert; Fragmentierung, weil die Ankunft im Zielland sich als Gewahrwerden einer Differenz zur Mehrheit und einer Gemeinsamkeit mit anderen Migranten interpretieren läßt.

Die politische und soziale Verortung des Fremden rekonstituiert sich über *Ethnizität*. So wie das Fremdsein zur allgemeinen Erfahrung wurde, und die Differenz bekannt/unbekannt nicht mehr mit Fremder/Einheimischer kongruent ist, muß sich erfahrene oder erwünschte Differenz anders, z. B. über Ethnizität, konstituieren. Dabei sind die Übergänge zwischen den Identität stützenden Moden und authentischer Identität fließend. Der Fremde ist viel weniger der, der heute kommt und morgen bleibt, sondern der, der anders ist.

Auch die Analysefigur, die man überspitzt »den modernisierenden Charakter der Entwurzelung« nennen könnte, verliert theoretisch und empirisch an Signifikanz. Zum einen haben auch Herkunftsländer schon Herkunftsbindungen auflösende Prozesse durchlaufen, zum anderen werden im Herkunfts- und Zielland neue Herkunftsbindungen geschaffen. So, wie wohl noch zur Zeit des »klassischen Fremden« davon gesprochen werden konnte, daß die Auflösung von Herkunftsbindung modernisierend wirkt, so kann heute mit einigem Recht davon gesprochen werden, daß Modernisierungen Herkunftsbindungen schaffen.

Es ist aber vor allem die *veränderte Wahrnehmung der Welt,* die auch die Position des Fremden verändert. Einer der Ursprünge der Theorien sozialen Wandels ist die Erfahrung von Differenz. In der Kulturanthropologie Anfang dieses Jahrhunderts, in den ersten Studien zur Nationalstaatenentwicklung, in der Modernisierungstheorie oder in den Arbeiten Friedmans zur Globalisierung zeigt sich eine Gemeinsamkeit: immer waren Forschungen über sozialen Wandel durch das Gewahrwerden drastischer weltweiter Differenz inspiriert. Doch erst in den letzten Jahrzehnten wird versucht, der Verzeitlichung räumlich-kultureller Differenz in Form verschiedener Stadienlehren zu widerstehen und die Heterogenität von Entwicklungsverläufen zu akzeptieren. Eine Entwicklung, die z.B. an vielen neueren Arbeiten zur Modernisierungstheorie abzulesen ist (vgl. Therborn 1995).

Die Moderne wurde bzw. wird immer im zeitlich-räumlichen Bezug auf Europa und Nordamerika oder im ideengeschichtlichen Bezug auf die Aufklärung gedacht, und oft miteinander verwoben, bilden beide Bezugspunkte den Hintergrund für zahlreiche Erklärungsmuster. Aber Globalisierung verweist auch darauf, daß dieses implizite Peripherie-Zentrums-Denken heute kaum noch haltbar ist. So waren die ersten multi-kulturellen Metropolen schon in der Peripherie (King 1995), als in den Industriestaaten der Zentren noch kein Stadtplaner über diese Entwicklungsmodelle nachgedacht hat. Und der kulturelle Prozeß der Kreolisierung[99] – um ein weiters Modewort zu verwenden – wurde in der Peripherie eingeübt, als der Westen noch dem Mythos kultureller Ursprünglichkeit der eigenen Kultur huldigte.

Zu leisten ist die konsequente Umstellung von kultureller Hierarchie auf interagierende Differenz, die zwar in den Universalisierungsideen der Aufklärung enthalten ist, aber zutiefst irritierend auf die, auch moralischen, Superioritätsideen des Westens wirken. Ob das so erfolgreiche Entwicklungsmodell offener Gesellschaften gerade im Prozeß seiner weltweiten Diffusion verschwindet, scheint unplausibel. Verschwinden wird wohl nur die Idee, daß die Dominanz des Westens eine geschichtliche Notwendigkeit sein soll. Zurück bleiben dann nur politische, wirtschaftliche und moralische Dominanzansprüche, die – wie alles, was auch als anders gedacht werden kann – den Makel geschichtlicher Kontingenz tragen.

»*Der Fremde*« Simmels ist also gleichsam Opfer der strukturellen Veränderungen in der Moderne. Prototyp des Fremden ist nicht mehr der Händler oder die religiöse Gruppe der Juden. Der Fremde ist der Arbeitsmigrant und der Flüchtling. Seine als Differenz erlebte Fremdheit wird als ethnische Differenz beschrieben. Merkmal des Fremden ist nicht mehr die *Lösung* von seiner Herkunft, sondern seine *andere* Herkunft. Dieser Prozeß ist auch Ausdruck der Umstellung der Beschreibungen der Moderne von Entwicklung auf

---

99 Zu einer Kritik des Begriffes der Kreolisierung vgl. Friedmann 1994. Er stellt wohl zu Recht fest, daß alle Kulturen insofern kreolisiert sind, als sie Muster und Techniken enthalten, die nicht endogen sind, etwa die Pasta in Italien.

Differenz. So wie innerhalb offener Gesellschaften eine Hierarchie zwischen Fremden und Einheimischen immer schwerer zu legitimieren ist, so wird auch innerhalb der Weltgesellschaft die »zwangsläufige« Superiorität politischer, wirtschaftlicher oder moralischer Zentren fragwürdig.

1.4.3 Ethnisierung, soziale Grenzziehungen und politischer Diskurs

In der feuilletonistischen Rhetorik der Gegenwartsbeschreibung sind Rückfall, Dramatisierung und Eskalation, gerade in bezug auf Migration, beliebte Topoi, was dann zu mangelnder Konsensbildung und Entscheidungsdefiziten führen soll (vgl. I.1.2.4).

„The increased disorganization in the relation between regional units has led to massive migration. Mass migration in conditions of the decline of a homogenizing modern identity has led to increasing ethnification of national social space and increasing ethnic conflict. This global ethnification is an overlay upon the general disorder that has been obvious in those sectors of the declining urban West and now ex-Soviet worlds. Here an emergent lumpenproletariat, a rapid criminalization and general desperation of large portions of 'national' populations have taken their toll in numerous demonstrations of violence." (Friedman 1994, S. 233)

Dem könnte entgegengehalten werden, daß solche »Probleme« strukturimmanent in komplexen, offenen Gesellschaften sind (vgl. Klapp 1978). Gerade Diskurse über Migration sind ein Paradebeispiel für die Entstehung von emotionalisierten Paradoxien. Kristallisationspunkte solcher Diskussionen sind meist »Migrations-Ereignisse«. Solche Migrations-Ereignisse gibt es in jedem hier untersuchten Land. Ereignisse, die zur Begründung von Schließungen verwendet wurden, waren etwa der »Mariel boatlift«, die »Schleieraffäre« oder die »Asylbewerberschwemme«, zur Begründung von Öffnungen etwa der »Ungarn-Aufstand«, die »Boatpeople« oder »ethnische Säuberungen« im ehemaligen Jugoslawien.

Die Skandalierung von Sachverhalten wie Personen dient eigentlich dazu, Normen und Werte wieder rituell zu stützen. Die zahlreichen widersprüchlichen Skandalierungen im Diskurs über Migrationen bewirken jedoch genau das Gegenteil. Widersprüchliche Skandalierungen gibt es dabei auf zwei Ebenen, zum einen bei den Migranten selbst, etwa bei Asylsuchenden; hier wird sowohl die unrechtmäßige Inanspruchnahme des Asyls skandaliert als auch die unrechtmäßige Verweigerung von Asyl. Auf der Ebene des Diskurses über Migration werden sowohl Meinungsäußerungen skandaliert, die für verstärkten Ausschluß von Migranten plädieren, genauso wie die, die mehr Öffnung fordern. Beide Argumentationsfiguren erhalten jedoch ihre Plausibilität, indem sie auf fest implementierte Ideen in der Selbstbeschreibung von Nationalstaaten zurückgreifen können.

Dabei werden die Grenzen der offenen Gesellschaft fragwürdig. Es wird immer schwieriger, zwischen illegalen und legalen Einwanderern, ebenso wie zwischen Einwanderern und Staatsbürgern zu unterscheiden. Die Ambivalenz zwischen individuellen Freiheiten und kollektiven Lebensweisen wird offenkundig. Die kulturellen Definitionen von privater und öffentlicher Sphäre werden in Frage gestellt. Die heute zu beobachtenden Ethnisierungsprozesse sind kein »Rückfall«, kein Überbleibsel aus alter Zeit. Sie sind auch nicht simple Ideologie oder falsches Bewußtsein. Reflexive Ethnisierung ist ein zentrales Moment der Konstituierung auch politischer Kollektive. Ethnischer Kollektivitätsdiskurs und individualistische Selbstbeschreibung sind zwei Gesichter von Modernisierungsprozessen, oder, wie Zygmunt Bauman (1995) es einmal ausgedrückt hat, die zwei Beine der Moderne, die sie braucht, um zu gehen.

Diese Überlegungen sollen aber andere Ergebnisse nicht überdecken. Eine Reformulierung gerade des Staatsbürgerschaftsrechts – besonders in Deutschland – ist sicherlich hinsichtlich zweier Aspekte unbedingt notwendig: zum einen kommt es innerhalb moderner Gesellschaften zum Ausschluß von Teilen der Bevölkerung aus bestimmten politischen Prozessen, der nur behoben werden kann, wenn allen, die sich längere Zeit in einem Land aufhalten und besonders allen, die in einem Land geboren sind, die Staatsbürgerschaft verliehen wird. Das zweite Problem ist sicherlich, daß es zu spezifischen »spill over«-Effekten in anderen Bereichen der Gesellschaft kommt, und Staatsbürgerschaft als bereichsfremde Exklusionsbegründung genommen wird.

Gerade dieses zweite Argument führt zu einem Punkt, der heute oft vergessen wird. Mitgliedschaften in modernen Gesellschaften sind komplex und vielschichtig. Bedenkt man dies, so scheint es doch sehr unplausibel, daß das Konzept der Staatsbürgerschaft, das genau die Kongruenz nicht kongruenter sozialer Beziehung im Diskurs postuliert und zum Inhalt hat, zur Lösung für die Integrationsprobleme von Wandernden oder zur Neustrukturierung der Permeabilität des Nationalstaatensystems beitragen könnte. Sowohl politisch wie wissenschaftlich heißt die Ausdehnung dieses Konzepts z.B. zu ziviler, sozialer und politischer Staatsbürgerschaft (um nur die traditionelle Marshallsche Version zu nennen), eine Strukturgleichheit von Zugehörigkeiten zu definieren, die in modernen Gesellschaften eben genau nicht mehr vorliegt.

Damit wird das sicherlich schwierig zu steuernde und prinzipiell nicht »lösbare« Problem der Vergabe von Staatsbürgerschaft in einem solchen Maße aufgeladen, daß keine Einigung mehr möglich erscheint. Die fruchtlosen Diskussionen in der absurden Konfrontation zwischen »ineffectual globalism« und »immoral localism« (van Gunsteren 1994) füllen bekanntlich inzwischen alle Medien. Beliebter Topos ist hier die offene Gesellschaft, die völlig unreflektiert als grenzenlose Gesellschaft definiert wird. Diese wird dann von den einen mit immenser moralischer Verve gefordert und von den anderen als unmögliche Wahnvorstellung gebrandmarkt. Ein Blick in eines der wichtigsten Bücher dieses Jahrhunderts, und zwar »Die offene Gesellschaft und ihre Feinde« von Popper würde genügen, um zu sehen, daß eine offene Gesellschaft nur durch grenzenziehende Institutionengefüge zu stabilisieren ist. Genau diese funktional-äquivalenten Institutionen sind auch nötig, um eine Gesellschaft nach außen offen zu halten.

All das kann und sollte zu Sorgen Anlaß geben. Tatsächlich arbeiten aber viele soziale Prozesse völlig undramatisch an der Stabilisierung offener Gesellschaften. Zum einen sind viele Einwanderungsminderheiten in allen Ländern auf dem Weg zur Integration. Zum anderen beginnt gerade die regionale Integration der EU, die Sackgasse der Staatsbürgerschaft aufzulösen, indem Staatsbürger wie Staaten direkte Zugriffe auf überstaatliche Organisationen bekommen, und das an die Staatsbürgerschaft gekoppelte Rechtsbündel weiter dekomponiert wird.

Die Errichtung von Migrationsbarrieren und die Ethnisierung von Gesellschaften sind oft subkutan ablaufende gesellschaftliche Immunisierungsversuche. Es sind Prozesse, die ihren eigentlichen Entstehungsgrund nicht eliminieren, sondern die die seit der Aufklärung vom Westen ausgehenden Prozesse zunehmender Globalisierung und Fragmentierung eher verstärken. Das Institutionengefüge des Nationalstaates wäre nicht das erste, das sich durch seine vollständige Durchsetzung selbst obsolet macht. Dies bedeutet aber auch, daß westliche Industriegesellschaften sich der kulturellen Eingebundenheit ihrer universalen Ideen bewußt werden, und die jetzt schon über alle Grenzen hinweggehende multiple Einbindung von Menschen auch rechtlich reflektieren.

Literatur

Adam, U. D., 1985: Zur Entstehung und Auswirkung des Reichsbürgergesetzes. Aus Politik und Zeitgeschichte B 48/85 S. 14-27.

Albert, H., 1986: Europa und die Zähmung der Herrschaft – Der europäische Sonderweg zu einer offenen Gesellschaft. S. 9-59 in: *ders.* (Hg.): Freiheit und Ordnung: Zwei Abhandlungen zum Problem einer offenen Gesellschaft. Tübingen: Mohr.

Albrow, M. und *E. King* (Hg.), 1990: Globalization, Knowledge and Society: London, Newbury Park, New Delhi: Sage.

Alexander, J. C., 1980: Core Solidarity, Ethnic Outgroup, and Social Differentiation: A Multidimensional Model of Inclusion in Modern Societies. S. 5-28 in: *Dofny, J.* (Hg.): National and Ethnic Movements. London: Sage.

Alexander, J. C., 1984: Theoretical logic in sociology. The modern reconstruction of classical thought: Talcott Parsons. London: Routledge & Kegan Paul.

Alexander, J. C., 1992: Durkheim's Problem and Differentiation Theory Today. S. 179-204 in: *H. Haferkamp* und *N. J. Smelser* (Hg.): Social Change and Modernity. Berkley: University of California Press.

Alipranti, L., 1994: Migration in Greece: Phases, Conditions, Institutional Regulations, and Politics. Unpublished Manuscript.

Allerbeck, K. R. und *W. J. Hoag*, 1985: Wenn Deutsche Ausländer befragen. Ein Bericht über methodische Probleme und praktische Erfahrungen. Zeitschrift für Soziologie 14/3 S. 241-46.

Almond, G., 1987: The Development of Political Development. S. 437-90 in: *M. Weiner* und *S. Huntington* (Hg.), Understanding Political Development. Boston: Little Brown.

Almond, G. und *L. Pye* (Hg.), 1965: Comparative Political Culture. Princeton: Princeton University Press.

Alonso, W. (Hg.), 1987: Population in an Interacting World. Cambridge, Mass. London: Harvard University Press.

Anderson, B., 1988: Die Erfindung der Nation. Frankfurt a.M./New York: Campus.

Angenendt, S., 1992: Ausländerforschung in Frankreich und der Bundesrepublik Deutschland – Gesellschaftliche Rahmenbedingungen und inhaltliche Entwicklung eines aktuellen Forschungsbereiches. Frankfurt a.M./New York: Campus.

Anthias, F. und *N. Yuval-Davis*, 1992: Racialized Boundaries – Race, Nation, Gender, Colour and Class and the Anti-racist Struggle. London: Routledge & Kegan Paul.

Appadurai, A., 1991: Global Ethnoscapes. S. 191-238 in: *R. G. Fox* (Hg.): Recapturing Anthropology. Santa Fe: School of American Research Press.

Ardittis, S., 1990: Labour Migration and the Single European Market: A Synthetic and Prospective Note. International Sociology 5/4 S. 461-74.

Armstrong, J. A., 1982: Nations before Nationalism. Chapel Hill, N.C.: North Carolina Press.

Arnold, F., 1989: Revised Estimates and Projections of International Migration 1980-2000. Washington: World Bank.

Bade, K. J. (Hg.), 1984: Auswanderer, Wanderarbeiter, Gastarbeiter – Bevölkerung, Arbeitsmarkt und Wanderung in Deutschland seit der Mitte des 19. Jahrhunderts I+II. Ostfildern: Scripta Mercaturea Verlag.

Bade, K. J. (Hg.), 1992: Deutsche im Ausland – Fremde in Deutschland. München: C.H. Beck.

Baker, D. und *G. Lenhardt*, 1988: Ausländerintegration, Schule und Staat. Kölner Zeitschrift für Soziologie und Sozialpsychologie 40/1 S. 40-61.

Balibar, É. und *I. Wallerstein*, 1990: Rasse, Klasse, Nation: Ambivalente Identitäten. Hamburg, Berlin: Argument.

Balke, F., 1992: Die Figur des Fremden bei Carl Schmitt und Georg Simmel. Sociologia Internationalis 30 S. 35-59.

Balke, F., R. Habermas, P. Nanz und *P. Sillem* (Hg.), 1993: Schwierige Fremdheit – Über Integration und Ausgrenzung in Einwanderungsländern. Frankfurt a.M.: Fischer.

Baran, P., 1957: The Political Economy of Growth. New York: Monthly Review Press.

Barbalet, J.M., 1988: Citizenship: rights, struggle and class inequality. Milton Keynes: Open University Press.

Barth, F., 1981: Ethnic Groups and Boundaries. S. 198-227 in: *ders.* (Hg.): Process and Form in Social Life: Selected Essays of Fredrik Barth (Vol. 1). London: Routledge & Kegan Paul.

Barwig, K., K. Lörcher und *C. Schumacher* (Hg.), 1987: Aufenthalt – Niederlassung – Einbürgerung: Stufen rechtlicher Integration, Hohenheimer Tage zum Ausländerrecht, 1986. Baden-Baden: Nomos Verlagsgesellschaft.

Bass, M., 1990: Das „Goldene Tor": Die Entwicklung des Einwanderungsrechts der USA. Berlin: Duncker und Humblot.

Bauböck, R., 1994a: Transnational Citizenship. Membership and Rights in International Migration. Aldershot: Edward Elgar.

Bauböck, R., 1994b: Changing Boundaries of Citizenship – The Inclusion of Immigrants in Democratic Polities. Unveröffentlichtes Manuskript, APSA Panel 2-3.

Bauman, Z., 1995: Searching for a Centre that Holds. S. 140-54 in: *M. Featherstone, S. Lash* und *R. Robertson* (Hg.): Global Modernities. London: Sage.

Bean, F. D., B. Edmonston und *J. S. Passel*, 1990: Undocumented Migration to the United States. Washington: The Urban Institut Press.

Beck, U., 1986: Risikogesellschaft. Auf dem Weg in eine andere Moderne. Frankfurt a.M.: Suhrkamp.

Becker, W., 1989: Kritischer Rationalismus oder Kritizismus. S. 203-20 in: *K. Salamun* (Hg.): K. R. Popper und die Philosophie des kritischen Rationalismus. Amsterdam/Atlanta: Rodopi.

Begag, A., 1990: The French-Born Youths Originating in North-African Immigration. From Socio-Spatial Relegation to Political Participation. International Migration XXVIII/1 S. 81-88.

Bell, D., 1976: Ethnicity and Social Change. S. 141-76 in: *Glazer, N.* und *D.P. Moynihan* (Hg.): Ethnicity: Theory and Experience. Cambrige: Harvard University Press.

Bell, D., 1977: The Future World Disorder: The Structural Context of Crises. Foreign Policy S. 109-35.

Bellers, J., 1989: Internationales System und Migration. S. 105-18 in: *W. Kälin* und *R. Moser* (Hg.): Migration aus der Dritten Welt – Ursachen und Wirkungen. Bern Stuttgart: Paul Haupt.

Bendix, R., 1977: Nation-Building and Citizenship. Berkley: University of California Press.

Bendix, R., 1991: Strukturgeschichtliche Voraussetzungen der nationalen und kulturellen Identität in der Neuzeit. S. 39-55 in: *B. Giesen* (Hg.): Nationale und kulturelle Identität – Studien zur Entwicklung des kollektiven Bewußtseins in der Neuzeit. Frankfurt a.M.: Suhrkamp.

Bentley, C. G., 1987: Ethnicity and Practice. Comparative Studies on Society and History 29 S. 24-55.

Bergensen, A. und *R. Schönberg* 1980: Long Waves of Colonial Expansion and Contraction, in: *A. Bergensen* (Hg.): Studies of the Modern World-System. New York: Academic Press.

Bergeron, J., 1994: The In/Out Construction and Changes Family Policies. Unveröffentlichtes Manuskript, Summer Institute Globalization, Social Policy and the Semi-Sovereign Welfare State in Europe and North America, Havard University, CES.

Bidney, D., 1968: Culture: Cultural Relativism. S. 543-47 in: International Encyclopedia of the Social Sciences. London: Macmillan Company and Free Press.

Bielefeld, U., 1991: Das Konzept des Fremden und die Wirklichkeit des Imaginären. S. 97-128 in: *ders.* (Hg.): Das Eigene und das Fremde: neuer Rassismus in der Alten Welt? Hamburg: Junius.

Björklund, U., 1986: World-System, the Welfare State, and Ethnicity. Ethnos 3-4 S. 285-307.

Blomert, R., H. Kuzmics und *A. Treibel* (Hg.), 1993: Transformationen des Wir-Gefühls – Studien zum nationalen Habitus. Frankfurt a.M.: Suhrkamp.

Bluestone, B., 1984: Is Deindustrialization a Myth? Capital Mobility Versus Absorption Capacity in the U.S. Economy. Annals of the American Academy of Political and Social Science 475 S. 39-51.

Bogen, E., 1987: Immigration in New York. New York: Praeger.

Böhning, W.R., 1991: Integration and immigration pressures in western Europe. International Labour Review, 130/4 S. 445-58.

Bonnett, A. W., 1990: The New Female West Indian Immigrant: Dilemmas of Coping in the Host Society. S. 139-50 in: *R. W. Palmer* (Hg.): In Search of a Better Life – Perspectives on Migration from the Caribbean. New York: Preager.

Borjas, G.J., 1990: Friends or Strangers: The Impact of Immigrants on the U.S. Economy. New York: Basic Books.

Borjas, G.J., 1991: Immigrants in the U.S. labor market: 1940-1980. American Economic Review 81/2 S. 287-91.

Borjas, G.J. und *S. G. Bronars*, 1991: Immigration and the Family. Journal of Labor Economics 21/2 S. 123-48.

Borner, S., 1990: The Multi-National Corporation – Competition and National Sovereignity. List Forum für Wirtschafts- und Finanzpolitik 16/1 S. 55-71.

Bornschier, V., 1990: Gesellschaftsmodell und seine Karrriere. Eine Anwendung auf die Weltgesellschaft. S. 21-54 in: *V. Bornschier,* u.a. (Hg.): Diskontinuitäten des sozialen Wandels. Frankfurt a.M./New York: Campus.

Bornschier, V. und *P. Heintz* (Hg.), 1979: Compendium of Data for World Analysis. A Sourcebook of Data Based on the Study of MNCs, Economic Policy and National Development. Reworked and enlarged by T.-H. Ballmer-Cao and J. Scheidegger. Zürich: Sociological Institut of Zürich.

Bös, M., 1993a: Migration: Institutional Regulations and Policies in Germany since World War II. Unveröffentlichtes Manuskript.

Bös, M., 1993b: Die Ethnisierung des Rechts? Staatsbürgerschaft in Deutschland, Frankreich, Großbritannien und den USA. Kölner Zeitschrift für Soziologie und Sozialpsychologie 45/4 S. 619-43.

Bös, M., 1994: Kontinuitäten und Zäsuren: Ein Vergleich demographischer und politischer Trends in den Zentren des westeuropäischen und nordamerikanischen Migrationssystems seit dem Zweiten Weltkrieg. S. 116-30 in: *R. Münz, H. Korte* und *G. Wagner* (Hg.) 1994: Internationale Wanderungen. Berlin: Humboldt-Universität.

Bös, M., 1995a: Migranten und soziale Ungleichheit: Soziale und politische Schließungen in westlichen Industrieländern. S. 17-24 in: *W. Seifert* (Hg.): Wie Migranten leben – Lebensbedingungen und soziale Lage der ausländischen Bevölkerung in der Bundesrepublik. Berlin: WZB.

Bös, M., 1995b: Zur Evolution nationalstaatlich verfaßter Gesellschaften. Protosoziologie, Sonderband „Strukturelle Evolution" August/95 S. 159-69.

Bös, M., 1996: Weltweite Migration und die Schließungstendenzen westlicher Industriegesellschaften. In: *L. Clausen* (Hg.): Gesellschaften im Umbruch. Frankfurt a.M.: Campus.

Bös, M. und *W. Glatzer,* 1993: Trends subjektiven Wohlbefindens. S. 197-22 in: *S. Hradil* (Hg.): Zwischen Bewußtsein und Sein. Opladen: Leske und Budrich.

Bös, M. und *U. Wenzel,* 1996: Immigration and the Structure of Membership in the Modern Welfarestate. Frankfurt a.M.: ZENAF.

Bovenkerk, F., R. Miles und *G. Verbunt,* 1990: Racism, Migration and the State in Western Europe: A Case for Comparative Analysis. International Sociology 5/4 S. 475-90.

Bovenkerk, F., R. Miles und *G. Verbunt,* 1991: Comparative Studies of Migration and Racism in Western Europe: A Critical Appraisal. International Migration Review 25 S. 375-91.

Brettell, C.B., 1981: Is the Ethnic Community Inevitable? A Comparison of Settlement Patterns of Portugese Immigrants in Toronto and Paris. The Journal of Ethnic Studies 9/3 S. 1-17.

Brubaker, W. R., 1989a: Citizenship and Naturalization: Policies and Politics. S. 99-128 in: *ders.* (Hg.): Immigration and the Politics of Citizenship in Europe and North America. Lanham: University Press of America.

Brubaker, W. R. (Hg.), 1989b: Immigration and the Politics of Citizenship in Europe and North America. Lanham: University Press of America.

Brubaker, W. R., 1990: Immigration, Citizenship, and the Nation-State in France and Germany: A Comparative Historical Analysis. International Sociology 5/4 S. 379-407.

Buba, H.-P., W. Ueltzen, L. A. Vaskovics und *W. Müller*, 1984: Gemischt-nationale Ehen in der Bundesrepublik Deutschland. Zeitschrift für Bevölkerungswissenschaften 10/4 S. 421-48.

Bucher, A., 1972: Staatsangehörigkeits- und Wohnsitzprinzip: Eine rechtsvergleichende Übersicht. Schweizerisches Jahrbuch für internationales Recht 28 S. 76-160.

Bürkner, H.-J., W. Heller und *J. Unrau*, 1987: Rückkehrzwänge und Motivstrukturen türkischer Migranten. Zeitschrift für Bevölkerungswissenschaften 13/4 S. 451-72.

Cairns, A. und *C. Williams* (Hg.), 1986: The Politics of Gender, Ethnicity and Language in Canada. Toronto: University of Toronto Press.

Caldwell, G., 1992: Immigrants and Ethnic Minorities. S. 329-32 in: *S. Langlois*, et al.: Recent Social Trends in Québec 1960-1990. Frankfurt a.M./New York: Campus.

Caldwell, G., 1994: Migration in Quebec 1960-1990. Unveröffentlichtes Manuskript.

Caplow, T., H. M. Bahr, J. Modell und *B. A. Chadwick*, 1991: Recent Social Trends in the United States 1960-1990. Frankfurt a.M./New York: Campus – Montreal & Kingston: McGill-Queen's University Press.

Cardoso, F.H., 1973: Associated-Dependent Development. Theoretical and Practical Implications. S. 142-76 in : *A. Stepan* (Hg.): Authoritarian Brazil. New Haven, CT: Yale University Press.

Carneiro, R. L., 1968: Culture: Cultural Adaption. S. 551-54 in: International Encyclopedia of the Social Sciences. London: Macmillan Company and Free Press.

Cashmore, E., 1994 (1984): Dictionary of Race and Ethnic Relations. London: Routledge.

Castells, M., 1994: European Cities, the Information Society, and the Global Economy. New Left Review 204 S. 18-32.

Castles, S., 1986: The Guest Worker in Western Europe – An Obituary. International Migration Review 20/4 S. 761-79.

Castles, S., 1991: Weltweite Arbeitsmigration, Neorassismus und der Niedergang des Nationalstaates. S. 129-58 in: *U. Bielefeld* (Hg.): Das Eigene und das Fremde: Neuer Rassismus in der Alten Welt? Hamburg: Junius.

Castles, S. und *M. Miller*, 1993: The Age of Migration – International Population Movements in the Modern World. New York: Guilford.

Chilcote, R. M., 1981: Theories of Comparative Politics. Boulder, Colorado: Westview Press.

Cohen, R., 1987: The New Helots: Migrants in the International Division of Labour. Aldershot: Avebury.

Cohen, R., 1992: Migration and the new international division of labour. S. 19-25 in: *M. Cross* (Hg.): Ethnic minorities and industrial change in Europe and North America. Cambridge: Cambridge University Press.

Cohn-Bendit, D. und *T. Schmid*, 1992: Heimat Babylon. Hamburg: Hoffmann und Campe.

Collins, R., 1975: Conflict Sociology: Toward an Explanatory Science. New York: Academic Press.

Comte, A., 1967: Das Drei-Stadien-Gesetz. S. 111-20 in: *H.-P. Dreitzel* (Hg.): Sozialer Wandel, Zivilisation und Fortschritt als Kategorien der soziologischen Theorie. Neuwied, Berlin: Luchterhand.

Connor, W., 1992: The Nation and its Myth. International Journal of Comparative Sociology 33/1-2 S. 48-57.

Cornelsen, C., 1990: Erwerbstätigkeit von Ausländern 1988. Wirtschaft und Statistik 2 S. 85-94.

Cross, M. (Hg.), 1992: Ethnic Minorities and Industrial Change in Europe and North America. Cambridge: Cambrige University Press.

Culpitt, I., 1993: Welfare and Citizenship. London: Sage.

Dahrendorf, R., 1994: The Changing Quality of Citizenship. S. 10-19 in: *B. van Steenbergen* (Hg.): The Condition of Citizenship. London: Sage.

de Groot, G.-R., 1989: Staatsangehörigkeitsrecht im Wandel. Köln: Heymann.

DeJong, G. F. und *R. W. Gardner* (Hg.), 1981: Migration Decision Making. Multidisciplinary Approaches to Microlevel Studies in Developed and Developing Countries. New York: Pergamon.

Desbarats, J., 1992: Institutional and Policy Interactions among Countries and Refugee Flows. S. 279-99 in: *Kriz, M. M., u.a.* (Hg.): International Migration Systems. Oxford: Clarendon.

Deutsch, K. W., 1966 (1953): Nationalism and Social Communication: An Inquiry into the Foundations of Nationality. Cambridge, Mass.: M.I.T. Press.

Deutsch, K. W., 1990: Die Zukunft der Nationen – Hohe internationale Ungleichheit – mehr Integration. WZB – Mitteilungen 50 S. 24-28.

Deutsche Gesellschaft für die Vereinten Nationen (DGVN), 1992: Menschenrechte – Eine Sammlung internationaler Dokumente zum Menschrechtsschutz (herausgegeben von C. Tomuschat). Bonn: UNO-Verlag.

Dummett, A. und *A. Nicol*, 1990: Subjects, Citizens, Aliens and Others: Nationality and Immigration Law. London: Weidenfeld and Nicolson.

Eisenstadt, S.N., 1955: The Absorption of Immigrants. London: Routledge.

Eisenstadt, S.N., 1973: Tradition, Change and Modernity. New York: Wiley Interscience.

Eisenstadt, S.N., 1974: Studies of Modernization and Sociological Theory. History and Modernity 13.

Eisenstadt, S.N., 1991: Die Konstruktion nationaler Identitäten in vergleichender Perspektive. S. 21-38 in: *B. Giesen* (Hg.): Nationale und kulturelle Identität – Studien zur Entwicklung des kollektiven Bewußtseins in der Neuzeit. Frankfurt a.M.: Suhrkamp.

Eisenstadt, S.N., 1992: A Reappraisal of Theories of Social Change and Modernization. S. 412-30 in: *H. Haferkamp* und *N. J. Smelser* (Hg.): Social Change and Modernity. Berkley: University of California Press.

Eley, G., 1993: Nations, Publics, and Political Cultures: Placing Habermas in the Nineteenth Century. S. 297-335 in: *N. B. Dirks*, et al. (Hg.): Culture Power History – A Reader in Contemporary Social Theory. Princeton: Princeton University Press

Elias, N. und *J. L. Scotson*, 1990: Etablierte und Außenseiter. Frankfurt a.M.: Suhrkamp.

Elschenbroich, D. (Hg.), 1985: Einwanderung, Integration, ethnische Bindung: Harvard Encyclopedia of American Ethnic Groups – deutsche Auswahl. Basel/Frankfurt a.M.: Stroemfeld Roter Stern.

Elwert, G., 1989: Nationalismus und Ethnizität: Über die Bildung von Wir-Gruppen. Kölner Zeitschrift für Soziologie und Sozialpsychologie 41 S. 440-64.

Emmer, C. P., 1989: Migration und Expansion: Die Europäische koloniale Vergangenheit und die interkontinentale Völkerwanderung. S. 95-104 in: *W. Kälin* und *R. Moser* (Hg.): Migration aus der Dritten Welt – Ursachen und Wirkungen. Bern/Stuttgart: Paul Haupt.

Emmer, C. P. und *M. Mörner* (Hg.), 1992: European expansion and migration: essays on the intercontinental migration from Africa, Asia, and Europe. New York, Oxford: Berg.

Endruweit, G., 1987: Modernisierungstheorie. S. 305-11 in: *A. Görlitz* und *R. Prätorius* (Hg.): Handbuch der Politikwissenschaft. Reinbek: Rohwohlt.

Enzensberger, H. M., 1992: Die Große Wanderung. Frankfurt a.M.: Suhrkamp.

Esser, H., 1980: Aspekte der Wanderungssoziologie. Assimilation und Integration von Wanderern, ethnischer Gruppen und Minderheiten. Eine handlungstheoretische Analyse. Darmstadt: Luchterhand.

Esser, H., 1985: Soziale Differenzierung als ungeplante Folgen absichtsvollen Handelns: Der Fall ethnischer Segmentation. Zeitschrift für Soziologie 14/6 S. 435-49.

Esser, H., 1988: Ethnische Differenzierung und moderne Gesellschaft. Zeitschrift für Soziologie 17 S. 235-50.

Esser, H. und *J. Friedrich* (Hg.), 1990: Generation und Identität. Theoretische und empirische Beiträge zur Migrationssoziologie. Opladen: Leske und Budrich.

Estel, B., 1994: Grundaspekte der Nation. S. 13-82 in: *T. Estel* und *T. Mayer* (Hg.): Das Prinzip Nation in modernen Gesellschaften. Opladen: Westdeutscher Verlag.

Faist, T., 1993a: Boundaries of National Welfare States: Immigrants and Social Rights. Bremen: ZeS-Arbeitspapier Nr. 13.

Faist, T., 1993b: Ein- und Ausgliederung von Immigranten. Türken in Deutschland und mexikanische Amerikaner in den USA in den achtziger Jahren. Soziale Welt 44/2 S. 275-99.

Falk, R., 1994: The Making of Global Citizenship. S. 127-41 in: *B. van Steenbergen* (Hg.): The Condition of Citizenship. London: Sage.

Faßmann, H. und *R. Münz*, 1991: Demographische und soziale Konsequenzen der Ost-West-Wanderung – Beipiele aus Österreich, Folgerungen für Westeuropa. Zeitschrift für Bevölkerungswissenschaften 17/4 S. 379-93.

Featherstone, M. (Hg.), 1990: Global Culture: Nationalism, Globalization and Modernity. London: Sage.

Featherstone, M., S. Lash und *R. Robertson* (Hg.), 1995: Global Modernities. London: Sage.

Ferguson, M., 1992: The Mythology about Globalization. European Journal of Communication 7/1 S. 69-93.

Fijalkowski, J. (Hg.), 1990: Transnationale Migranten in der Arbeitswelt. Studien zur Ausländerbeschäftigung in der Bundesrepublik und im internationalen Vergleich. Berlin: Edition Sigma.

Migration als Problem offener Gesellschaften

Findlay, A., 1990: A Migration Channels Approach to the Study of High Level Manpower Movements: A Theoretical Perspective. International Migration XXVIII/1 S. 15-22.

Fleischer, H., 1980: Umfang und Struktur der Wanderungen von Ausländern zwischen dem Bundesgebiet und dem Ausland 1968-1978. Wirtschaft und Statistik 1 S. 20-25.

Fleischer, H., 1983: Ergebnisse der neuen Einbürgerungsstatistik 1981. Wirtschaft und Statistik 7 S. 531-24.

Fleischer, H., 1990: Entwicklung der Einbürgerung seit 1986. Wirtschaft und Statistik 5 S. 319-22.

Fleischer, H. und H. Proebsting, 1989: Aussiedler und Übersiedler – Zahlenmäßige Entwicklung und Struktur. Wirtschaft und Statistik 9 S. 582-88.

Flora, P., 1974. Modernisierungsforschung. Opladen: Westdeutscher Verlag.

Flora, P., 1981: Stein Rokkans Makro-Modell der politischen Entwicklung Europas: Ein Rekonstruktionsversuch. Kölner Zeitschrift für Soziologie und Sozialpsychologie 33 S. 397-436.

Forner, N. (Hg.), 1987: New Immigrants in New York. New York: Columbia University Press.

Forsé, M., J.-P. Jaslin, Y. Lemel, H. Mendras, D. Stoclet und J.-H. Déchaux, 1993: Recent Social Trends in France 1960-1990. Frankfurt a.M./New York: Campus – Montreal & Kingston: McGill-Queen's University Press.

Francis, E., 1965: Ethnos und Demos. Berlin: Duncker & Humblot.

Frank, A.G., 1967: Capitalism and Underdevelopment. Journal of Contemporary Asia 3 S. 77-33.

Frank, A.G., 1969. Latin America: Underdevelopment or Revolution. New York: Monthly Review Press.

Franz, F., 1992: Das Prinzip der Abstammung im deutschen Staatsangehörigkeitsrecht. S. 237-46 in: Rassismus und Migration in Europa: Beiträge des Hamburger Kongresses »Migration und Rassismus in Europa« (25.-29. September 1990). Hamburg Berlin: Argument.

Fraser, N. und L. Gordon, 1994: Civil Citizenship against Social Citizenship. S. 90-107 in: *B. van Steenbergen* (Hg.): The Condition of Citizenship. London: Sage.

Freeman, G., 1979: Immigration Labor and Racial Conflict in Industrial Societies. The French and British Experience 1945-1975. Princeton: Princeton University Press.

Freeman, G., 1986: Migration and the Political Economy of the Welfare State. Annals of the American Academy of Political and Social Sciences, 486 S. 51-63

Freeman, G., 1994: Can Liberal States Control Unwanted Migration? Annals of the American Academy of Political and Social Sciences, 534 S. 17-30.

Friedman, J., 1994: Cultural Identity and Global Process. London: Sage.

Friedman, J., 1995: Global System, Globalization and the Parameters of Modernity. S. 69-90 in: *M. Featherstone, S. Lash und R. Robertson* (Hg.): Global Modernities. London: Sage.

Fuchs, D., J. Gerhards und E. Roller, 1993: Wir und die Anderen. Ethnozentrismus in den zwölf Ländern der europäischen Gemeinschaft. Kölner Zeitschrift für Soziologie und Sozialpsychologie 45/2 S. 238-53.

Gächter, A., 1991: Illusion einer Einwanderungspolitik. Österreichische Zeitschrift für Politikwissenschaften 20/4 S. 351-66.

Ganßmann, H., 1993: Sind soziale Rechte universalisierbar? Zeitschrift für Soziologie 22/5 S. 385-94.

Garson, J.-P., 1992: International Migration: Facts, Figures, Policies. The OECD Observer 176 June/July S. 14-17.

Gellner, E., 1987: Culture, Politics and Identity. Cambridge: Cambridge University Press.

Gellner, E., 1991: Nationalismus und Moderne. Berlin: Rotbuch.

Georges, E., 1990: The Making of a Transnational Community: Migration, Development and Cultural Change in the Dominicain Republic. New York: Columbia University Press.

Giddens, A., 1985: The Nation-State and Violence. Cambridge: PolityPress.

Giddens, A., 1989: Sociology. Cambridge: PolityPress.

Giddens, A., 1990: The Consequences of Modernity. Stanford, California: Stanford University Press.

Giesen, B., 1980: Gesellschaftliche Identität und Evolution – Ein Vergleich soziologischer Theorietraditionen. Soziale Welt 31 S. 311-32.

Giesen, B., 1985: Einleitung zu 'Theorien der gesellschaftlichen Entwicklung der Moderne'. S. 451-52 in: *B. Lutz* (Hg.): Soziologie und gesellschaftliche Entwicklung – Verhandlungen des 22. Deutschen Soziologentages in Dortmund. Frankfurt a.M./New York: Campus.

Giesen, B., 1991: Die Entdinglichung des Sozialen. Frankfurt a.M.: Suhrkamp.

Giesen, B., 1995: Code und Situation. Das selektionstheoretische Programm einer Analyse sozialen Wandels – illustriert an der Genese des deutschen Nationalbewußtseins. S. 228-66 in: *H.-P. Müller* und *M. Schmid* (Hg.): Sozialer Wandel. Frankfurt a.M.: Suhrkamp.

Giordano, C., 1992: Die Betrogenen der Geschichte: Überlagerungsmentalität und Überlagerungsrationalität in mediterranen Gesellschaften. Frankfurt a.M./New York: Campus.

Girtler, R., 1991: Über die Grenzen – Ein Kulturwissenschaftler auf dem Fahrrad. Frankfurt a.M./New York: Campus.

Glatzer, W. und *W. Zapf* (Hg.), 1984: Lebensqualität in der Bundesrepublik – Objektive Lebensbedingungen und subjektives Wohlbefinden. Frankfurt a.M./New York: Campus.

Glatzer, W., K. O. Hondrich, H.-H. Noll, K. Stiehr und *B. Wörndl*, 1992: Recent Social Trends in West Germany 1960-1990. Frankfurt a.M./New York: Campus – Montreal & Kingston: McGill-Queen's University Press.

Glazer, N. und *D. P. Moynihan*, 1976 (1968): Beyond the melting pot. The Negros, Puerto Ricans, Jews, Italians, and Irish of New York City. Cambridge, Mass.: MIT Press.

Glazier, S.D. (Hg.), 1985: Caribbean Ethnicity Revisited. London: Gordon and Beach.

Gordon, M. H., 1990: Dependent or Independent Workers?: The Status of Caribbean Immigrant Women in the United States. S. 115-38 in: *R. W. Palmer* (Hg.): In Search of a Better Life – Perspectives on Migration from the Caribbean. New York: Preager.

Gordon, M. M., 1978: Subsocieties, Subculture and Ethnicity. S. 97-141 in: *ders.* (Hg.), Human Nature, Class and Ethnicity. New York: Oxford University Press.

Gorwaney, N., M. D. Van Arsdol, D. M. Heer und *L.A. Schuermann*, 1990: Variations in Fertility and Earning Patterns among Immigrants in the United States, 1970-1980: Assimilation or Disruption? International Migration XXVIII/4 S. 451-76.

Gräbner, F., 1911: Methode der Ethnologie. Heidelberg: Carl Winters Universitätsbuchhandlung.

Grawert, R., 1984: Staatsangehörigkeit und Staatsbürgerschaft. Der Staat 23 S. 179-204.

Greverus, I.-M., 1981: Ethnizität und Identitätsmanagement. Schweizer Zeitschrift für Soziologie 7 S. 223-32.

Grew, R., 1986: The Construction of National Identity. S. 31-44 in: *P. Boerner* (Hg.), Concepts of National Identity – an Interdisciplinary Dialogue. Baden-Baden: Nomos.

Gumplowicz, L., 1967: Eroberung und Überlagerung. S. 267-73 in: *H.-P. Dreitzel* (Hg.): Sozialer Wandel, Zivilisation und Fortschritt als Kategorien der soziologischen Theorie. Neuwied, Berlin: Luchterhand.

Gunsteren, H. van, 1994: Four Conceptions of Citizenship. S. 36-48 in: *B. van Steenbergen* (Hg.): The Condition of Citizenship. London: Sage.

Habermas, J., 1981: Theorie des kommunikativen Handelns I+II. Frankfurt a.M.: Suhrkamp.

Habermas, J., 1992: Citizenship and National Identity: Some Reflections on the Future of Europe. Praxis International 12/1 April S. 1-19.

Haferkamp, H. und *N. J. Smelser*, 1992: Introduction: Social Change and Modernity. S. 1-36 in: *dies.* (Hg.): Social Change and Modernity. Berkley: University of California Press.

Hägerstrand, T., 1968: Diffusion: The Diffusion of Innovations. S. 174-78 in: International Encyclopedia of the Social Sciences. London: Macmillan Company and Free Press.

Hahn, A., 1993: Identität und Nation in Europa. Berliner Journal für Soziologie 44/2 S. 193-203.

Haller, M., 1990. The Challenge for Comparative Sociology in the Transformation of Europe. International Sociology, 2/6 S. 183-204.

Halton, E., 1995: The Modern Error: Or, the Unbearable Enlightenment of Being. S. 260-77 in: *M. Featherstone, S. Lash* und *R. Robertson* (Hg.): Global Modernities. London: Sage.

Hammar, T., 1989a: Comparing European and North American International Migration. International Migration Review 23/3 S. 631-37.

Hammar, T., 1989b: State, Nation, and Dual Citizenship. S. 81-96 in: *W. R. Brubaker* (Hg.): Immigration and the Politics of Citizenship in Europe and North America. Lanham: University Press of America.

Hammar, T., 1992: Laws and Policies Regulating Population Movements: A European Perspective. S. 245-62 in: *M. M. Kritz, L. L. Lim* und *H. Zlotnik* (Hg.): International Migration Systems. Oxford: Clarendon Press.

Handlin, O., 1973: The Uprooted. Boston: Antlantic.

Harman, L. D., 1988: The Modern Stranger. On Language and Membership. Berlin: Mouton de Gruyter.

Harris, C. 1984: The Magnitude of Job Loss from Plant Closings and the Generation of Replacement Jobs. Annals of the American Academy of Political und Social Science 475 S. 15-27.

Hasenau, M., 1990: Setting Norms in the United Nations System: The Draft Convention on the Protection of the Rights of All Migrant Workers and Their Families in Relation to ILO in Standards on Migrant Workers. International Migration XXVIII/2 S. 133-58.

Heckmann, F., 1987: Soziologische Gesichtspunkte – Ethnische Identitätsformen und Loyalitäten in der zweiten Einwanderungsgeneration. S. 145-65 in: *K. Barwig, K. Lörcher* und *C. Schumacher* (Hg.): Aufenthalt – Niederlassung – Einbürgerung: Stufen rechtlicher Integration, Hohenheimer Tage zum Ausländerrecht 1986. Baden-Baden: Nomos Verlagsgesellschaft.

Heckmann, F., 1991: Ethnos, Demos und Nation, oder: Woher stammt die Intoleranz des Nationalstaats gegenüber ethnischen Minderheiten? S. 51-78 in: *U. Bielefeld* (Hg.): Das Eigene und das Fremde: Neuer Rassismus in der Alten Welt? Hamburg: Junius.

Heckmann, F., 1992: Ethnische Minderheiten, Volk und Nation. Stuttgart: Enke.

Heine-Geldern, R., 1968: Diffusion: Cultural Diffusion. S. 168-73 in: International Encyclopedia of the Social Sciences. London: Macmillan Company and Free Press.

Heinelt, H., 1993: Die aktuelle Zuwanderung – eine Herausforderung für den Wohlfahrtsstaat. S. 275-300 in: *B. Blanke* (Hg.): Zuwanderung und Asyl in der Konkurrenzgesellschaft. Opladen: Leske + Budrich.

Heinelt, H. und *A. Lohmann,* 1992: Immigration im Wohlfahrtsstaat: Rechtspositionen und Lebensverhältnisse. Opladen: Leske + Buderich.

Herbert, U., 1986: Geschichte der Ausländerbeschäftigung in Deutschland 1880 bis 1980. Bonn: Dietz Nachf. Verlag.

Hirst, P. und *G. Thompson,* 1992: The Problem of Globalization: International Economic Relations, National Economic Management and the Formation of Trading Blocs. Economy and Society 21/4 S. 357-596.

Hobsbawn, E., 1992: Nationalismus und Ethnizität. Die Neue Gesellschaft. Frankfurter Hefte 39 S. 612-19.

Hoerder, D. (Hg.), 1985: Labor Migration in the Atlantic Economies. The European and North American Working Classes During the Period of Industrialization. Westport, Conn.: Greenwood Press.

Hoffmann-Nowotny, H.-J., 1970: Migration. Ein Beitrag zu einer soziologischen Erklärung. Stuttgart: Enke.

Hoffmann-Nowotny, H.-J., 1987: Social Integration and Cultural Pluralism: Structural and Cultural Problems of Immigration in European Industrial Countries. S. 149-72 in: *W. Alonso* (Hg.): Population in an Interacting World. Cambrige, Mass.: Harvard University Press.

Hoffmann-Nowotny, H.-J., 1988: Paradigmen und Paradigmenwechsel in der sozialwissenschaftlichen Wanderungsforschung – Versuche einer Skizze einer neuen Migrationstheorie. S. 21-42 in: *G. Jaritz* und *A. Müller* (Hg.): Migration in der Feudalgesellschaft. Frankfurt a.M./New York: Campus.

Hoffmann-Nowotny, H.-J., 1989: Weltmigration – Eine Soziologische Analyse. S. 29-40 in: *W. Kälin* und *R. Moser* (Hg.): Migration aus der Dritten Welt – Ursachen und Wirkungen. Bern Stuttgart: Paul Haupt.

Hoffmann-Nowotny, H.-J., 1991: Weltbevölkerung und Weltmigration – Eine zukunftsorientierte Analyse. Unveröffentlichtes Manuskript.

Hoffmann-Nowotny, H.-J. und *K. O. Hondrich* (Hg.), 1982: Ausländer in der Bundesrepublik Deutschland und in der Schweiz. Segregation und Integration: Eine vergleichende Untersuchung. Frankfurt a.M./New York: Campus.

Hohmeier, J., 1970: Zur Soziologie L. Gumplowicz. Kölner Zeitschrift für Soziologie und Sozialpsychologie 22 S. 24-38.

Hollifield, J. F., 1991: Immigration and Modernization. S. 113-50 in: *J. F. Hollifield* und *G. Ross* (Hg.): Searching for the New France. New York/London: Routledge.

Hondrich, K. O., 1976: Entwicklungslinien und Möglichkeiten des Theorievergleichs. S. 14-36 in: *R. M. Lepsius* (Hg.): Zwischenbilanz der Soziologie – Verhandlungen des 17. Deutschen Soziologentages in Kassel 1974. Stuttgart: Ferdinand Enke.

Hondrich, K. O., 1992: World Society Versus Niche Societies: Paradoxes of Unidirectional Evolution. S. 350-67 in: *H. Haferkamp* und *N. J. Smelser* (Hg.): Social Change and Modernity. Berkley: University of California Press.

Hondrich, K. O. und *C. Koch-Arzberger,* 1992: Solidarität in der modernen Gesellschaft. Frankfurt a.M.: Fischer.

Hondrich, K. O. (Hg.), 1982: Soziale Differenzierung – Langzeitanalysen zum Wandel von Politik, Arbeit und Familie. Frankfurt a.M./New York: Campus.

Horowitz, D. L., 1985: Ethnic Groups in Conflict. Berkley: University of California Press.

Horowitz, D. L., 1992: Immigration and Group Relations in France and America. S. 3-38 in: *D.L. Horowitz* und *G. Noiriel* (Hg.), Immigrants in Two Democracies: French and American Experience. New York: New York University Press.

Houston, M.F., R. G. Kramer und *J.M. Barett,* 1984: Female Predominance in Immigration to the United States Since 1930: A First Look. International Migration Review 18/4. S. 908-63

Huber, B., 1987a: Aktuelle Unzulänglichkeiten des Einbürgerungsrechts vor dem Hintergrund von Migrationsprozessen. S. 167-80 in: *K. Barwig, K. Lörcher* und *C. Schumacher* (Hg.): Aufenthalt – Niederlassung – Einbürgerung: Stufen rechtlicher Integration, Hohenheimer Tage zum Ausländerrecht 1986. Baden-Baden: Nomos Verlagsgesellschaft.

Huber, B., 1987b: Die Beratungen des Reichs- und Staatsangehörigkeitsgesetzes von 1913 im Deutschen Reichstag. S. 181-220 in: *K. Barwig, K. Lörcher* und *C. Schumacher* (Hg.), Aufenthalt – Niederlassung – Einbürgerung: Stufen rechtlicher Integration, Hohenheimer Tage zum Ausländerrecht 1986. Baden-Baden: Nomos Verlagsgesellschaft.

Huntington, S., 1984: Will More Countries Become Democratic? Political Science Quarterly 99 S. 193-218.

Husa, K., 1991: Wer ist ein Migrant? Probleme der Dokumentation und Abgrenzung räumlicher Mobilität in der Dritten Welt. S. 35-47 in: *Institut für Demographie – Österreichische Akademie der Wissenschaften – Demographische Informationen 1990/91*. Wien.

Inglehart, R., 1971: The Silent Revolution in Europe: Intergenerational Change in Post-Industrial Societies. The American Political Science Review 65 S. 991-1017.

Inglehart, R., 1989: Kultureller Umbruch – Wertewandel in der westlichen Welt. Frankfurt a.M./New York: Campus.

International Migration Review, 1989: IMR at 25: Reflections on a Quarter Century of International Migration Research And Orientations for Future Research. International Migration Review 23/3 S. 393-402.

Jackson, P. und J. Penrose (Hg.), 1993: Constructions of Race, Place and Nation. London: University College London.

Jary, D. und J. Jary (Hg.), 1991: Collins Dictionary of Sociology. Glasgow: Harper Collins Publisher.

Kälin, W. und R. Moser (Hg.), 1989: Migration aus der Dritten Welt – Ursachen und Wirkungen. Bern Stuttgart: Paul Haupt.

Kane, T. T., 1986: The fertility and assimilation of guestworker populations in the Federal Republic of Germany: 1961-1981. Zeitschrift für Bevölkerungswissenschaften 12/1 S. 99-131.

Kane, T. T. und S. E. Hervey, 1988: Patterns of intermarriage of guestworker populations in the Federal Republic of Germany: 1960-1985. Zeitschrift für Bevölkerungswissenschaften 14/2 S. 187-204.

Kapstein, E. B., 1994: Governing the Global Economy. International Finance and the State. Cambridge: Harvard University Press.

Kennedy-Brenner, C., 1979: Foreign workers and immigrant policy. Paris: OECD.

Kimminich, O., 1984: Einführung in das Völkerrecht. München: Saur.

Kimminich, O., 1985: Rechtsprobleme der polyethnischen Staatsorganisation. Mainz/München: Grünewald-Kaiser.

King, A. D., 1990: Gloabl Cities. Post-Imperialism and the Internationalisation of London. London: Routledge.

King, A. D., 1995: The Times and Spaces of Modernity (or who needs Postmodernism?). S. 108-23 in: *M. Featherstone, S. Lash* und *R. Robertson* (Hg.): Global Modernities. London: Sage.

King, D. S. und J. Waldron, 1988: Citizenship, Social Citizenship and the Defence of Welfare Provison. British Journal of Political Science 18 S. 415-43.

King, R. (Hg.), 1993: Mass Migration in Europe – the Legacy and the Future. London: Belhaven Press.

Kiss, G., 1977: Einführung in die soziologischen Theorien I. Opladen: Westdeutscher Verlag.

Kißler, M. und J. Eckert, 1992: Multikultur und ethnische Vielfalt. Überlegungen angesichts gewandelter städtischer Lebensweisen. Soziale Welt 43/4 S. 462-75.

Klapp, O.E., 1978: Opening and Closing – Startegies of Information Adaption in Society. Cambridge: Cambridge University Press.

Knöbl, W., 1993: Nationalstaat und Gesellschaftstheorie. A. Giddens, J. A. Hall und Michael Manns Beiträge zu einer notwendigen Diskussion. Zeitschrift für Soziologie 22/2 S. 221-35.

Kohn, H., 1950: Die Idee des Nationalismus – Ursprung und Geschichte bis zur Französischen Revolution. Heidelberg: Lambert Schneider.

Koo, H., 1984: World Systems, Class, and State in Third World Development. Sociological Perspectives 27 S. 33-52.

Kraus, R.C., 1979: Withdrawing from the World-System. Self-Reliance and Class Sturcture in China. S. 237-59 in: *W.L. Goldfrank* (Hg.): The World-System of Capitalism. Past and Present. Beverly Hills, CA: Sage.

Kreckel, R., 1989: Ethnische Differenzierung und »moderne« Gesellschaft – Kritische Anmerkungen zu H. Esser, Zeitschrift für Soziologie 18 S. 162-67.

Kritz, M. M., C. Keely und *S. Tomasi* (Hg.), 1981: Global Trends in Migration. New York: Center for Migration Studies.

Kritz, M. M., L. L. Lim und *H. Zlotnik* (Hg.), 1992: International Migration Systems. Oxford: Clarendon Press.

Kymlicka, W. und *W. Norman*, 1994: Return of the Citizen: A Survey of Recent Work on Citizenship. Ethics 104, January 1994 S. 352-81.

Langlois, S., J.-P. Baillargeon, G. Caldwell, G. Fréchet, M. Gauthier und *J.-P. Simard*, 1992: Recent Social Trends in Québec 1960-1990. Frankfurt a.M./New York: Campus – Montreal & Kingston: McGill-Queen's University Press.

Lash, S. und *M. Featherstone*, 1995: Globalization, Modernity and the Spatialization of Social Theory: An Introduction. S 1-24 in: *M. Featherstone, S. Lash* und *R. Robertson*, (Hg.): Global Modernities. London: Sage.

Leggewie, C., 1989: Frankreich 1988/89. Ende eines Sonderwegs. S. 9-26 in: *Deutsch-Französisches Institut* (Hg.): Frankreich-Jahrbuch 1989. Opladen: Leske + Budrich.

Leggewie, C., 1990: SOS France: Ein Einwanderungsland kommt in die Jahre. S. 131-56 in: *Deutsch-Französisches Institut* (Hg.): Frankreich-Jahrbuch 1990. Opladen: Leske + Budrich.

Leib, J. und *G. Mertins*, 1983: Bevölkerungsgeographie. Braunschweig: Westermann.

LeMay, M. C., 1987: From Open Door to Dutch Door. An Analysis of US Immigration Policy since the 1820. New York et.al.: Praeger.

Lenhardt, G., 1990: 'Ethnische Identität' und gesellschaftliche Rationalisierung. PROKLA 79 20/2 S. 132-54.

Lepsius, M. R., 1990a: »Ethnos« und »Demos«. Zur Anwendung zweier Kategorien von Emerich Francis auf das nationale Selbstverständnis der Bundesrepublik und auf die Europäische Einigung. S. 247-55 in: *ders.* (Hg.): Interessen, Ideen und Institutionen. Opladen: Westdeutscher Verlag.

Lepsius, M. R., 1990b: Nation und Nationalismus in Deutschland. S. 232-46 in: *ders.* (Hg.): Interessen, Ideen und Institutionen. Opladen: Westdeutscher Verlag.

Lepsius, M. R., 1990c: Soziologische Theoreme über die Sozialstruktur der 'Moderne' und 'Modernisierung'. S. 211-31 in: *ders.* (Hg.), Interessen, Ideen und Institutionen. Opladen: Westdeutscher Verlag.

Lerner, D., 1965 (1958): The Passing of Traditional Society. New York: Free Press – London: Collier-Macmillian.

Lesthaeghe, R., H. Page und *J. Surkyn*, 1991: Sind Einwanderer ein Ersatz für Geburten? Zeitschrift für Bevölkerungswissenschaften 17/3 S. 281-314.

Leveau, R. und *W. Ruf* (Hg.), 1991: Migration und Staat. Münster: Lit Verlag.

Levy, M. J., 1967: Social Patterns (Structures) and Problems of Modernization. S. 189-208 in: *W. E. Moore* und *R. M. Cook* (Hg.): Readings on Social Change. Engelwood Cliffs, NJ: Prentice-Hall.

Lieberson, S., 1961: A Societal Theory of Race and Ethnic Relations. American Sociological Review 26 S. 902-10.

Lieberson, S. und *M. Waters*, 1987: The Location of Ethnic and Racial Groups in the United States. Sociological Forum 2 (Fall) S. 780-810.

Lieberson, S. und *M. Waters*, 1988: From Many Strands: Ethnic and Racial Groups in Contemporary America. New York: Sage Foundation.

Liebkind, K. (Hg.), 1989: New Identities in Europe: Immigrant Ancestry and the Ethnic Identity of Youth. Aldershot: Gower.

Light, I. und *E. Bonacich*, 1988: Immigrant Entrepreneurs. Berkley: University of California Press

Lipset, S.M., 1963: Political Man. Garden City, NY: Anchor.

Long, L., 1988: Migration and Residential Mobility in the United States. New York: Sage Foundation.

Luard, E., 1976: Types of International Society. New York: Free Press.

Luhmann, N., 1981: Identitätsgebrauch in selbstsubstitutiven Ordnungen, besonders Gesellschaften. S. 198-227 in: *ders.* (Hg.): Soziologische Aufklärung 3: Soziales System, Gesellschaft, Organisation. Opladen: Westdeutscher Verlag.

Luhmann, N., 1985 (1984): Soziale Systeme. Frankfurt a.M.: Suhrkamp.

Luhmann, N., 1989: Individuum, Individualität, Individualismus. S. 149-258 in: Gesellschaftsstruktur und Semantik – Studien zur Wissenssoziologie in der modernen Gesellschaft III. Frankfurt a.M.: Suhrkamp.

Luhmann, N., 1994: Inklusion und Exklusion. S. 15-45 in: *H. Berding* (Hg.): Nationales Bewußtsein und kollektive Identität: Studien zur Entwicklung kollektiven Bewußtseins in der Neuzeit. Frankfurt a.M.: Suhrkamp.

Lüsebrink, H.-J., 1992: Mittelmeernation Frankreich? Zum Verhältnis von "Politique arabe" und Europapolitik im heutigen Frankreich. S. 127-54 in: *Deutsch-Französisches Institut* (Hg.): Frankreich-Jahrbuch 1992. Opladen: Leske + Budrich.

Lustgarten, L., 1986: Racial Inequality and the Limits of Law. Moder Law Review 49 S. 68-85.

Lutz, W. (Hg.), 1991: Future Demographic Trends in Europe and North America. London: Academic Press.

Makler, H., et.al. (Hg.), 1982: The New International Economy. Beverly Hills, Californien: Sage.

Malinowski, B., 1944: A Scientific Theory of Culture. Chapel Hill: University of Carolina Press.

Manfrass, K., 1991: Türken in der Bundesrepublik – Nordafrikaner in Frankreich. Bonn: Bouvier.

Mangoldt, H. von, 1981: Deutsche Staatsangehörigkeit und Abgrenzungspolitik. Politik und Kultur Heft 4/8 S. 27-46.

Marshall, T. H., 1992: Bürgerrechte und soziale Klasse. Frankfurt a.M./New York: Campus.

Marx, K., 1982: Werke – Artikel, Entwürfe – März 1843 bis August 1844 (MEGA Bd. 2). Berlin: Dietz Verlag.

Massey, D., 1990: Social structure, household strategies, and the cumulative causation of migration. Population Index 56/1 S. 3-26.

Mayall, J. und *M. Simpson*, 1992: Ethnicity is not Enough: Reflections on Protracted Secessionism in the Third World. International Journal of Comparative Sociology 33/1-2 S. 5-25.

Mayntz, R., B. Rosewitz, U. Schimanh und *R. Stichweh*, 1988: Differenzierung und Verselbststständigung. Zur Entwicklung gesellschaftlicher Teilsysteme. Frankfurt a.M./New York: Campus.

McElroy, J. L. und *K. de Albuquerque*, 1988: Migration in Small Northern and Eastern Caribbean States. International Migration Review 22/3 S. 30-58.

McLuhan, M., 1960: Explorations in Communication (Hg. E.S. Carpenter). Boston: Beacon Press.

213

McNeill, W. H., 1986: Polyethnicity and National Unity in World History. Toronto: University of Toronto Press.

McNeill, W. H., 1987: Migration in Premodern Times. S. 15-35 in: *Alonso, W.* (Hg.): Population in an Interacting World. Cambrige: Cambridge University Press.

Meadows, D. L., u.a., 1972: Die Grenzen des Wachstums. Stuttgart: Deutsche Verlags Anstalt.

Meehan, E., 1993: Citizenship and the European Community. London: Sage.

Meier-Braun, K.-H., 1988: Integration und Rückkehr?: Zur Ausländerpolitik des Bundes und der Länder, insbesondere Baden-Württembergs. München: Chr. Kaiser

Menzel, E. und *K. Ipsen*, 1979: Völkerrecht. München: Beck.

Merton, R. K., 1967: Die unvorhergesehenen Folgen zielgerichteter sozialer Handlungen. S. 169-83 in: *H.-P. Dreitzel* (Hg.): Sozialer Wandel, Zivilisation und Fortschritt als Kategorien der soziologischen Theorie. Neuwied, Berlin: Luchterhand.

Messina, A. M., 1990: Political Impediments to the Resumption of Labour Migration to Western Europe. West European Politics 13/1 S. 31-46.

Messina, A. M., L. R. Fraga, L. A. Rhodebeck und *F. D. Wright* (Hg.), 1992: Ethnic and Racial Minorities in Advanced Industrial Democracies. New York: Greenwood Press.

Miller, J. M., 1989: Political Participation and Representation of Noncitizens. S. 129-44 in: *W. R. Brubaker* (Hg.): Immigration and the Politics of Citizenship in Europe and North America. Boston: University Press of America.

Miller, J.M., 1992: Evolution of Policy Modes for Regulating International Labour Migration. S. 300-14 in: *M. M. Kritz, L. L. Lim* und *H. Zlotnik* (Hg.): International Migration Systems. Oxford: Clarendon Press.

Miltra, S., 1990: Long Term Demographic Effect of a Constant Stream of Immigration when the Population is not Reproducing Itself. International Migration XXVIII/4 S. 497-508.

Mitchell, C., 1992: From Policy Frontier to Policy Dilemmas: The United States and Caribbean Migration, 1960-1990. European Review of Latin American and Caribbean Studies 52 S. 75-90.

Moore, W. E., 1968: Social Change. S. 365-75 in: International Encyclopedia of the Social Sciences. London: Macmillan Company and Free Press.

Müller, G. P. (Collaborator: *V. Bornschier*), 1988: Comparative World Data, A Statistical Handbook for Social Science. Baltimore/London: The John Hopkins University Press.

Müller, H.-P. und *M. Schmid* (Hg.), 1995: Sozialer Wandel – Modellbildung und theoretische Ansätze. Frankfurt a.M.: Suhrkamp.

Müller, H.-P. und *M. Schmid*, 1995: Paradigm Lost? Von der Theorie sozialen Wandels zur Theorie dynamischer Systeme. S. 9-55 in: *dies.* (Hg.): Sozialer Wandel. Frankfurt a.M.: Suhrkamp.

Münch, R., 1985: Wege der Moderne. Zwischen Tradition und Modernität, Partikularismus und Universalismus, Routine und Revolution, Konformität und Entfremdung. S. 453-62 in: *B. Lutz* (Hg.), Soziologie und gesellschaftliche Entwicklung – Verhandlungen des 22. Deutschen Soziologentages in Dortmund. Frankfurt a.M./New York: Campus.

Münch, U., 1992: Asylpolitik in der Bundesrepublik Deutschland – Entwicklung und Alternativen. Opladen: Leske + Budrich.

Murphy, R., 1988: Social Closure: The Theory of Monopolization and Exclusion. Oxford: Clarendon Press.

Myrdal, G., 1957: Economic Nationalism and Internationalism. Australian Outlook XI S. 3-50.

Nassehi, A., 1990: Zum Funktionswandel von Ethnizität im Prozeß gesellschaftlicher Modernisierung. Soziale Welt 41/3 S. 261-82.

Nassehi, A. und *G. Weber*, 1990: Identität, Ethnizität und Gesellschaft. S. 249-338 in: *M. MacArthur* (Hg.): Zum Identitätswandel der Siebenbürger Sachsen: eine kulturanthropologische Studie. Köln: Böhlau.

Nauck, B., 1987: Individuelle und kontextuelle Faktoren der Kinderzahl in türkischen Migrantenfamilien. Zeitschrift für Bevölkerungswissenschaften 13/3 S. 319-44.

Nauck, B., 1988: Sozialstrukturelle und individualistische Migrationstheorien. Kölner Zeitschrift für Soziologie und Sozialpsychologie 40/1 S. 15-39.

Nauck, B., 1990: Eltern-Kind-Beziehungen bei Deutschen, Türken und Migranten – Ein interkultureller Vergleich der Werte von Kindern, des generativen Verhaltens, der Erziehungseinstellungen und Sozialisationspraktiken. Zeitschrift für Bevölkerungswissenschaften 16/1 S. 67-85.

Nielsen, F., 1985: Toward a Theory of Ethnic Solidarity in Modern Societies. American Sociological Review 50 S. 133-49.

Noiriel, G., 1988: Le creuset français. Paris: Seuil.

O'Loughlin, J. und *G. Glebe*, 1984: Intra Urban Migration in German Cities. Geographische Zeitschrift 74/1 S. 1-23.

O'Brian, P., 1975: A Critique of Latin American Theories of Dependency. S. 7-27 in: *I. Oxaal* (Hg.): Beyond the Sociology of Development. Economy and Society in Latin America and Africa. London: Routledge.

O'Donnell, G., 1978: Reflections on the Pattern of Change in the Bureaucratic-Authoritarian State. Latin American Review 8 S. 3-88.

O'Grady, M. J., 1995: Native and Naturalized Citizens and Non-Citizens: An Analysis of Poverty Status, Welfare Benefits, and Other Factors. Washington, D.C.: Congressional Research Service.

OECD (Hg.), 1993: The Changing Course of International Migration. Paris: OECD.

OECD (Hg.), 1995: The OECD Job Study Part I+II. Paris: OECD.

OECD (Hg.), verschiedene Jahrgänge: Labour Force Statistics. Paris: OECD.

OECD (Hg.), verschiedene Jahrgänge: SOPEMI – Trends in International Migration: Continuous Reporting System on Migration. Paris: OECD.

Ogburn, W.F., 1969: Kultur und sozialer Wandel – Ausgewählte Schriften. Berlin: Luchterhand.

Olzak, S., 1983: Contemporary Ethnic Mobilization. Annual Review of Sociology 9 S. 355-74.

Oppenheimer, F., 1982 (1931): Machtverhältnisse. S. 91-100 in: *A. Vierkandt* (Hg.): Handwörterbuch der Soziologie – Gekürzte Studienausgabe. Stuttgart: Enke.

Palmer, R. W. (Hg.), 1990a: In Search of a Better Life: Perspectives on Migration from the Caribbean. New York: Preager.

Palmer, R. W., 1990b: Caribbean Development and the Migration Imperative. S. 3-19 in: *ders.* (Hg.), In Search of a Better Life – Perspectives on Migration from the Caribbean. New York: Preager.

Park, R.E., 1928: Human Migration and the Marginal Man. American Journal of Sociology 33/6 S. 881-93.

Park, R.E., 1964 (1928): Race and Culture. New York: Glencoe.

Park, R.E., E.W. Burgess und *R. D. McKenzie*, 1967 (1925): The City. Chicago: University of Chicago Press.

Parkin, F., 1979: Marxism and Class Theory: A Bourgeois Critique. London: Tavistock.

Parming, T. und *L. M. Cheung*, 1980: Modernization and Ethnicity. S. 5-28 in: *J. Dofny* (Hg.): National and Ethnic Movements. London: Sage.

Parsons, T., 1961: Some Considerations on the Theory of Social Change. Rural Sociology 26 (3) S. 219-39.

Parsons, T., 1976: Some Theoretical Considerations on the Nature and Trends of Change in Ethnicity. S. 53-83 in: *N. Glazer* und *D. P. Moynihan* (Hg.): Ethnicity: Theory and Experience. Cambrige: Harvard University Press.

Parsons, T., 1985 (1971): Das System moderner Gesellschaften. Weinheim, München: Juventa Verlag.

Pastor, R. A. (Hg.), 1985: Migration and Development in the Caribbean: The Unexplored Connection. Boulder, Colorado: Westview.

Patterson, O., 1976: Context and Choice in Ethnic Alligance: A Theoretical Framework and Caribbean Case Study. S. 305-49 in: *N. Glazer* und *D. P. Moynihan* (Hg.): Ethnicity: Theory and Experience. Cambrige: Harvard University Press.

Patterson, O., 1983: The Nature, Causes, and Implications of Ethnic Identification. S. 25-50 in: *C. Fried* (Hg.): Minorities: Community and Identity. Berlin: Springer Verlag.

Patterson, O., 1987: The Emerging West Atlantic System: Migration, Culture, and Underdevelopment in the United States and the Circum-Caribbean Region. S. 227-62 in: *W. Alonso* (Hg.): Population in an Interacting World. Cambrige, Mass.: Harvard University Press.

Peach, C., 1992: Urban concentration and segregation in Europe since 1945. S. 113-36 in: *M. Cross* (Hg.): Ethnic minorities and industrial change in Europe and North America. Cambridge: Cambridge Univeristy Press.

Pedraza-Bailey, S., 1985: Political and Economic Migrants in America: Cubans and Mexicans. Austin: University of Texas Press.

Pennix, R. und *P. J. Muus*, 1991: Nach 1992 Migration ohne Grenzen? Die Lektionen der Vergangenheit und ein Ausblick in die Zukunft. Zeitschrift für Bevölkerungswissenschaften 17/2 S. 191-207.

Pérez-López, J. und *S. Díaz-Briquets*, 1990: Labor Migration and Offshore Assembly in the Socialist World: The Cuban Experience. Population and Development 16 S. 273-99.

Pessar, P. R., 1990: Dominican International Migration: The Role of Households and Social Networks. S. 91-114 in: *R. W. Palmer* (Hg.): In Search of a Better Life – Perspectives on Migration from the Caribbean. New York: Preager.

Pieterse, J.N., 1995: Globalisation as Hybridisation. S. 45-68 in: *M. Featherstone, S. Lash* und *R. Robertson* (Hg.): Global Modernities. London: Sage.

Piore, M.J., 1978: Lernprozesse, Mobilitätsketten und Arbeitsmarktsegmente. S. 67-98 in: *W. Sengenberger* (Hg.): Der gespaltene Arbeitsmarkt. Frankfurt a.M./New York: Campus.

Plender, R., 1986: Recent Trends in International Immigration Control. International and Comparative Law Quarterly 35 S. 531-66.

Plender, R., 1988: International migration law. Dordrecht: Martinus Nijhoff Publishers.

Pooley, C. G. und *I. D. Whyte* (Hg.), 1991: Migrants, Emigrants and Immigrants: A Social History of Migration. London/New York: Routledge.

Popper, K.R., 1980: Die offene Gesellschaft und ihre Feinde I+II. Tübingen: Francke.

Portes, A. und *M. P. F. Kelley*, 1989: Images of movement in a changing world. A review of current theories of international migration. S. 15-33 in: International Review of Comparative Public Policy. A Research Annual: Immigration in Western Democracies. The United States and Western Europe. Greenwich, London: Jai Press.

Portes, A. und *R. G. Rumbaut*, 1990: Immigrant America. Berkley: University of California Press.

Portes, A. und *J. Sensenbrenner*, 1993: Embeddedness and Immigration: Notes on the Social Determinants of Economic Action. American Journal of Sociology 98 (May) S. 1320-50.

Pöschl, H., 1990: Ausländerfamilien 1988. Wirtschaft und Statistik 2 S. 81-84.

Potts, L., 1988: Weltmarkt für Arbeitskraft. Hamburg: Junius.

Proebsting, H., 1988: Eheschließungen, Ehescheidungen, Geburten und Sterbefälle von Ausländern seit 1986. Wirtschaft und Statistik 2 S. 80-85.

Pye, L. und *S. Verba*, 1965: Political Culture and Political Development. Princeton: Princeton University Press

Rau, H., 1987: Doppelstaatsangehörigkeit mit aktivem und ruhendem Teil – Erfahrungen. S. 233-44 in: *K. Barwig, K. Lörcher* und *C. Schumacher* (Hg.): Aufenthalt – Niederlassung – Einbürgerung: Stufen rechtlicher Integration, Hohenheimer Tage zum Ausländerrecht 1986. Baden-Baden: Nomos Verlagsgesellschaft.

Reed, W. L. (Hg.), 1990: Assessment of the Status of African-Americans. University of Massachusetts at Boston: W. M. Trotter Institute.

Reiman, H. (Hg.) 1992: Transkulturelle Kommunikation und Weltgesellschaft – Theorie und Pragmatik globaler Interaktion. Opladen: Westdeutscher Verlag.

Rex, J. und *D. Mason* (Hg.), 1986: Theories of Race and Ethnic Relations. Cambridge: Cambridge University Press.

Richmond, A. H., 1988: Immigration and Ethnic Conflict. London: The Macmillian Press.

Rieger, E., 1992: T.H. Marshall: Soziologie, gesellschaftliche Entwicklung und die moralische Ökonomie des Wohlfahrtsstaates. S. 7-32 in: *T.H. Marshall*: Bürgerrechte und soziale Klasse. Frankfurt a.M. / New York: Campus.

Riggs, F. W., 1991: Ethnicity, Nationalism, Race, Minority: A Semantic Onomantic Exercise I+II. International Sociology 6/3+4 S. 281-305, 443-63.

Ringer, B. und *E. Lawless*, 1989: Race, Ethnicity and Society. London: Routledge.

Ritzer, G. (Hg.), 1992: Metatheorizing. London: Sage.

Ritzer, G., 1992: The McDonaldization of Society. London: Sage.

Roberts, B., 1995: Socially Expected Durations and the Economic Adjustment of Immigrants. Unveröffentlichtes Manuskript

Robertson, R., 1990: After Nostalgia? Willful Nostalgia and the Phases of Globalization. S. 45-61 in: *B. S. Turner* (Hg.): Theories of Modernity and Postmodernity. London: Sage.

Robertson, R., 1992a: Globality, Global Culture, and Images of World Order. S. 395-411 in: *H. Haferkamp* und *N. J. Smelser* (Hg.): Social Change and Modernity. Berkeley: University of California Press.

Robertson, R., 1992b: Globalization – Social Theory and Global Culture. London: Sage.

Robertson, R., 1995: Glocalization: Time-Space and Homogeneity-Heterogeneity. S. 25-44 in: *M. Featherstone, S. Lash* und *R. Robertson* (Hg.): Global Modernities. London: Sage.

Rogers, E., 1962: The diffusion of innovations. New York: Free Press

Rogers, R. (Hg.), 1985: Guests Come to Stay – The Effects of European Labor Migration on Sending and Receiving Countries. London: Westview Press.

Rokkan, S., 1970: Citizens, Elections, Parties. Oslo: Universittetsforlaget.

Ronge, V., 1993: Ost-West-Wanderung nach Deutschland. Aus Politik und Zeitgeschichte 7 S. 16-28.

Rossbach, U. und *N. Boerner*, 1986: Bibliography: Publications Related to the Concept of National Identity. S. 193-262 in: *P. Boerner* (Hg.): Concepts of National Identity – an Interdisciplinary Dialogue. Baden-Baden: Nomos.

Rostow, W. W., 1964: The Takeoff into Self-Sustained Growth. S. 483-506 in: *A. Etzioni* und *E. Etzioni* (Hg.): Social Change in Historical Perspective. Annual Review of Sociology 10.

Rupp, S., 1980: Die Familien der Ausländer in der Bundesrepublik Deutschland. Zeitschrift für Bevölkerungswissenschaften 6/1 S. 85-100.

Rupp-Eisenreich, B., 1989: Diffusion. S. 203 in: *A. Kuper* und *J. Kuper* (Hg.): The Social Science Encyclopedia. London: Routledge.

Ryan, S., 1990: Ethnic Conflict and International Relations. Brookfield VT: Gower.

Salt, J., 1989: A Comparative Overview of International Trends and Types 1950-80. International Migration Review 23/3 S. 431-56.

Salt, J. und *R. T. Kitching*, 1990: Labour Migration and the Work Permit System in the United Kingdom. International Migration XXVIII/3 S. 267-94.

Salvo, J.J., L. E. Banks und *E. S. Mann*, 1990: Reconceptualizing Migration as a Household Phenomenon: Outmigration from New York City by Race and Hispanic Origin. International Migration XXVIII/3 S. 311-26.

Sassen, S., 1988: The Mobility of Labor and Capital. A Study in International Investment and Labor Flow. Cambridge: Press Syndicate of the University of Cambridge Press.

Sassen, S., 1991: The Global City – New York, London, Tokyo. Princeton: Princeton University Press.

Sassen, S., 1994: Cities in a World Economy. Thousand Oaks: Pine Forge Press.

Schätzel, W., 1962: Geschichte der Staatsangehörigkeit. S. 15-26 in: *ders.* (Hg.): Internationales Recht. Gesammelte Schriften und Vorlesungen Bd. 3. Bonn: Röhrscheid.

Scheuch, E. K., 1989: Theoretical Implications of Comparative Survey Research: Why the Wheel of Cross-Cultural Methodology Keeps on Being Reinvented. International Sociology 4/2 S. 147-67.

Schiffauer, W., 1993: Die civil society und der Fremde – Grenzmarkierungen in vier politischen Kulturen. S. 185-99 in: *F. Balke, R. Habermas, P. Nanz* und *P. Sillem* (Hg.): Schwierige Fremdheit – Über Integration und Ausgrenzung in Einwanderungsländern. Frankfurt a.M.: Fischer.

Schmalz-Jacobsen, C., H. Hinte und *G. Tsapanos*, 1993: Einwanderung – und dann? Perspektiven einer neuen Ausländerpolitik. München: Knaur.

Schmalz-Jacobsen, C. und *G. Hansen* (Hg.), 1995: Ethnische Minderheiten in der Bundesrepublik Deutschland. München: C.H. Beck.

Schmid, W., 1989: Migration und Rechtsordnung. S. 193-202 in: *W. Kälin* und *R. Moser* (Hg.): Migration aus der Dritten Welt – Ursachen und Wirkungen. Bern, Stuttgart: Paul Haupt.

Scholte, J. A., 1994: From Power Politics to Social Change: An Alternative Focus for International Studies. Review of International Studies 19 S. 3-21.

Schütz, A., 1972: Der Fremde – ein sozialpsychologischer Versuch. S. 53-69 in: *ders.* (Hg.): Gesammelte Aufsätze. Den Haag: Nijhoff.

Schwarz, K., 1980: Demographische Charakteristika der Türken in der Bundesrepublik Deutschland. Zeitschrift für Bevölkerungswissenschaften 6/4 S. 411-20.

Segal, D. A., 1988: Nationalism, Comparatively Speaking. Journal of Historical Sociology 1 S. 300-21.

Seifert, W., 1992: Die zweite Ausländergeneration in der Bundesrepublik. Längsschnittbeobachtungen in der Berufseinstiegsphase. Kölner Zeitschrift für Soziologie und Sozialpsychologie 44/4 S. 677-96.

Seifert, W., 1995: Die Mobilität der Migranten – Die berufliche, ökonomische und soziale Stellung ausländischer Arbeitnehmer in der Bunderepublik. Berlin: Sigma.

Sen, F., 1989: Probleme und Eingliederungsengpässe der türkischen Migranten in der Bundesrepublik. Genf: Internationales Arbeitsamt.

Sengenberger, W. (Hg.), 1978: Der gespaltene Arbeitsmarkt. Frankfurt a.M./New York: Campus.

Senghaas, D. (Hg.), 1981: Peripherer Kapitalismus. Analysen über Abhängigkeit und Unterentwicklung, Frankfurt a.M.: Suhrkamp.

Seton-Watson, G.H.N., 1977: Nations and States. London: Methuen.

Silverman, M., 1991: Citizenship and the Nation-state in France. Ethnic and Racial Studies 14/3 S. 333-49.

Silverman, M., 1992: Deconstructing the Nation – Immigration, Racism and Citizenship in Modern France. London: Routledge.

Simmel, G., 1908: Soziologie – Untersuchungen über die Formen der Vergesellschaftung. Berlin: Duncker & Humblot.

Simon, R. J. (Hg.), 1986: Immigration and American Public Policy. London: Sage.

Simon, R. J. und *C. B. Brettell*, 1986: International Migration – The Female Experience. Totowa: Rowman & Allanheld.

Smelser, N., 1964: Toward a Theory of Modernization. In: *A. Etzioni* und *E. Etzioni* (Hg.): Social Change in Historical Perspective. Annual Review of Sociology 10.

Smelser, N., 1967: Social Change in the Industrial Revolution. An Application of Theory of the Lancashire Cotton Industry. London: Routledge.

Smelser, N., 1992: External and Internal Factors in Theories of Social Change. S. 369-94 in: *H. Haferkamp* und *N. J. Smelser* (Hg.): Social Change and Modernity. Berkeley: University of California Press.

Smith, A., 1960/62: The Wealth of Nations I+II. London: Dent u.a.

Smith, A. D., 1976: Social Change: Social Theory and Historical Processes. London/New York: Longman.

Smith, A. D., 1981: The Ethnic Revival in the Modern World. Cambridge: Cambridge University Press.

Smith, A. D., 1992: Ethnicity and Nationalism: Introduction to IJCS. International Journal of Comparative Sociology 33/1-2 S. 1-4.

Smith, A. D., 1993 (1986): The Ethnic Origins of Nations. Oxford: Basil Blackwell.

So, A. Y., 1990: Social Change and Development – Modernization, Dependency, and World-System Theories. London: Sage.

Soja, E.W., 1990: Postmodern Geographies: The Reassertion of Space in Critical Theory. London: Verso.

Sombart, W., 1927: Der moderne Kapitalismus – Das Wirtschaftsleben im Zeitalter des Hochkapitalismus 1. Halbband. München, Leibzig: Duncker & Humblot.

Song, Y. und *E. Kim,* 1993: American Mosaic. Engelwood Cliffs, NJ: Prentice Hall.

Sorokin, P., 1970 (1957): Social Cultural Dynamics – A Study of Change in Major Systems of Art, Truth, Ethics, Law and Social Relationship (abriged Version). Boston: Porter Sargent Publisher.

Spencer, H., 1967: Die Evolutionstheorie. S. 121-32 in: *H.-P. Dreitzel* (Hg.): Sozialer Wandel, Zivilisation und Fortschritt als Kategorien der soziologischen Theorie. Neuwied, Berlin: Luchterhand.

Steenbergen, B. van, 1994a: The Condition of Citizenship: An Introduction. S. 1-9 in: *ders.* (Hg.): The Condition of Citizenship. London: Sage.

Steenbergen, B. van, 1994b: Towards a Global Ecological Citizen. S. 141-52 in: *ders.* (Hg.): The Condition of Citizenship. London: Sage.

Steiner-Khamensi, G., 1990: Postmoderne Ethnizität und nationale Identität kanadischer Prägung. Soziale Welt 41/3 S. 283-98.

Steinert, J.-D., 1992: Drehscheibe Westdeutschland: Wanderungspolitik im Nachkriegsjahrzehnt. S. 386-92 in: *Bade, K. J.* (Hg.): Deutsche im Ausland – Fremde in Deutschand. München: C.H. Beck.

Sterbling, A., 1994: Die Aussiedlung der Deutschen aus Rumänien: Motive, Randbedingungen und Eigendynamik eines Migrationsprozesses. S. 66-74 in: *R. Münz, H. Korte* und *G. Wagner* (Hg.): Internationale Wanderungen. Berlin: Humboldt-Universität.

Stichweh, R., 1992: Der Fremde – Zur Evolution der Weltgesellschaft. Rechtshistorisches Journal 11 S. 295-316.

Stichweh, R., 1994a: Fremde, Barbaren und Menschen. Vorüberlegungen zu einer Soziologie der Menschheit. S. 72-91 in: *P. Fuchs* und *A. Göbel* (Hg.): Der Mensch – das Medium der Gesellschaft. Frankfurt a.M.: Suhrkamp.

Stichweh, R., 1994b: Nation und Weltgesellschaft. S. 83-96 in: *B. Estel* und *T. Mayer* (Hg.): Das Prinzip Nation in modernen Gesellschaften. Opladen: Westdeutscher Verlag.

Stiftung Frieden und Entwicklung, 1993: Globale Trends 93/94. Frankfurt a.M.: Fischer.

Straubhaar, T., 1991: Einwanderungspolitische Instrumente im Dienst der
   Bevölkerungspolitik: Ethische Probleme, Wirksamkeit, Erfahrungen. S. 205-26
   in: *S. Fickl* (Hg.): Bevölkerungsentwicklung und öffentliche Haushalte.
   Frankfurt a.M./New York: Campus.

Straubhaar, T. und *G. Dhima*, 1989: Migration im Spannungsfeld zwischen
   Mikroökonomie und politischer Ökonomie. S. 65-94 in: *W. Kälin* und *R. Moser*
   (Hg.): Migration aus der Dritten Welt – Ursachen und Wirkungen. Bern,
   Stuttgart: Paul Haupt.

Suro, R., 1994: Remembering the American Dream. Hispanic Immigration and National
   Policy. New York: The Twentieth Century Fund.

Taft, R., 1966: From Stranger to Citizen. London: Tavistock.

Tapinos, G., 1975: L'immigration étrangère en France (1946-1973). Paris: Presses
   Universitaires de France en Travaux et Documents, Cahier no 71 INED.

Taylor, C., 1989: Sources of the Self – The Making of Modern Identity. Cambridge:
   Harvard University Press.

Taylor, C. (Hg.), 1992: Multikulturalismus und die Politik der Anerkennung.
   Frankfurt a.M.: Fischer.

Tennbruck, F. H., 1989: Gesellschaftsgeschichte oder Weltgeschichte. Kölner
   Zeitschrift für Soziologie und Sozialpsychologie 41/3 S. 417-39.

Thadden, R. von, 1990: Identität im Widerstreit. Deutsche und französische Wege
   aneinander vorbei. S. 61-72 in: *Deutsch-Französisches Institut* (Hg.):
   Frankreich-Jahrbuch 1990. Opladen: Leske + Budrich.

Thadden, R. von, 1991: Aufbau nationaler Identität. Deutschland und Frankreich im
   Vergleich. S. 493-512 in: *B. Giesen* (Hg.): Nationale und kulturelle Identität –
   Studien zur Entwicklung des kollektiven Bewußtseins in der Neuzeit. Frankfurt
   a.M.: Suhrkamp.

Therborn, G., 1995: Routes to/through Modernity. S. 124-39 in: *M. Featherstone,
   S. Lash* und *R. Robertson* (Hg.): Global Modernities. London: Sage.

Thomas, W.I. und *F. Znaniecki*, 1984 (1918): The Polish Peasant in Europe and
   America. Urbana-Chicago: University of Illinois Press.

Thränhardt, D., 1988: Die Bundesrepublik Deutschland: ein unerklärtes
   Einwanderungsland. Aus Politik und Zeitgeschichte 24/88 S. 3-13.

Thränhardt, D., 1992: Globale Probleme, globale Normen, neue globale Akteure.
   Politische Vierteljahresschrift 33/2 S. 219-34.

Tilly, C., 1978: From Mobilization to Revolution. Reading, Mass.: Addison-Wesley.

Tilly, C., 1984: Big Structures, Large Processes, Huge Comparisons. New York: Sage
   Foundation.

Tilly, C., 1990a: Coercion, Capital, and European States, AD 990-1990. Oxford: Basil
   Blackwell.

Tilly, C., 1990b: Transplanted Networks. S. 79-95 in: *V. Yans-McLaughlin* (Hg.):
   Immigration Reconsidered. New York: Oxford University Press.

Tiryakian, E. A., 1988: Nationalism, Modernity, and Sociology. Sociologia
   Internationalis 1 S. 1-17.

Tiryakian, E. A., 1989: Pitrim A. Sorokin. S. 812-13 in: *A. Kuper* und *J. Kuper* (Hg.):
   The Social Science Encyclopedia. London: Routledge.

Tiryakian, E. A., 1992: From Modernization to Globalization. Journal for the
   Scientific Study of Religion 31/3 S. 296-323.

Migration als Problem offener Gesellschaften

Toynbee, A., 1979 (1976): Menschheit und Mutter Erde. Die Geschichte der großen Zivilisationen. Düsseldorf: claassen.

Treibel, A., 1988: Engagement und Differenzierung in der westdeutschen Ausländerforschung. Stuttgart: Enke.

Treibel, A., 1990: Migration in modernen Gesellschaften. Weinheim/München: Juventa.

Treibel, A., 1993: Transformationen des Wir-Gefühls. Nationale und ethnische Zugehörigkeiten in Deutschland. S. 313-45 in: *R. Blomert, H. Kuzmics* und *A. Treibel* (Hg.): Transformationen des Wir-Gefühls. Frankfurt a.M.: Suhrkamp.

Tribalat, M., J. P. Garson, Y. Moulier-Boutong und *R. Silberman,* 1991: Cent ans d'immigration, Étrangers d'hier Francais d'aujourd'hui. Paris: Presses Universitaires de France in Travaux et Documents, Cahier no 131 INED.

Turner, B. S., 1990: Outline of a Theory of Citizenship. Sociology 24 S. 189-217.

Turner, B. S., 1993: Citizenship and Social Theory. London: Sage.

Turner, B. S., 1994: Postmodern Culture Modern Citizens. S. 153-68 in: *B. van Steenbergen* (Hg.): The Condition of Citizenship. London: Sage.

Turner, J. H., 1986: Toward a Unified Theory of Ethnic Antagonism: A Preliminary Synthesis of Three Macro Models. Sociological Forum 1 S. 403-27.

*Ueda, R.,*1994: Postwar Immigrant America. A Social History. Boston: Bedford Books of St. Martin's Press.

UNESCO, 1988: International Migration Today: Vol.I (R. Appleyard Hg.) Trends and Prospects, Vol.II (C. Stahl Hg.) Emmerging Issues. New York: UNESCO.

UNHCR, 1994: Die Lage der Flüchtlinge in der Welt (UNHCR-Report). Bonn: Dietz.

United Nations, 1988: World Population Prospects 1988. New York: UN

US Commission on Immigration Reform, 1994: US Immigration Policy: Restoring Credibility. Washington, D.C.: US Government Printing Office.

Uterwede, H., 1991: Sozialer Wandel in Frankreich: von den Trente Glorieuses zur dualen Gesellschaft. S. 35-52 in: *Deutsch-Französisches Institut* (Hg.): Frankreich-Jahrbuch 1991. Opladen: Leske + Budrich.

Veiter, T., 1988: Juridical Structures: Refugees and Migration. Migration World: Magazin 16/2 S. 16-26.

Velling, J., 1995: Die Migranten der 90er Jahre und ihre Integration in den deutschen Arbeitsmarkt. S. 80-92 in: *W. Seifert* (Hg.): Wie Migranten Leben – Lebensbedingungen und soziale Lage der ausländischen Bevölkerung in der Bundesrepublik. Berlin: WZB.

Velling, J. und M. Woydt, 1993: Die Migrationspolitiken in ausgewählten Industrieländern – ein synoptischer Vergleich. Mannheim: ZEW-Dokumentation.

Verbunt, G., 1985: European Immigration Policy: A Comparative Study. Cambrige: Cambrige University Press.

Vialet, J. C., 1991: Immigration Legislation. Questions and Answers. Washington, D.C.: Congressional Research Service.

Vogt, E. Z., 1968: Culture: Culture Change. S. 554-58 in: International Encyclopedia of the Social Sciences. London: Macmillan Company and Free Press.

Wagner, P. und M. Steger, 1993: Political Asylum, Immigration, and Citizenship in the Federal Republic of Germany. New Political Science S. 1-15.

Walby, S., 1992: Women and Nation. International Journal of Comparative Sociology 33/1-2 S. 81-100.

Wallerstein, I., 1979: Underdevelopment Phase B: Effect of the Seventeenth-Century Stagnation on the Core and Periphery of the European World-Economy. S. 73-83 in: *W. L. Goldfrank* (Hg.): The World System of Capitalism. Past and Present. Berverly Hills, CA: Sage.

Wallerstein, I. und *T.K. Hopkins* (Hg.), 1980: Processes of the World-System. London: Sage.

Walzer, M., 1982: Spheres of Justice: A Defense of Pluralism and Equality. New York: Basic Books.

Weber, A., 1967: Gesellschaftsprozeß, Zivilisationsprozeß, Kulturbewegung. S. 239-44 in: *H.-P. Dreitzel* (Hg.): Sozialer Wandel, Zivilisation und Fortschritt als Kategorien der soziologischen Theorie. Neuwied, Berlin: Luchterhand.

Weber, E., 1976: Peasants into Frenchmen – The Modernisation of Rural France 1870-1914. Stanford: Stanford University Press.

Weber, M., 1973: Asketischer Protestantismus und kapitalistischer Geist. S. 357-81 in: *ders.*: Soziologie – Universalgeschichtliche Analysen – Politik. Stuttgart: Kröner.

Weber, M., 1985 (1922): Wirtschaft und Gesellschaft. Tübingen: J.C.B. Mohr.

Weidelener, H. und *F. Hemberger,* 1991: Deutsches Staatsangehörigkeitsgesetz: Vorschriftensammlung mit erläuternder Einführung. München: Jehle.

Weis, P., 1962: Staatsangehörigkeit und Staatenlosigkeit im gegenwärtigen Völkerrecht. Berlin: de Gruyter.

Weiss, J., 1977: Conservatism in Europe 1770-1945: Traditionalism, Reaction and Counter-Revolution. London: Thames and Hudson.

Wexler, P., 1990: Citizenship in the Semiotic Society. S. 164-75 in: *B. S. Turner* (Hg.): Theories of Modernity and Postmodernity. London: Sage.

Wiener, A., 1996: StaatsbürgerInnenschaft im Kontext: Staatsangehörigkeit und Staatszugehörigkeit. In: *E. Biester* und *T. Kulawık* (Hg.): Der halbierte Staat. Frankfurt a.M.: Campus.

Wiessner, S., 1989: Die Funktion der Staatsangehörigkeit. Tübingen: Attempto.

Wihtol de Wenden, C., 1994: The French Response to the Asylum Seeker Influx, 1980-93. Annals, AAPSS, 534, July 194, S. 81-90.

Wilson, W.J., 1994: Citizenship and the Inner-City Ghetto Poor. S. 49-65 in: *B. van Steenbergen* (Hg.): The Condition of Citizenship. London: Sage.

Wood, J., 1968: The Role of Systematic Theory in Parsons' General Theory of Action: The Case of the Pattern Variables. Berkley Journal of Sociology 13 S. 28-41.

World Bank, 1989: Social Indicators of Development 1989. Baltimore: Johns Hopkins University Press.

Wörndel, B., 1987: Integration von Randgruppen. Unveröffentlichtes Manuskript.

Worsley, P., 1984: The Three Worlds, Culture and World-Development. London: Weidenfeld & Nicolson.

Yans-McLaughlin, V., 1990a: Metaphors of Self History: Subjectivity, Oral Narrative, and Immigration Studies. S. 254-91 in: *Yans-McLaughlin, V.* (Hg.): Immigration Reconsidered: History, Sociology, and Politics. New York: Oxford University Press.

Yans-McLaughlin, V. (Hg.), 1990b: Immigration Reconsidered: History, Sociology, and Politics. New York: Oxford University Press.

Yelington, K. A., 1991: Ethnicity and Practice? A Comment on Bentley. Comparative Studies on Society and History 33 S. 158-68.

Young, I. M., 1990: Polity and Group Difference: A Critique of the Ideal of Universal Citizenship. S. 117-42 in: *Sunstein, C.* (Hg.): Feminism and Political Theory. Chicago: The University of Chicago Press.

Yücel, A.E., 1987: Turkish Migrant Workers in the Federal Republic of Germany: A Case Study. S. 117-48 in: *H. C. Buechler* und *J.-M. Buechler* (Hg.): Migrants in Europe: The Role of Family, Labor, and Politics. Westport: Greenwood.

Zapf, W., 1992: Entwicklung und Sozialstruktur moderner Gesellschaften. S. 181-93 in: *H. Korte* und *B. Schäfers* (Hg.): Einführung in Hauptbegriffe der Soziologie. Opladen: Leske + Budrich.

Zapf, W. (Hg.), 1979: Theorien des sozialen Wandels. Königstein/Ts.: Hain.

Zeitlin, M., 1984: The Civil Wars in Chile (Or the Bourgeois Revolutions that never were). Princeton, NJ: Princeton University Press.

Zentrum für Türkeistudien (Hg.), 1994: Ausländer in der Bundesrepublik Deutschland – Ein Handbuch. Opladen: Leske + Budrich.

Zlotnik, H., 1992: Empirical Identification of International Migration Systems. S. 19-40 in: *M. M. Kritz, L. L. Lim* und *H. Zlotnik* (Hg.): International Migration Systems: A Global Approach. Oxford: Oxford University Press.

Zolberg, A., 1987: Beyond the Nation State: Comparative Politics in Global Perspective. S. 42-69 in: *J. Berting* und *W. Blockmans* (Hg.): Beyond Progress and Development. Macro-Political and Macro-Societal Change. Aldershot: Avebury.

Zolberg, A., 1989a: The Next Waves: Migration Theory for a Changing World. International Migration Review 23/3 S. 403-30.

Zolberg, A., et al., 1989b: Escape from Violence: Conflict and the Refugee Crises in the Developing World. Oxford: Oxford University Press.

Zuleeg, M. (Hg.), 1987: Ausländerrecht und Ausländerpolitik in Europa. Baden-Baden: Nomos Verlagsgesellschaft.

Verzeichnis der Abkürzungen

BNA	British Nationality Act
CNF	Code de la nationalité française
CES	Center for European Studies
DIW	Deutsches Institut für Wirtschaftsforschung
EU	Europäische Union
EVD	Extended Voluntary Departure
FAS	Fonds d'Action Sociale pour les Travailleurs Immigrés et leurs Familles
ILO	International Labour Organization
INSEE	Institut National de la Statistique et des Études Économiques
IOM	International Organization for Migration
IRCA	Immigration Reform and Control Act
NAFTA	North American Free Trade Association
OECD	Organization for Economic Co-operation and Development
ONI	Office National d'Immigration
RuStAG	Reichs- und Staatsangehörigkeitsgesetz
SOPEMI	Système d'Observation Permanente des Migrations (Annual Report by the OECD)
UN	United Nations
UNESCO	United Nations Educational, Scientific and Cultural Organization
UNHCR	United Nations High Commissioner for Refugees
WASP's	White-Anglo-Saxon-Protestants
WZB	Wissenschaftszentrum Berlin für Sozialforschung
ZeS	Zentrum für Sozialpolitik

Index

Die *kursiven* Seitenzahlen beziehen sich auf die Zusammenfassungen der Kapitel.